和谐社会构建中的强制执行权研究

李　炎▸著

图书在版编目(CIP)数据

和谐社会构建中的强制执行权研究/李炎著. —武汉：武汉大学出版社,2009.8
中国法治实践论丛
ISBN 978-7-307-07038-7

Ⅰ.和… Ⅱ.李… Ⅲ.强制执行—研究—中国 Ⅳ.D925.04

中国版本图书馆 CIP 数据核字(2009)第 078253 号

责任编辑:郭园园　　责任校对:黄添生　　版式设计:支　笛

出版发行:**武汉大学出版社**　(430072　武昌　珞珈山)
(电子邮件:cbs22@whu.edu.cn　网址:www.wdp.com.cn)
印刷:通山金地印务有限公司
开本:720×1000　1/16　印张:20.5　字数:293 千字　插页:1
版次:2009 年 8 月第 1 版　2009 年 8 月第 1 次印刷
ISBN 978-7-307-07038-7/D·901　定价:42.00 元

序

构建社会主义和谐社会，是我们党根据马克思主义基本原理和我国社会主义建设的实践经验，根据新世纪新阶段我国经济社会发展的新要求和我国社会出现的新趋势新特点提出来的重大战略举措。2005年2月19日，胡锦涛总书记在中共中央党校全国省部级主要领导干部提高构建社会主义和谐社会能力专题研讨班开班式上首次全面阐述了社会主义和谐社会的基本内涵和特征，强调指出，“我们所要建设的社会主义和谐社会，应该是民主法治、公平正义、诚信友爱、充满活力、安定有序、人与自然和谐相处的社会。”构建社会主义和谐社会是一项伟大的系统工程，需要全社会共同努力。同时，和谐社会的基本特征与人民法院工作密切相关。人民法院的根本职责就是化解矛盾，维护社会稳定，保障经济发展，促进社会和谐，实现公平正义。人民法院既是和谐社会的建设力量，更是和谐社会的保障力量，在构建社会主义和谐社会的进程中肩负着重大的历史使命。建立和谐司法制度，在司法工作中努力实现和谐诉讼符合当前社会经济全面发展的需要。

所谓和谐司法，是指司法的观念、司法的过程、司法的机制、司法的方式、司法的结构等都应当以协调、和谐为目标，使司法工作更加有利于维护社会稳定、有利于促进经济发展、有利于保护群众利益、有利于实现社会和谐。和谐司法与公正司法是辩证统一的关系。和谐司法主要是从司法理念、司法方法、工作作风、办案效果等方面来强调司法工作的价值取向，而公正司法主要是从司法的具体程序、实质内容和客观标准上来反映司法的本质要求。公正司法是和谐司法的前提与基础，和谐司法则是在公正司法上的深化与发展，是对司法工作提出的更高目标和要求。审判实践中既要以和谐司法开拓公正司法的新境界，又要以公正司法确保司法和谐健康发展。所以，从实现和谐司法的手段来看，就是要在“公正、效果、作风”上着力，即以纠纷解决的公正性提升司法公信力，以案结事了、定纷止争、促进发展、促进稳定、促进和谐的社会和谐的社会效果，树立司法权威，以廉洁高效、亲民爱民的好作风展现法官的新形象，从而最终建立公正、高效、权威的社会主义司法制度。为此，应当从以下四个方面着手：

首先，必须始终坚持“三个至上”，确保人民法院正确的政治方向。“三个至上”是对社会主义民主法治建设规律的科学总结，是对马克思主义法治思想的丰富和发展。“三个至上”充分体现了党的领导、人民当家作主、依法治国的统一，充分体现了中国特色社会主义司法制度政治性、人民性、法律性的统一。人民利益是党的事业的根本，宪法法律是党的主张和人民意志的体现。党的事业、人民利益、宪法法律是高度统一、不可分割的整体，这是中国特色社会主义司法制度不可动摇的重大政治原则。因此，必须始终保持高度的政治意识、大局意识、责任意识、法律意识、廉洁意识，始终坚持党的事业至上、人民利益至上、宪法法律至上，为建设公正高效权威的社会主义司法制度而不懈努力。

其次，必须正确处理司法公正与司法效率的关系。公正与效率是司法的基本价值追求，是人民法院审判工作永恒的主题。当前，不同社会制度，不同国家的司法工作者都会把司法公正与效率的实现程度作为衡量各自司法制度利弊得失的重要标准。而对两者发生冲突时的取舍问题，司法界也在争论不休。有观点认为：公正是司法最高的、唯一的价值目标，为了追求司法公正，宁愿选择低效率、甚至牺牲效率；也有观点认为：效率是司法的第一要素，不能只顾讲求公正而付出司法资源浪费的代价，在高效率的司法过程中可以考虑降低公正的标准；还有观点认为司法公正与效率不能同时实现，追求公正就要损害效率，反之亦然。这些观点都有失偏颇，正确认识两者关系，应着重把握两点：一是公正与效率两者既对立又统一，共同构成了新世纪我国司法活动的主题；二是在价值位阶上，公正具有终局性，司法效率则居于辅助地位。

再次，必须正确处理办案法律效果与社会效果之间的关系。通常认为，法律效果是指法律或判决对社会生活的作用、影响，衡量法律效果是看法律作用的结果能否达到法律的预期目标；而社会效果是指通过具体案件的审理和裁判，在社会公众中所产生的影响和结果，是公众从传统、文化、道德、观念等社会生活的各个范畴对审判活动所作的主导性评价。应该说，法律效果与社会效果是相互统一的，因为法律所追求的公平正义的价值与良好社会效果所追求的价值目标是具有同一性的，社会效果是法律效果追求的目的之一，而法律效果则是社会效果的实现手段。由此，我们不难发现，要正确认识法律效果与社会效果的关系，关键就在于正确理解现阶段强调法律适用的社会效果标准的背景和原因所在。

最后，必须正确处理法官司法能力建设与作风建设的关系。审判是法院的基本职能和工作重心，审判工作也是法院为社会主义和谐社会建设提供司法保障的核心手段。法官队伍必须要努力提高自身司法能力，为构建和谐社会作出自己的贡献。当前，社会矛盾纠纷日益增多，且趋复杂化，审判和执行任务越来越重。面对人民群众日益增长的司法需求，法官队伍的司法观念、司法能力和水平还与新形势、新任务、新要求不相适应，工作中存在诸多问题和人民群众不满意的地方。此时，加强队伍司法能力建设，提高法官业务素质显得越发重要。

李炎同志专著《和谐社会构建中的强制执行权研究》一书，是作者从一名司法工作者的角度对强制执行权进行的专题研究。全书紧密结合社会主义和谐社会构建对强制执行权进行系统研究，其中不乏真知灼见。我衷心希望武汉市两级法院法官多出版此类著作，为社会主义和谐社会建设贡献力量。

目　录

绪　论

“徒法不足以自行”，“要执行法律就需要法官”。[1] 可见法官在法律执行中的重要作用，事实上并非有了法官就有了法律的良好实施或有了法治，法治不是一句单纯的口号，也不是一种单纯的思想，而是建立在一系列治国原则之上的结构体系。[2] 法治亦不是法律、法规的简单累积，而是有着特定价值追求的社会组织模式。[3] 这充分说明法治建立过程的复杂性及其在人类政治文明发展中的重要作用。以胡锦涛同志为总书记的中央领导集体在上一代中央领导集体关于依法治国理论的基础上提出了构建社会主义和谐社会的理论，明确将建设民主法治、公平正义、诚信友爱、充满活力、安定有序、人与自然和谐相处的和谐社会作为中国共产党不懈奋斗的目标。2006 年 10 月 11 日中国共产党第十六届六中全会通过的《关于构建社会主义和谐社会若干问题的决定》指出：“必须坚持以人为本。始终把最广大人民的根本利益作为党和国家一切工作的出发点和落脚点，实现好、维护好、发展好最广大人民的根本利益，不断满足人民日益增长的物质文化需要，做到发展为了人民、发展依靠人民、发展成果由人民共享，促进人的全面发展。”[4]

胡锦涛同志在党的十七大报告中对构建和谐社会进行了进一步阐述：“社会和谐是中国特色社会主义的本质属性。科学发展和社

---

① 参见《马克思恩格斯全集》第 1 卷，人民出版社 1995 年版，第 180 页。

② 参见李龙：《宪法基础理论》，武汉大学出版社 1999 年版，第 86 页。

③ 参见周叶中：《宪政中国研究》，上，武汉大学出版社 2006 年版，第 5 页。

④ 参见《构建社会主义和谐社会问答》，新华出版社 2006 年版，第 4 页。

会和谐是内在统一的。没有科学发展就没有社会和谐，没有社会和谐也难以实现科学发展。构建社会主义和谐社会是贯穿中国特色社会主义事业全过程的长期历史任务，是在发展的基础上正确处理各种社会矛盾的历史过程和社会结果。要通过发展增加社会物质财富、不断改善人民生活，又要通过发展保障社会公平正义、不断促进社会和谐。实现社会公平正义是中国共产党人的一贯主张，是发展中国特色社会主义的重大任务。”①

和谐社会必然是法治的社会，构建和谐社会绝对不能脱离依法治国的轨道。和谐社会理论的提出为社会主义法治赋予了“以人为本”的精神，法治必须立足于“以人为本”并以此为基本观念。司法权是社会主义法治的重要内容。司法权因担当着匡扶正义、保障人权的角色而被视为化解纠纷、平息矛盾的最后一道防线，而强制执行权则又是司法权的最后关口。强制执行权是以强制力为后盾实现私权救济的国家权力，决定着判决、裁定等“写满正义的纸张”能否转化为现实生活中的公平正义。而且，强制执行权运行的直接目标是使执行依据载明的债权人的权利得到实现，财产权或经济权是上述权利的重要内容。由于财产权或经济权在公民的基本人权中具有极高的地位，财产权利的实现制约着公民的人身权利、政治权利、社会权利和文化权利的实现。从一定程度上说，没有财产权或经济权作为后盾的公民权、政治权、社会权和文化权都是空谈。② 因此，一旦强制执行权不能顺利运行，公民通过司法争讼取得的判决、裁定、调解书就有成为“空调白判”的危险，公民对法治的疑虑甚至抵制就会增强，社会和谐的目标也就不可能达到。近年来，强制执行权运行过程中存在的“执行难”问题始终成为社会关注的焦点和热点话题，乃至成为人民法院不能克服的“痼疾”，一个重要的原因就是因为“执行难”与社会公众的利益息息

---

① 胡锦涛:《高举中国特色社会主义伟大旗帜，为全面夺取建设小康社会新胜利而奋斗》，载《中国共产党第十七次全国代表大会文件汇编》，人民出版社 2007 年版，第 17 页。

② 参见吴越:《经济宪法学导论》，法律出版社 2007 年版，第 125 页。

相关，并且关乎和谐社会建设的大局。概言之，“执行难”是社会不和谐的表现，并对构建和谐社会具有重大阻碍作用。基于上述原因，在构建社会主义和谐社会的系统工程中加强对强制执行权的研究不能不具有自身意义。

首先，有助于推动强制执行权理论研究体系的发展。强制执行权的理论研究是法学理论研究的一个分支，而法学理论是一门实践性很强的理论，它不仅随着研究主体认识水平的提高而提高，而且随着社会实践的发展而发展。构建社会主义和谐社会是当代中国最伟大的社会实践。它必将打破研究主体认识能力的局限，加强研究主体对社会现实的深入分析与思考，进而改变强制执行权理论研究相对滞后的不利局面。和谐社会理论不仅为强制执行权运行提供了新的价值取向，而且为强制执行权理论研究提供了有益的指导，这必将推动强制执行权理论体系的丰富与发展。

其次，有助于阐释强制执行权在国家权力体系中的准确定位。作为一种重要公权力，强制执行权具有其内在特质与属性。通过对强制执行权与同为公权力体系中的立法权、司法权、行政权相比较，以及对强制执行权内部执行实施权和执行裁决权的动态分析，有助于探讨强制执行权在国家权力系统中的位置。并且，由于强制执行权在调整与弥合社会关系以及制约行政权过程中具有特殊作用，从宪法学的角度思考强制执行权的运行，对于合理确定强制执行权的运行目标、科学设计相关制度形式无疑是大有裨益的。

再次，有助于提高社会主义司法的权威性。最高人民法院新任首席大法官王胜俊指出：“公平正义是人类政治法律思想的核心价值，社会主义比以往任何社会制度更加重视在全社会实现公平正义……目前，我国正处在社会转型期，社会的分化和整合在一定程度上会造成利益格局的变动。随着依法治国基本方略的推进，法律调整的领域、层面不断拓展，人民群众的权利意识、法治意识不断增强，社会各阶层比以往任何时候都更加盼望公平正义。”① 加强对和谐社会建设进程中的强制执行权研究，将有助于司法人员正确

① 参见《人民法院报》2008年3月20日第1版、第4版。

认识执行权的运行规律，强化维护社会公平正义的意识，提高维护社会公平正义的能力，满足人民群众日益增长的司法需求，从而在全社会树立司法的崇高地位和权威。

最后，有助于加快社会主义和谐社会建设的进程。构建社会主义和谐社会是一项伟大的系统工程，必须在秩序的条件下方能实现，没有秩序绝无和谐。“从最低限度来讲，人之幸福要求有足够的秩序以确保诸如粮食生产、住房以及孩子抚养等基本需要得到满足；这一要求只有在日常生活达致一定程度的安全、和谐及有序的基础上才能加以实现，而无法在持续的动乱和冲突状况中予以实现。”① 邓小平同志也精辟指出，“中国的问题，压倒一切的是需要稳定。没有稳定的环境，什么都搞不成，已经取得的成果也会失掉”。② 强制执行权以其运行恢复与修补社会主体遭破坏的理性社会关系，进而维系着社会的稳定与有序状态，即秩序是强制执行权的基本功能。强制执行权理论研究将引导该项权力的协调运行，平衡和化解社会主体之间的利益与冲突，从而为构建和谐社会提供有力的司法保障。

研究任何理论，都离不开一定的研究方法。方法是主体为解决某种问题而采取的技术性手段。就认识和研究活动而言，人们所采取的方法本身是否正确而科学，是决定认识和研究活动能否成功的关键。③ 强制执行法在性质上属于程序法，强制执行权则是一项相对独立的国家公权力，随着“执行难”问题在社会生活中的发酵，关于强制执行法和强制执行权的问题亦成为法学研究的热点之一。众多学者从不同视角、不同层面对此类问题进行了有益探讨与研究，并取得了丰硕成果，从而使笔者对强制执行权的研究拥有可资借鉴的经验和依据。如果说本书的相关研究能够取得一定的突破，

---

① ［美］E. 博登海默著：《法理学、法律哲学与法律方法》，邓正来译，中国政法大学出版社 1999 年版，第 293～294 页。

② 《邓小平文选》第 3 卷，人民出版社 1993 年版，第 284 页。

③ 参见周叶中主编：《宪法》，高等教育出版社、北京大学出版社 2000 年版，第 29 页。

那是因为众多学者及专家此前进行过大量开创性研究，而笔者则“站在巨人的肩膀上”。针对构建和谐社会的目标及强制执行权的特点，本文对强制执行权进行了归属于“经验的理论法学”范畴的研究，① 主要采取了分析的基本方法。

第一，规范分析法。强制执行法是由各个层级的规范性文件组成的法律部门。研究强制执行权离不开对法律规范本身的分析与研究。这一方法试图通过对不同立法主体制定的法律规范条文的涵义及其相互之间的逻辑关系、适用条件与范围、法律渊源与效力等级进行分析，以期使规范本身得到正确认识和准确把握。

第二，价值分析法。在法学著作中，价值常被奉为值得追求的美好对象或标的。强制执行法的自身存在并不是目的，而是实现一定价值的手段。该方法通过对强制执行、强制执行权概念的分析、强制执行权设置理念及基本要素的阐释、强制执行权运行过程的剖析及相关制度设计与构想，力图论证强制执行权运行的现实与理想之间的差异，从而揭示其背后价值选择及价值追求与实现的过程。

第三，实证分析法。法学是一门应用性很强的社会科学，因此，任何以法律为研究对象的学科不能局限于对现行规范条文的解释或抽象法律正义的论证，而必须对法律的实际运行及效果进行考察和研究。强制执行权的运行与社会公众的私权利实现密切相关，对于社会秩序的维护具有重要的屏障作用，因此，对强制执行权的研究必须置于司法实践的广大社会背景下予以考量，而不能止于对抽象概念或规范的研究。该方法侧重对强制执行法的司法实践进行考察，通过相关典型案例及其他实证分析，确保法律规范得到切实适用和遵守，以建立和检验各种理论命题。

第四，比较分析法。比较的方法有助于加深对研究对象的认识和印象，对于揭示对象的本质特征具有辅助作用。比较分析可以区分为历史的比较和现实的比较，前者是将研究对象的历史演进过程

① 日本学者加藤一郎将理论法学分为“经验的理论法学”如法社会学、比较法学、法史学等和“思辨的理论法学”如法哲学等两大类。参见童兆洪著：《民事执行权研究》，法律出版社2004年版，前言。

进行比较，后者则是将现实条件下不同区域同一类对象的情况进行对照。强制执行权在不同的国家和地区、在不同的历史发展阶段有着不同的表现和发展规律。结合静态的规范及制度，置于一定的历史条件和文化背景之中进行动态比较研究，将有助于合理借鉴成熟理论及成功经验，为科学配置强制执行权提供重要参考。

强制执行权的运行是一个复杂的过程，涉及诸多法律问题，这些问题不是一本书能够包含的。为此，本书仅就强制执行权的基本理论、设置及基本要素、权力运行中的特别问题等基本问题进行了探讨。尽管如此，与同类著作相比，仍然不乏笔者的创新性研究。本书可能的创新之处主要有以下几个方面：

第一，紧密结合和谐社会构建对强制执行权进行系统研究。从和谐社会理论的提出对强制执行权设置及运行产生的重大影响进行深入分析，论证了强制执行权与和谐社会构建之间相互作用、相互协调、相互统一的辩证关系，揭示了强制执行权在构建和谐社会进程中的重要保障作用。

第二，对协商民主理念在执行程序中的制度设计进行了探讨。阐释了执行中协商民主制度的特点以及执行和解、消极协商、执行听证、重大事项集体讨论等具体表现形式，并对上述制度的基本原则进行了归纳。

第三，对强制执行权运行过程中的人权保护问题进行了初步研究。提出了执行领域人权保护的涵义，以列举的方式论证了执行中人权保护的具体内容，对执行中现行人权保护进行了缺陷分析，并提出了初步制度设计。

第四，对强制执行权运行中执法主体的自由裁量权进行了探讨。阐述了执行中自由裁量权存在的原因及基本涵义，列举了执行中自由裁量权的主要内容，归纳了对执行中自由裁量权进行干预与规制的基本原则。

第五，从宪法学层面对“执行难”问题进行了深入剖析。对“执行难”进行了定义；概括了“执行难”的具体表现及“执行难”的新特点；从立法、实体、法治环境和体制方面剖析了“执行难”形成的原因；指出了“执行难”对构建和谐社会的危害。

第六，对执行中的社会稳定问题进行了研究。分析了执行中群体性事件的特点及成因；对执行中群体性事件处置政策的形成、含义及性质进行了阐释；论证了强制执行权、社会和谐与社会稳定的辩证关系。

上述理论创新点不仅使本书的研究对现行理论有所突破，而且提出了具有前瞻意义的独家观点。我相信，这些论述对推动强制执行部门法学的建立与发展具有抛砖引玉的作用。

毋庸讳言，由于资料难寻，写作水平的限制，本书也存在一些不足之处。例如，对域外执行法律规范的比较研究不够；全书几乎都是以民商事执行为对象进行考察，对行政执行及刑事执行很少涉猎；有些观点是作者对于司法实践经验进行思考与总结后提出的肤浅看法，只是不一定经得起推敲的一管之见。此外，和谐社会建设是一项伟大的系统工程，以作者的功力及见解要在构建和谐社会的架构下充分论证强制执行权显然有点力不从心，这可能会导致论证的乏力、疏漏或缺陷。作者将继续致力于该理论的探讨。

第一章 强制执行权的基本理论及其与和谐社会的关系

第一节 强制执行权的历史演进与发展

一、强制执行权基本概念

基本概念是学者开展学术研究活动的重要工具。认识、研究任何一门理论，通常都会把研究基本概念作为展开思维的逻辑起点。在对基本概念认识不清的前提下想要搞好一门学科的研究活动是不可想象的，对强制执行权的研究也是如此。因为基本概念的内涵在不同时间、不同空间、不同语境中从来都是发展变化的，所以研究任何理论永远都离不开对基本概念这个工具的认识。

（一）强制执行

《现代汉语词典》（修订本）对“执行”的含义作了如下解释，指“实施；实行（政策、法律、计划、命令、判决中规定的事项）”。① 然而，这并不是“执行”在法律意义上的概念。法律意义上的“执行”是“强制执行”或“司法强制执行”的一般通称，与英语中的“Execution（执行）”或“Enforcement（强制执行）”相对应。

对强制执行的概念，在理论界学者们有着不尽相同的理解，通过比较研究可以发现，大致可归纳为下列五种观点：

“履行义务说”。认为强制执行是强制义务人履行义务的行为。我国大陆学者在早期著作中多持此观点。如《中国民事诉讼法教

---

① 《现代汉语词典》（修订本），商务印书馆 1996 年版，第 1614 页。

程（新编本）》论称："民事诉讼中的执行，是指人民法院根据民事诉讼法的规定，运用国家强制力，强制义务人履行生效法律文书所确定的义务的行为。"① 又如《民事诉讼法学新编》论称："执行是人民法院的执行组织依照法律规定的程序，对生效法律文书确定的内容，运用国家的强制力量，依法采取执行措施，强制负有义务的当事人完成义务的行为。"②

"实现权利说"。认为强制执行是实现权利人权利的活动。我国台湾地区学者多持此观点。如陈荣宗认为，"强制执行，系国家执行机关基于统治关系，为债权人，利用国家强制力，强制债务人履行其义务，以实现或确保私权之民事程序"。③ 又如台湾学者陈世荣认为，"强制执行者，乃执行机关，依执行名义，使债权人之权利，得以实行之效果，而对债务人适用国家强制力之法定程序也"。④

"履行义务实现权利说（折中说）"。该观点将"履行义务说"和"实现权利说"两种学说进行了折中，兼收了上述两种学说的观点，认为强制执行是强制义务人履行义务从而实现权利人权利的活动。⑤

"实现法律文书内容说"。认为民事执行是实现生效法律文书确定的内容的活动。我国大陆一些学者持此观点。如《民事诉讼法学（修订本）》论称，"执行，是指人民法院按照执行根据，运用国家司法执行权，依据执行程序迫使被执行人实现法律文书确定

① 参见王怀安主编：《中国民事诉讼法教程（新编本）》，人民法院出版社1992年版，第440页。

② 参见柴邦发主编：《民事诉讼法学新编》，法律出版社1992年版，第423页。

③ 参见陈荣宗：《强制执行法》，台湾三民书局1998年版，第1页。

④ 参见陈世荣：《强制执行法诠释》，台湾国泰印书馆有限公司印行，第1页。

⑤ 参见常怡主编：《强制执行理论与实务》，重庆出版社1990年版，第1页。提出了"强制执行，就是……迫使执行义务人实现权利人权利的强制性活动"这一观点。

的内容的行为”。① 又如《民事诉讼法教程》论称，“执行，是指人民法院的执行组织按照法定程序，对已经发生法律效力的法律文书，在负有义务的一方当事人拒不履行义务时，强制其履行义务，保证实现法律文书内容的活动”。②

“综合说”。该观点将上述关于强制执行的各种学说进行了全面综合概括，提出了关于强制执行定义的新学说。如《中国强制执行制度概论》认为，“所谓民事强制执行，就是国家执行机关以已经生效的法律文书为执行依据，依照法定程序，运用国家强制力，强制债务人（被执行人）履行执行依据已确定的义务，以实现已确定的民事权利（债权）的活动”。③ 这种观点对其他观点的可取之处进行了借鉴与综合，因而得到较多认同。④ 也有学者从强制执行应包括执行实施和执行裁决两个方面，对“综合说”进行了发展，提出了新的观点。将强制执行定义为“是执行机关根据执行依据确认的内容，运用执行实施权，依法采取强制措施，强制义务人履行民事义务以实现权利人民事权利，以及就执行实施过程中派生出来的各种纠纷进行裁决的司法活动”。⑤

笔者认为，“履行义务说”未能把握强制执行的目的是为了实现权利人的权利这一核心内容，片面强调了强制义务人履行义务这一手段的核心地位，有失偏颇；“实现权利说”虽然把握了强制执行的目的，但未能概括强制执行的其他重要特征，不够全面；“折中说”则把权利义务混为一谈，存在逻辑上的缺陷；“实现法律文

---

① 参见常怡主编：《民事诉讼法学（修订本）》，中国政法大学出版社 1999 年版，第 380 页。

② 参见周道鸾主编：《民事诉讼法教程》，法律出版社 1992 年版，第 331 页。

③ 参见孙加瑞：《中国强制执行制度概论》，中国民主法制出版社 1999 年版，第 14 页。

④ 参见沈德咏、张根大：《中国强制执行制度改革理论研究与实践总结》，法律出版社 2003 年版，第 4 页；严军兴、管晓峰主编：《中外民事强制执行制度比较研究》，人民出版社 2006 年版，第 21 页。

⑤ 参见童兆洪：《民事执行权研究》，法律出版社 2004 年版，第 23 页。

书内容说”扩大了强制执行的涵盖范围，犯了定义不准确的错误；“综合说”则较为全面地概括了强制执行的各项法律特征，因此，笔者原则同意“综合说”。但该学说现有的表述存在一定的不足。“综合说”中的前一种表述未能列举强制执行包括执行实施和执行裁决两个方面，稍欠详细；后一种表述虽弥补了该不足，但措词有待商榷：如“依法采取强制措施”的表述不尽妥当，因为强制执行并非一定要采取强制措施，也可以采取非强制性的措施，如权利告知行为、执行救助行为，等等；又如未能准确把握执行裁决活动的性质，即执行裁决是为了保证执行实施的正确进行，最终为实现权利人权利这一目的服务，因此，执行裁决仍然是手段。因此，笔者认为强制执行的准确定义应当是：强制执行是执行机关依据生效法律文书确定的权利义务，依照法定程序运用执行实施权和执行裁决权，强制义务人履行义务，以实现权利人权利的活动。

应当指出的是，强制执行有狭义和广义之分。狭义的强制执行仅指民事强制执行，是指国家机关实施已生效的民事法律文书的活动。广义的强制执行除包括民事执行外，还包括刑事执行和行政执行。① 本文所述的强制执行主要指狭义的强制执行即民事强制执行，但是为了论述的方便，在个别章节中亦会以刑事执行或行政执行为例进行分析。

（二）强制执行权

强制执行权又称执行权、司法执行权、国家执行权，顾名思义，当属“权力（power）”的范畴，而权力最主要是一种支配力，体现为“一种组织性之支配力……是制定法律、维护法律与运用法律之力”。② 当然，权力也可以视为“强制推行自己的意志的能力和可能性”。③ 相对于立法权、行政权、司法权而言，强制执行

① 参见孙加瑞：《中国强制执行制度概论》，中国民主法制出版社 1999 年版，第 9 ~ 10 页。

② 参见谢瑞智主编：《宪法辞典》，台湾文笙书局 1979 年版，第 61 页。

③ 参见谭秋桂：《民事执行原理研究》，中国法制出版社 2001 年版，第 19 页。

权是一种下位的权力。而要准确把握强制执行权的内涵，必须首先认识其基本特征：

第一，从权力性质看，强制执行权是一种国家权力或称公权力。国家建立专门的执行机构并赋予其强制执行权，因而是国家的一种职能表现。在我国，强制执行权是通过人民法院设立的专门执行机构来行使的。然而，从世界各国强制执行权设立的实践来看，强制执行权并非必然由法院行使。如在大陆法系国家的德国和日本，强制执行权由执达员与法院分工共同执行，而法国则专由独立于法院的执达员执行；又如在英美法系的国家强制执行权是由地方司法行政官员负责行使的。然而，不论哪种情况，行使强制执行权的必然都是国家法律授权的机关。就是说，在一个法治的国度里，任何单位或个人未经法律的特别授权都不享有强制执行权，无权对义务人采取强制措施从而使生效法律文书确定的权利义务得以实现。

第二，从权力的特征看，强制执行权是以国家强制力为后盾的。强制执行权作为一种公权力，是国家权力的重要组成部分，当事人及社会公众必须遵从执行机关在行使这一权力过程中作出的行为及决定。强制执行权体现了浓厚的国家强制力特征，在执行程序中，执行机关在义务人不履行义务的情况下，既可以对其财产采取查封、扣押、冻结、拍卖、变卖、罚款等强制措施，也有权对符合条件的被执行人人身采取拘传、拘留等强制措施。此外，执行机关还可以作出与执行内容相关的执行裁决行为，迫使当事人遵从。尽管强制执行权运行过程中不乏义务人自动履行义务的现象，但必须看到，这种自动履行是慑于执行压力即慑于执行机关采取强制措施的压力作出的，这与义务人不受任何外力约束的情况下自觉履行义务根本不同。由此可见，假如没有国家强制力作后盾，执行法律秩序便不可能形成。

第三，从权力运行的目的看，强制执行权是以实现生效法律文书确定的权利为目的的。或者说，强制执行权的基本目的是以公力救济的形式确保生效法律文书确认的私权得到有效与充分实现。这主要表现在：首先，强制执行权的启动方式一般具有被动性，除非当权利人的权利实现遭遇阻碍而向执行机关提出申请，执行机关通常不主动启动强制执行权。其次，执行机关的执行行为必须以权利人的权利为依据，即须以实现权利人的权利为限，不得超过权利人实现权利的范围。例如我国现行执行法律对执行法院采取强制措施的范围作了大量限制性规定，诸如不得超标的查封、处分被执行人财产等规定。再次，权利人的权利得以实现成为强制执行程序终结的充分必要条件。一旦生效法律文书确定的权利得以实现，执行机关便应终结执行权力的运行，否则可能视为职务侵权。

第四，从权力运行的条件看，强制执行权的行使必须依照法定的程序。强制执行权的运行主要体现在执行机关的执行行为上，如执行立案、执行调查、执行裁决、执行结案等一系列执行行为，国家一般都规定了严格的程序和适用条件，执行机关必须遵守。从这种意义上讲，强制执行权是一种受制约的权力，必须受到程序的约束。当然，严格的程序主要是为了限制执行机关在行使强制执行权过程中的主观随意性，从而保护执行案件当事人及相关案外人的合法权利。

基于上述论证，笔者倾向对强制执行权作如下定义：强制执行权是国家执行机关根据申请执行人的申请或法律授权机关的移送，依照法定的程序，运用国家强制力作出执行实施及执行裁决行为，强制义务人履行义务以实现生效法律文书确定的权利的权力。

二、强制执行权的历史演进与发展

强制执行权作为一项国家权力，并非自古即已存在，而是在经济社会及历史发展到一定阶段才逐步形成的，在原始社会就没有所谓强制执行权的概念。原始社会解决纠纷的机制与阶级社会完全不同，恩格斯曾经指出："没有大兵、宪兵和警察，没有贵族、国王、总督、地方官和法官，没有监狱，没有诉讼，而一切都是有条有理的。一切争端和纠纷，都由当事人的全体即氏族或部落来解决，或者由各个氏族相互解决……"① 强制执行权因其以国家强制

① 《马克思恩格斯选集》第4卷，人民出版社1995年版，第95页。

力为后盾，是随着国家的出现而产生的，并且经历了由简单到成熟的漫长历史演进与发展过程。

（一）域外强制执行权的演进与发展

对西方强制执行权的发展过程进行综合考察，可以概括出两大基本特征：

一是从私力救济向公力救济的演进。在人类社会漫长的发展历史中，有关私权（个人权利）的保护，最初主要是以私力救济的方式进行的。所谓私力救济，是指当人们的私权受到侵害时，完全通过权利人自身的力量（主要是武力）等迫使对方停止其侵害行为或强行从对方处获得弥补从而实现私权的行为。① 后来才逐渐发展到公力救济取代私力救济。

在奴隶制国家，法律允许权利人运用各种私力救济手段保护私权，甚至极其野蛮残酷的暴力手段也视为合法。这些在奴隶制时代的古巴比伦及古印度的法律中都有记载。例如古巴比伦王国的《石柱法》第256条规定，“尚彼无力偿还彼所应偿之物，则应用牲口将彼撕于此田中”。② 又如《汉穆拉比法典》第117条规定，“倘自由民因负有债务，将其妻、其子或其女出卖，或交出以为债奴，则他们在其买者或债权者之家服役应为三年；至第四年应恢复其自由。”③ 古印度《摩奴法典》第8卷第48条规定，“债权人为强制债务人还债，可使用各种收回债务的例行手段”。该法典第49条还规定，“债权人可以利用符合伦理义务的手段，利用诉讼，诈术，以及最后第五，利用强暴措施，使人归还欠债”。④ 可见，这种私力救济的方式在奴隶制社会及封建社会早期普遍被使用。由于

① 参见严军兴、管晓峰主编：《中外民事强制执行制度比较研究》，人民出版社2006年版，第32页。

② 转引自孙加瑞：《中国强制执行制度概论》，中国民主法制出版社1999年版，第62页。

③ 参见《世界著名法典汉译丛书》编委会：《汉穆拉比法典》，法律出版社2000年版，第54页。

④ 参见《世界著名法典汉译丛书》编委会：《摩奴法典》，法律出版社2000年版，第240～241页。

私力救济往往与野蛮血腥的暴力手段相伴随，不利于社会正常秩序的建立，阻碍了社会的进步与发展，随着社会对人的权利保护重视程度的加强，特别是随着国家权力的不断加强，公力救济的效力不断强化，人们解决纠纷的方式逐渐转为依靠国家公权力，私力救济的方式逐步被法律摒弃与禁止。自 13 世纪以后，欧洲大陆国家纷纷废弃了由债权人自己执行民事裁判的制度，法律明确规定债权人不得擅自扣押债务人的财产，债权人申请扣押债务人财产时，应由作出裁判的机关批准并由其派员扣押。① 这种由作出裁判的机关对债务人财产进行执行的方式是一种典型的公力救济方式，显然有别于债权人对债务人财产进行执行的私力救济方式。至此，由国家机关行使民事裁判执行权力的强制执行制度乃告确立。

二是由对人执行向对物执行的发展。域外执行权出现之初，其执行对象或标的为人，并经历了从对人执行到对人和对物并行执行再到对物执行的发展历程。

以债务人的人身作为执行标的或对象即对人执行，主要出现在强制执行的最早时期。在这一时期，债的履行与债务人对债权人的人身依附具有密切的联系，债权人通常将债务人的人身视为对债的履行的保证。假如债务人不履行债务，法律允许债权人通过私力救济的方式将债务人予以拘禁，或者将债务人在奴隶市场上强制出售以所得金钱偿债，或者强制债务人充当债权人自家奴隶。当同一债务人的债权人为二人或二人以上时，可将债务人砍为数块，各债权人以分取债务人一部分尸块的方式清偿债权。古罗马的《十二铜表法》便是典型代表。该法第三表“债务法”第 1 条至第 7 条规定了对债务人人身进行强制执行的具体程序：债务人在承认债务或作了判决决定之后，得有 30 天的特许期限，期限终了之时，债权人可以拘捕债务人，将他扣解到庭；若债务人仍未执行判决且在受讯时无人代他解脱责任，则债权人得把他带到私宅，给他带上重量不轻于 15 磅的足枷或手铐；在拘禁期间，债务人有权与债权人谋

---

① 参见谭秋桂：《民事执行原理研究》，中国法制出版社 2001 年版，第 11 页。

求和解，若和解不成，则债务人应继续拘禁60天；在此期间，他们须在市集日连续三次被带到审判官前，宣布判决他们的钱额，至第三个市集日，他们则被处以死刑，或被砍成块，或售之于国外。对叛逆者的诉讼永远保持效力。① 由于这种对人执行的方式极其野蛮残忍，随着社会文明的进步和人权意识的提高，这种与社会文明相悖的执行方式逐步被摒弃，进而转向对物执行即对债务人财产进行执行的阶段。

对物执行方式的最早萌芽是具有创造性的关于债务人财产的“拍卖”制度，而这要追溯至罗马法时期，裁判官鲁第里奥·鲁佛引起的“财产拍卖”制度。经过帝政时期“财产零卖”和罗马—希腊时代“已决诉讼中的扣押”等时期的发展，对物执行逐渐成为一种普遍的方式。其做法是：当债务人不能偿债时，根据债权人的申请，执行官命令官吏占有债务人的奴隶和财物，若债务人在一定期间不能履行，则对该财物进行拍卖后还债。但在司法实践中，对物执行制度的建立并未完全杜绝对人执行的方式，在相当长一段时期内，处于对物执行与对人执行并行的阶段，债权人可以选择对物执行或对人执行方式中的一种。对物执行完全取代对人执行是在近现代，各国纷纷废除了以拘禁人身的方式清偿债务的制度，德、法、英等国是最具代表性的国家，三国分别于1868年、1867年和1869年在相关法律中废止了对人执行的制度。在现代意义的强制执行制度中，尽管也存在对债务人的人身进行拘禁的相关法律规定，但其意义已根本不同于早期的对人执行。因为，现代强制执行制度中对债务人进行拘禁并非以债务人的人身为执行标的而是以其财产为执行标的，拘禁的目的是以给债务人造成执行压力，迫使其履行财产义务，从而实现对债务人财产进行执行的初衷。因此，对物执行已成为现代强制执行权运行的一项基本原则。

（二）我国强制执行权的演进与发展

强制执行权是与司法权密不可分的国家权力，其在我国的演进

---

① 参见《世界著名法典汉译丛书》编委会：《十二铜表法》，法律出版社2000年版，第9～12页。

历史不可避免地深深打上了中华法律文化的烙印。在中国古代的强制执行制度中，除了体现出域外强制执行制度私力救济和对人执行的特质外，还具有自身特征。概括而言，强制执行权运行制度在我国的发展历史可以归纳为以下两大特点：

一是从民刑不分到刑执分立的演进。综观中国古代的法制，法典的结构是诸法合体、以刑为主。其中，不少法典都包含着多种部门法的内容，但以刑法的内容为主，中国古代的法制是重“刑”轻“民”的法制。① 因此，中国古代法律文化与西方法律文化的一个首要区别，是刑法在法律体系中占据着中心的位置。从《法经》、秦律、汉律、晋律，到南北朝、隋唐以及宋元明清各个朝代的法典，都是名副其实的刑法典。许多涉及民事合同、婚姻家庭、土地财产的关系，也大多是用刑事手段来处理的。中国古代法律的刑法化，成为中国传统法律文化的最鲜明特色。② 中国古代法律文化的上述特点表现在强制执行权运行上，就是刑民不分，把民事上的违法与刑事上的犯罪混同，用刑罚的方法作为保障债务履行的执行方式。一方当事人如不履行义务，执行“堂断”（判决后当堂予以执行），他方可以再告，由官府派吏役前往催饬，限期执行。否则，对拒不执行判决者，“带案讯究”，予以笞杖、监禁，追究其法律责任。③ 这样的规定在中国古代历朝法律中俯拾皆是。例如秦《法律答问》记载，“小畜生入人室，室人以殳挺伐杀之，所杀值二百五十钱，何论？当赀二甲”。④ 明明是侵权行为之债，最后却以刑罚的方式了结。又如《唐律疏议·杂律》规定，“诸负债违契不偿，一疋以上，违二十日笞二十，二十日加一等，罪上杖六十；三十疋，加二等；百疋，又加三等。各令备偿”。⑤

---

① 参见王立民主编：《中国法制史》，上海人民出版社 2003 年版，第 4 页。

② 参见何勤华：《法律文化史谭》，商务印书馆 2004 年版，第 53 页。

③ 参见童兆洪：《民事执行权研究》，法律出版社 2004 年版，第 158 页。

④ 转引自王立民主编：《中国法制史》，上海人民出版社 2003 年版，第 95 页。

⑤ 转引自谭秋桂：《民事执行原理研究》，中国法制出版社 2001 年版，第 14 ~ 15 页。

由此可见，在我国古代执行制度除对人执行外，还普遍存在刑民不分的现象。这种现象自夏、商、周一直持续至清朝末年兴起法律改良运动方告结束。在清末的变法“新政”活动中，沈家本、伍庭芳等修律大臣通过考察借鉴西洋诸国的法律，编订了一系列相关法律草案，包括《大清民律草案》、《刑事、民事法草案》、《高等以下审判厅试办章程》、《大理院审判编制法》、《大清民事诉讼律》以及《强制执行法》等，虽然这些法律草案由于清王朝的迅速垮台均不及颁行，大部分仅停留在纸面上未能发挥实际作用，但晚清修律毕竟开了中国法制近代化的先河，是我国诉讼法律制度特别是执行制度发展的一个重要里程碑，它打破了以刑为主、诸法合体的封建旧律传统，建立了诸法分立、刑执分立的部门法体制。古老的中华法系自此宣告解体，并为此后中国法律体系的发展奠定了基础。清末以降，无论是南京临时政府、北洋政府，还是南京国民政府，其立法均承袭了清末修律确定的诸法分立、刑执分立的格制。

二是由审执不分到审执分立的发展。在私力救济阶段，债权的实现需要靠债权人的私力去完成，在债权的强制执行过程中，债权人既“审”又“执”,自然无需“审”、“执”分立了。当公力救济替代私力救济之后,随着国家公权力的不断强大,国家机关既司审判又管执行,便存在“审”、“执”分工的问题了。综观中国强制执行权运行的历史,这种“审”、“执”在职能上的分工经历了从审执不分到审执分立的过程。在延续4000多年的中国古代法制中，行政与司法合一也是一个重要特点。在古代中国，由于社会生产力和经济发展水平所限，基层政府管理的事务有限，加上官员设置较少，地方司法由行政长官兼理。① 地方的行政长官就是当地的司法长官，中央的许多非司法官员通过会审等多种途径参与司法。并且，行政官员在兼理司法的过程中，普遍奉行“和息”的思想，即把民事诉讼视为

① 也有人认为，古代地方官与其说以行政兼理司法，还不如说以司法兼理行政，因为基层政府的司法事务往往要重于行政事务。转引自杨一凡主编：《新编中国法制史》，社会科学文献出版社2005年版，第417页。

教化不行、民风浇薄的表现，故而尽量要求民众“无讼”、“息讼”。例如《后汉书·循吏传》言刘矩为雍丘县令，每逢受理诉讼，都要耐心劝告当事人撤诉，“忿恚可忍，县官不可入”，① 成为中国古代行政官员办理民事诉讼案件的最好写照。在这样的“和息”思想指导下作出的判决，其执行自然也就没什么难度了。

这种由行政官员兼理司法且审执不分的局面一直持续至清朝末年才告终结。在清末法律变革中，具有法院组织法性质的《大理院审判编制法》的出台，在中国历史上首次出现了专司审判权的司法机构，从而实现了行政与司法的分立。此后由清廷公布的《法院编制法》则对专门司法机关的职责进一步予以明确。清朝以后，直至民国，政府出台的法律均确立了行政与司法分立的原则，同时，随着以执行为内容的法规之颁行，执行工作出现与审判分立的趋势。而1940年国民政府《强制执行法》的颁布，则标志着审执分立的法律体制在中国的正式确立。②

在中国共产党领导人民进行民主革命时期，由于各根据地的发展有很大差异，表现在边区政权立法上的不平衡则更加明显。总的来说，此时的诉讼法一般都未对执行问题作出系统规定。例如，1939年陕甘宁边区颁布的《陕甘宁边区高等法院组织条例》、苏中区行政公署颁布的《苏中区处理诉讼案件暂行办法》、《淮海区公务人员非法拘押惩处暂行条例》、太岳区颁布的《太岳区暂行司法制度》等边区法律性文件，或多或少地涉及了强制执行方面的内容，但只是只言片语散见于相关程序法律规范中。③

在这一时期，强制执行权一般由边区基层政府负责行使。执行

---

① 参见杨一凡主编：《新编中国法制史》，社会科学文献出版社2005年版，第449页。

② 该法分总则、对于动产之执行、对于不动产之执行、对于其他财产之执行、关于物之交付请求权之执行、关于行为及不行为请求权之执行、假扣押、假处分之执行和附则共八章，142条。该法经数次修改，现仍在我国台湾地区施行。参见孙加瑞：《中国强制执行制度概论》，中国民主法制出版社1999年版，第69页。

③ 参见严军兴、管晓峰主编：《中外民事强制执行制度比较研究》，人民出版社2006年版，第38页。

制度具有两个方面的特点：① 一是依靠区乡政府和有关单位，发动群众搞好执行。"区乡政府对司法机关有协助之职责，对于司法机关交给执行的案件，不得任意搁置。案件执行完毕后，要呈报司法处备案。"二是从实际情况出发，照顾被执行人的经济情况，贯彻"富裕者提携贫困者"的原则。与全面夺取政权建立新中国以后的强制执行立法情况相比，根据地时期的强制执行立法情况是欠完善和相对薄弱的。

新中国成立后，有关强制执行的立法也经历了从初创到逐步发展完善的渐进过程，这一过程充满艰辛曲折。从 1949 年新中国成立至 1979 年，由于民事诉讼法在我国没有颁布，所以有关强制执行的立法活动只能处于初创阶段。例如，1951 年 9 月中央人民政府颁布的《中华人民共和国人民法院暂行组织条例》、1950 年 12 月中央人民政府法制委员会制定的《中华人民共和国诉讼程序试行通则（草案）》、1956 年最高人民法院发布的《关于各级人民法院民事案件审判程序总结》等法律规范性文件，对于强制执行权的行使主体及相关程序在立法上进行了初步摸索和尝试，从而为这一法律体系的确立和发展奠定了基础。

1982 年《中华人民共和国民事诉讼法（试行）》的颁行则标志着强制执行法在新中国的正式确立。1979 年，全国人民代表大会常务委员会法制工作委员会成立了民事诉讼法起草小组，开始长达 3 年的民事诉讼法立法准备及制定工作，直至该法最终颁行。1982 年《中华人民共和国民事诉讼法（试行）》专门在第四编对执行程序作出规定，这是新中国诞生以来第一次以基本法律的形式对强制执行制度作出系统规定，标志着强制执行法在新中国的正式确立。随着我国改革开放的深入发展，我国民事诉讼制度也逐步与国际接轨。《中华人民共和国民事诉讼法（试行）》颁行以后，经过近 10 年的司法实践，1991 年 4 月 9 日，七届全国人大四次会议通过并公布了《中华人民共和国民事诉讼法》（以下简称《民事诉

---

① 参见孙加瑞：《中国强制执行制度概论》，中国民主法制出版社 1999 年版，第 71 ~ 72 页。

讼法》)，《中华人民共和国民事诉讼法（试行）》于同日废止。《民事诉讼法》第三编详细规定了“执行程序”，不但确立了专司执行工作的执行机构，还确定了审执分立的强制执行权运行机制。特别需要指出的是，十届全国人大常委会第三十次会议于2007年10月28日通过并公布了《民事诉讼法》修正案，该修正案对执行程序作出了重大修改，已于2008年4月1日实施，使《民事诉讼法》更加契合改革开放深人发展及构建和谐社会的现实。《民事诉讼法》颁行以后，最高人民法院先后颁行了《关于适用〈中华人民共和国民事诉讼法〉若干问题的意见》、《关于人民法院执行工作若干问题的规定（试行)》、《关于人民法院民事执行中查封、扣押、冻结财产的规定》和《关于人民法院民事执行中拍卖、变卖财产的规定》等重要司法解释，进一步细化了人民法院关于执行工作的操作规程。而且，我国的《强制执行法》立法论证工作已开展多年，随着条件成熟，必将列入最高权力机关的立法计划。我们有理由相信，随着这部重要部门法的颁行，我国的强制执行制度将更加完善，安定有序的强制执行秩序必将建立，社会亦将更加和谐。

第二节 强制执行权的性质与结构

一、强制执行权的性质

强制执行权的性质，主要是指强制执行权在国家权力体系中的定位，即强制执行权在国家权力体系中所处的位置。

众所周知，从国家权力体系分析，国家权力从总体上可分为立法权、行政权和司法权三大体系。① 那么，强制执行权是否属于上

---

① 当然，也有学者如“纯粹法学”的创始人凯尔森认为，“国家权力三分法的基础是二分法，即分为立法权力和执行权力，一般法律由行政权和司法权同样执行；区别仅在于：在第二种情况下，一般规范的执行托付给法院；而在第一种场合下，则托付给所谓‘执行’或‘行政机关’”。转引自谭秋桂著：《民事执行原理研究》，中国法制出版社2001年版，第126～127页。

述三大权力体系之一？学界对此持有不同的观点，大致可以归纳为司法权说、行政权说、司法行政权说、独立权说等四种观点。

司法权说。传统法学家多持此观点，认为强制执行权属于司法权不可分割的组成部分。主要理由有：第一，从该权力行使的现实看，强制执行权一般由人民法院行使，而人民法院是专门的司法机关。第二，执行是诉讼的一部分，是诉讼的延伸，立法一般也把执行归于诉讼程序中，因此，强制执行是“为了强制地实现民事上（私法上）的权利，或者为保全其权利而设立的制度及审判程序”。① 强制执行权即人民法院采取民事执行措施的权力称为“司法执行权”。② 还有学者将强制执行权从宏观上定位于司法权，从微观上定位于独立于民事审判权的民事司法权的下位权力。③

行政权说。持此观点的学者认为，强制执行权是行政权的重要组成部分。主要理由有：第一，强制执行具有确定性、命令性、主动性和强制性的特点，更加接近行政管理活动。第二，强制执行不同于司法审判，审判一旦作了裁决即告终结。第三，强制执行并不以审判为前提，如仲裁裁决、公证债权文书等均可执行但无需审判。据此，强制执行“属于司法裁判过程审结后进行的一种特殊的行政活动”。④

司法行政权说。持此观点的学者认为，强制执行行为既包括单纯的执行行为，也包括执行救济行为。单纯的执行行为，是基于国家公权力强制债务人履行债务的行为，遵循的是职权主义和当事人不平等主义，在性质上属于行政行为。执行救济行为，是为处理执行过程中出现的争议而实施的行为，具有司法的消极性和被动性特

---

① 参见童兆洪：《民事执行前沿问题》，人民法院出版社 2003 年版，第 68 页。

② 参见张卫平主编：《民事诉讼法教程》，法律出版社 1998 年版，第 404 ~ 406 页。

③ 参见童兆洪：《民事执行权研究》，法律出版社 2004 年版，第 76 页。

④ 参见陈瑞华：《看得见的正义》，中国法制出版社 2000 年版，第 158 页。

征，属于司法行为。① 因此，强制执行是“法院为实现宪法赋予的审判职权而存在的行政作用，是一种司法行政行为”。② 或者说，强制执行是一种以保证人民法院实现其司法职能为基本任务的行政行为，即司法行政行为。③

独立权说。认为强制执行权具有司法权和行政权的双重属性，在执行工作中，强制执行权的基本属性是行政权，但同时又拥有因执行行为相交的部分司法裁决权。④ 而司法权和行政权的有机结合构成了相对独立的、完整的强制执行权。⑤

对于上述四种观点，笔者倾向同意强制执行权是一种由司法权和行政权有机结合构成的复合的、相对独立的、完整的权力。

首先，司法权说混淆了强制执行权与审判权的不同属性，即强制执行权除具有裁决的中立性、被动性之司法权属性外，还体现出强制义务人履行生效法律文书确定的义务这些执行实施权能，具有主动性、单向性之特点；而这并不是司法属性，并且因强制执行权现在由人民法院行使就断言其为司法权也犯了逻辑错误，因为司法机关除了行使司法权外，还行使其职能范围内的其他权利，例如管理职能等。

其次，行政权说只看到了强制执行权运行过程中对被执行财产采取查封、扣押、冻结、评估、拍卖、变卖等执行实施行为具有行政权的各种特征，但忽视了强制执行权运行中对案外人异议及执行

---

① 参见霍力民主编:《民事强制执行新视野》，人民法院出版社 2002 年版，第 4 页。

② 参见严军兴、管晓峰主编:《中外民事强制执行制度比较研究》，人民出版社 2006 年版，第 66～67 页。

③ 参见童兆洪:《民事执行前沿问题》,人民法院出版社 2003 年版,第 70 页。

④ 参见沈德咏:《在浙江省法院执行工作改革会议上的讲话》，载最高人民法院执行工作办公室编:《强制执行指导与参考》2002 年第 1 辑，法律出版社 2002 年版，第 52 页。

⑤ 参见高执办:《论执行机构内部的分权与制约》，载最高人民法院执行工作办公室编:《强制执行指导与参考》2002 年第 1 辑，法律出版社 2002 年版，第 373 页。

主体等作出的执行裁决行为，而这些执行裁决行为完全符合司法权的中立性、被动性等各项特征。

再次，行政司法权说已经非常接近准确，不足之处在于它不能完全涵盖强制执行权的全部内容；而仅仅在执行法院生效法律文书时才适用，并且容易与国家行政机关体系中司法行政机关的权力称谓相混淆。在司法实践中，强制执行权运行的依据并不仅仅局限于法院生效法律文书，还包括仲裁裁决、具有强制执行力的公证债权文书、业经承认效力的外国仲裁裁决等。因此，强制执行权是一种独立存在的权力，它包含了两种不同的权能：执行实施权能和执行裁决权能。前一种权能体现了主动性、单方面性和非终局性的行政权特点，后者则体现了被动性、中立性和终局性的司法权特点。两种权能是一种有机结合而非人为拼凑，它们牢牢结合并构成一种新的权力。

综上所述，笔者认为可以对强制执行权的性质作如下定位：

第一，强制执行权是一项相对独立的国家权力，具有司法权和行政权的双重特点。该权力既体现主动性、单方面性和非终局性的行政权特点，又体现被动性、中立性和终局性的司法权特点。强制执行权的相对独立是指其在整个国家权力体系中是居于立法权、行政权与司法权之次的下位权力，主要原因是强制执行权运行的公正性在很大程度上要受到执行依据公正性的制约。

第二，强制执行权的双重属性决定了该权力多种运行方式的合理性。强制执行权的司法属性表明，该权力由人民法院行使是顺理成章的。① 同时，强制执行权的该种特性也为该权力的行使提供了多种选择的可能。

第三，强制执行权是司法权得以实现的根本保障。强制执行权之于司法权的重要性，许多学者均作过非常形象的比喻，有人说它

---

① 多数学者力主应由人民法院行使强制执行权，认为一是符合强制执行权的双重属性；二是国际立法通例；三是符合我国执行工作历史；四是有利于确保司法公正；五是有利于提高执行工作效率。参见霍力民主编：《民事强制执行新视野》，人民法院出版社 2002 年版，第 7 ~ 8 页。

是私权救济的最后一道“工序”;① 有的把司法权的终结比喻成当事人拿到了一张“法律支票”，而强制执行权的运行则是将这张支票兑换为现实的权利和义务。② 强制执行权不仅关乎对社会关系进行调控的司法权能否落到实处，而且关乎社会对司法权威和法治权威的信心。

二、强制执行权的结构

所谓强制执行权的结构，是指强制执行权由哪些部分组成以及各组成部分相互之间的关系。对强制执行权的结构进行分析研究，不仅有利于进一步正确认识强制执行权这一重要国家公权力的本质，更为重要的是，有助于从基本理论的层面认识在强制执行权运行过程中建立分权机制的重要性及必要性，澄清模糊认识，为探索执行实施权与执行裁决权分权制衡模式提供支持。

与强制执行权的性质一样，理论界对于强制执行权的结构亦缺乏统一认识，归纳起来，大致包括以下三种学说：

一元结构说。将强制执行权看成一种具有单一结构的权力，该学说一般认为强制执行权具有单一性，从结构上不可再分。传统理论多持此观点，并按照该理论对强制执行权的运行模式进行设置，我国现行民事诉讼法大体采纳此观点。例如，《民事诉讼法》第205条规定，“执行工作由执行员进行”。《人民法院组织法》第41条规定：“地方各级人民法院设执行员，办理民事案件判决和裁定的执行事项，办理刑事案件判决和裁定中关于财产部分的执行事项。”从法条的字面含义理解，这里的执行工作或执行事项应当包括有关执行的全部工作或事项，并且也未区分执行员依职权所办工作或事项的结构或层次。据此，作者认为，传统执行理论将强制执行权看成一种具有单一结构的权力。

二元结构说。将强制执行权从结构上划分为执行裁判权与执行

① 参见谭秋桂：《民事执行原理研究》，中国法制出版社2001年版，第1页。

② 参见汪习根主编：《司法权论》，武汉大学出版社2006年版，第129页。

实施权。认为二者从国家分权的角度属于同级别的权力。该学说进一步认为，执行中有关程序与实体问题争议的裁判属于执行裁判权，司法实践中包括：决定受理执行案件并对被执行人采取执行措施，审查、裁判当事人的拘留、罚款复议申请，变更、追加被执行主体，审查裁判第三人对执行标的的权利归属提起的异议，审查、裁判当事人（债权人与债务人）或其他义务人就执行程序提出的异议，审查、裁定中止执行或终结执行等。而具体实施执行中有关强制措施的权力属于执行实施权，司法实践中包括：对被执行人财产的调查、搜查，对被执行人的财产进行查封、冻结、扣押、划拨或拍卖、变卖，对阻碍执行的义务主体采取强制措施，具体分配、发还执行案款等。①

多元结构说。认为强制执行权从结构上可以划分为三种或三种以上的权能。例如，有的学者将强制执行权从结构上划分为执行命令权、执行实施权、执行裁决权三种；有的学者将强制执行权从结构上划分为执行命令权、执行调查权、执行裁决权、执行实施权四项；有的学者将强制执行权从结构上划分为执行立案权、执行命令权、执行实施权、执行裁决权、执行内部监督权五种；还有的学者将强制执行权从结构上划分为司法审查权、执行命令权、执行保全权、执行实施权、执行裁判权、执行管理权六种。②

对于上述三种观点，笔者原则上同意二元结构说。

一元结构说把权力看成是不可再分的“铁板一块”，首先犯了方法论的错误，并且直接导致强制执行权运行过程中权力向行使主体高度集中的弊端，在近年来开展的执行改革中广受诟病。这种观点也与权力的分立制衡理论相矛盾，不利于权力监督制约。正如伟大的思想家孟德斯鸠曾经指出：“一切有权力的人都容易滥用权力，这是亘古不易的一条经验。有权力的人们使用权力一直到遇到有界限的地方才休止。从事物的性质来说，要防止滥用权力，就必

① 参见于泓：《关于我国民事强制执行机构设置的构想》，载沈德咏主编：《强制执行法起草与论证》，中国法制出版社 2002 年版，第 323 页。

② 参见童兆洪：《民事执行权研究》，法律出版社 2004 年版，第 118 ~120 页。

须以权力制约权力。"① 这条至理名言充分说明，强制执行权的过于集中行使就可能导致权力被滥用。因此，笔者认为一元结构说不利于对执行权进行科学的分权设置，与现行执行改革背道而驰。

多元结构说虽然抓住了执行权应当分立这一本质特征，并且符合执行机制改革的原则及方向，然而，该学说的最大不科学之处就是没有充分考虑执行权运行的效率及平稳性，不仅可能导致执行程序的人为复杂化，使本应平稳运行的执行权状态的连续性遭到破坏，进而给执行效率带来负面影响；而且就现实可操作性而言，以人民法院有限的人力物力，不仅难以保障设置如此众多的机构分别行使诸权力，即使设置到位了，也难以避免互相扯皮或推诿，从而加重当事人等的诉累及经济负担。与一元结构说相比，多元结构说从一个极端走向了另一个极端，实不可取。

相比较而言，二元结构说既考虑了执行权分权制衡的原则，又考虑了执行效率及现实可操作性，依照该学说建立执行裁决权与执行实施权相分立及监督制约的执行机制无疑是一种折中的理想模式。

据此，笔者对于强制执行权的结构作如下定位：

第一，强制执行权是一种可以再分的权力，具有可分性。强制执行权可以分解为不同的从属于该权力的子权力或下位权力，该子权力或下位权力又各自具有相对独立性。强制执行权的这种可分性的特点决定了强制执行权完全可以由区分为相对独立的不同机构分别行使其子权力，从而为建立执行分权机制提供理论支持。

第二，从事物的另一面来讲，任何一种权力其结构往往是错综复杂的，人们不可能孤立地、片面地考察某项权力的结构，更不能将某项权力的各个组成部分人为割裂开来。强制执行权亦是如此。不同的具有相对独立性的强制执行权子权力或下位权力之间，具有相互依存、相互协调、相互制约的关系，它们相互结合构成一种复合性的、完整的强制执行权，都是强制执行权不可或缺的重要组成部分。

第三，具体而言，强制执行权在结构上可以区分为执行实施权

① ［法］孟德斯鸠著：《论法的精神》，上册，张雁深译，商务印书馆 1982 年版，第 154 页。

和执行裁决权两种子权力或下位权力，是一种由二元权力构成的复合性权力。执行实施权和执行裁决权分别具有各自的内涵、外延和特点，其中，执行实施权具有确定性、主动性、单向性的特点，执行裁决权具有独立性、被动性、中立性的特点，① 有关强制执行的各项权能基本上都可以归于上述两种下位权力或子权力之中。在执行程序中，执行实施权和执行裁决权相互结合，构成了完整的、复合的强制执行权。

第三节　强制执行权的配置模式与行使原则

所谓强制执行权的配置模式，系指一个国家或地区如何设立执行机构行使强制执行权的方式。在上一节中，笔者对强制执行权的性质进行了分析，并且对该权力在国家公权力体系中所处的地位进行了定位，与此同时，对强制执行权的权力结构进行了剖析。如何将这些理论问题落实到具体的制度上，即如何设计强制执行权的权力配置模式，或曰强制执行权究竟应当由哪些机关负责行使？不同政治制度、不同法律传统的国家和地区作出了不同的选择；在我国不同时期，有关强制执行权的配置模式也不相同，并且在新的历史时期关于我国究竟应当选择什么样的执行权力配置模式才最为科学？专家、学者、实务工作者提出过各种各样的见解与主张。对域外及我国在该问题上的相关制度进行探讨，有助于强制执行权的合理、科学、准确配置。同时，强制执行权的行使也不是随心所欲的，必须遵循一定的原则，符合该权力的运行规律。

一、强制执行权的配置模式

（一）强制执行权在我国大陆以外地域的配置模式

由于各国及地区对强制执行的看法或理解各有差异，加之基本国情、政治制度、文化传统、法制水平等方面也不相同，反映在执

---

① 参见童兆洪：《民事执行权研究》，法律出版社 2004 年版，第 129～136 页。

行制度的设计上也是千差万别，关于强制执行权的配置模式便是这种差异的典型表现。综观我国大陆以外相关国家及地区关于强制执行权的配置或行使，大致可以概括为法院内配置、法院外配置和混合配置三种模式。①

1. 法院内配置模式

法院内配置模式，是指在法院内部设立单独的执行机构，或者设立专门的执行法院，负责行使强制执行权的方式。在此模式下，尽管具体制度设计上有所不同，但总的看来，强制执行权的行使主体是“法院”。这种模式又分三种类型：法官执行模式、法院执行官执行模式、专门法院执行模式。

（1）法官执行模式。在这种体制下，执行事务由法官负责，执行员或执达员没有独立的执行地位，仅根据执行法官的指令行事。执行员或执达员是法院执行机构的构成人员，是法院的公务员，没有独立办理执行事务的权力，地位比较低，其办理执行事务必须受法官和书记官的指挥、监督。持这种执行模式的典型国家和地区有意大利、西班牙、秘鲁、奥地利以及我国的台湾、澳门地区。

以意大利为例。该国民事诉讼法典第 484 条“负责执行的法官”规定：“强制征收由法官负责执行。在各法院，院长根据书记官在案卷装订成册后两日内提供的案卷材料任命负责执行的法官。在由数名法官组成的独任法官所，领导人根据上款的规定进行任命。第 174 条和第 175 条的规定适用于负责执行的法官。”② 根据该条规定，在意大利各级法院均设有执行法官。同时该法第 490 条和第 619 条分别提到了“负责实施有关执行程序的司法办公室”和“法官所隶属的司法办公室”，由此可知司法办公室是意大利法院负责执行事务的执行机构。根据法律规定，执行法官的主要职责

① 下文主要参考了高执办：《国外执行机构概览》，载最高人民法院执行工作办公室编：《强制执行指导与参考》2002 年第 1 辑，法律出版社 2002 年版，第 434 ~ 448 页。

② 参见黄风译：《意大利民事诉讼法典》，第 3 编执行程序，载刘汉富主编：《国际强制执行法律汇编》，法律出版社 2000 年版，第 107 页。

有：决定并举行有诸如为作出分配决定而进行的有关债权人参加的庭审或其他有关执行事项的庭审；批准在特定时间执行查封；作出有关查封形式、查封转换、查封裁减、查封效力终止的裁定；对债权人或债务人的执行过程中的行为予以批准；对诸如拍卖和委托拍卖、受委托变卖的人的报酬、支付诉讼所涉及的钱款费用的计算等执行事项作出命令或决定；确定拍卖的开盘价，监督拍卖的进行；作出关于司法托管和对已获钱款等执行财产进行分配的裁定；对第三人义务核实，对第三人代位权问题作出决定；在发生法律规定的事由时，决定执行程序的中断和消灭；对债务人和案外人提出的执行异议进行审查并作出裁决。对执行异议进行审查并作出裁决是执行法官的重要职责之一，不仅在进入强制执行程序以后，针对债务人和案外人提出的执行异议由执行法官负责裁决，而且即使强制执行程序正式启动以前，只要已经向债务人送达执行依据及催促书，此时债务人对债权人的权利、可执行文书的形式合法性以及有关劳动、社会保障和扶助提出的异议，也应根据案件性质、标的的价值由送达地有管辖权的执行法官组成合议庭进行裁决。而对一般执行事项的裁决，则一般由负责执行的法官独任处理。与执行法官相对应的是，意大利法院也设有书记官和司法执达员参与案件执行程序，但意大利的司法执达员仅在执行法官的领导和监督下从事与执行相关的事务性工作，不具有独立行使强制执行权的主体资格，不是独立的强制执行权主体。根据法律规定，司法执达员主要履行诸如执行程序中送达、实施查封、为查封进行搜寻以及为排除阻碍而作出有关决定、接受债务人付款、执行动产和不动产的迁出和交付等职责。司法执达员若在执行过程中发生困难的，也应当要求执行法官采取措施予以排除。

西班牙的情形与意大利较为类似。《西班牙民事诉讼法典》第919条规定：“当一项判决成为生效判决（Sentencia Firme）后，在当事方的要求下，即由一审法官或法庭予以执行。”① 该法典第

① 参见黄仰鑫译：《西班牙民事诉讼法典》，执行程序节录，载刘汉富主编：《国际强制执行法律汇编》，法律出版社2000年版，第78页。

1439 条以及第 1440 条进一步规定："申请执行按 524 条为普通程序起诉所规定的条款提出，交由债务履行地初级法院审理，或视情况交由被请求执行人或其中一人住所所在地的法院，或交由已办理特别抵押手续的不动产所在地的法院，如有此类不动产。第一编（Labro Frimero）中第二章第二节中所述的明示或暗示的递交（Sumision）规定均不适用。在向债务人发出最后传讯时要出示执行请求书副本和其他文件。"① "法官在审阅呈交的执行请求书及有关文件后决定对该案是否有事务和地域管辖权。如认定无管辖权，他即作出裁定，予以宣布并拒绝审理此案。如认定有管辖权，则批准执行，除非该债务属于 1647 条第 1 段第 2 点所列的情况。在此情况下，法官拒绝批准执行并永远不传讯被执行人。在 1435 条第 1 段第 2 点所列情况下，执行令用索要的外币表示，但不影响列出等值的比赛塔，以便参照作为基础去扣押财产及采取其他措施。"②由此可见，在西班牙，对于法院的生效判决交由一审法院法官或法庭予以执行；而对于其他生效法律文书，则由法官进行审查，认为有管辖权和执行事务的，交由债务人住所地、债务履行地、不动产所在地法院负责执行。对于其他法律文书，由法官发出执行令，交由法院执行官实施，《西班牙民事诉讼法典》第 1442 条对此作出了明确规定。③ 依据法律规定，执行官要求履行而债务人不履行的，执行官有权扣押债务人与执行标的相当的财产。秘书主持拍卖活动，法官则负责监督。对有关判决项下的孳息的计算争议，由法官召集双方当事人开庭并作出相应裁决。

---

① 参见黄仰鑫译：《西班牙民事诉讼法典》，执行程序节录，载刘汉富主编：《国际强制执行法律汇编》，法律出版社 2000 年版，第 86 页。

② 参见黄仰鑫译：《西班牙民事诉讼法典》，执行程序节录，载刘汉富主编：《国际强制执行法律汇编》，法律出版社 2000 年版，第 86 页。

③ 《西班牙民事诉讼法典》第 1442 条规定，"执行令下达后，交给法院一执行官，由他要求债务人向秘书处付款。如果债务人当时不付款，则扣押债务人足够抵付执行金额及执行费用的财产，并依法存放"。参见黄仰鑫译：《西班牙民事诉讼法典》，执行程序节录，载刘汉富主编：《国际强制执行法律汇编》，法律出版社 2000 年版，第 87 页。

秘鲁也属于法官执行模式。《秘鲁民事诉讼法典》第714条对案件的执行管辖权作出如下规定："司法决定的执行由有关诉讼的一审法官管辖，其他法律文书的执行依照确定诉讼管辖权的一般原则确定。"① 该法典第696条和第697条则分别对有执行力的债权文书、票据、和解、私文书以及其他法律文书的执行管辖问题作出了明确规定："数额不超过50个诉讼参考单位的，和平法官有管辖权。超过该数额由民事法官管辖。""法官审查执行文书，确认是否符合形式要求。如认为是可接受的，则受理执行申请，发布执行令，并说明根据，该执行令包括支付所申请的债务及利息和费用的命令，并指明如不履行，将强制执行。对执行令可以上诉，但不中止执行。上诉只能以文书形式要求欠缺为根据。如果义务一部分经结算，一部分未经结算，则可以只申请执行第一部分。"② 在全部执行程序中，法官始终居于组织指挥地位。例如，对拟拍卖财产进行评估作价，召集拍卖、指定拍卖主持人、决定对公共拍卖人的报酬、决定向债权人支付以及多个债权人之间的分配等执行中的重大事项，均由执行法官负责作出决定。秘鲁法院虽然设立了法官秘书参与执行工作，但法官秘书只能接受法官的命令和指挥从事辅助性的工作。

我国台湾地区亦属法官执行模式。根据台湾"强制执行法"的有关规定，负责办理执行事务的机关是在地方法院设立的民事执行处（有时也称执行法院），是地方法院的内部组织的一部，民事执行处又设专任的推事、书记官以及执达员办理执行事务。在办理执行事务过程中，执行推事始终居于主导地位，无论何种事务，都由法官决定，再斟酌情形，法官可以自行执行，也可指挥或命令书记官办理执行事务，或者命令书记官督同执达员办理执行事务。执行推事、书记官以及执达员的职权具体划分如下：③ 执行推事的职

① 参见左晓东译：《秘鲁民事诉讼法典》，第5部分第5篇执行程序，载刘汉富主编：《国际强制执行法律汇编》，法律出版社2000年版，第7页。

② 参见左晓东译：《秘鲁民事诉讼法典》，第5部分第5篇执行程序，载刘汉富主编：《国际强制执行法律汇编》，法律出版社2000年版，第4～5页。

③ 参见孙加瑞：《中国强制执行制度概论》，中国民主法制出版社1999年版，第106～107页。

权是：调查关于强制执行之法定条件；就强制执行所为之声请或声明异议予以裁定；强制执行之事件，有调查之必要时，命债权人查报，自行或命书记官调查，命提出担保或命拘提管收等。书记官的权限有：受执行推事之命令，就强制执行事件为必要的调查；实行分配时，作成分配笔录；受推事命令，督同执达员查封动产；查封时，作成查封笔录及查封物品清单；督同执达员拍卖动产；作成拍卖动产、不动产笔录等。书记官在执行上述职务过程中，应当服从长官的命令；随从推事执行职务的，应当服从执行推事的命令。书记官办理执行事件，应受执行推事的指示，其职务有的应督同执达员进行，有的应单独进行。执达员的主要职权是：由书记官督同查封、拍卖动产；执行拘提或管收；在查封时发现债务人的财产已因他案受查封，应速将查封原因报执行推事；推事命为执行行为的，应作成笔录或报告，送请推事核阅。台湾“强制执行法”规定强制执行事件由推事、书记官督同执达员办理，这里的“督同”，是指执达员执行职务时，除与书记官共同办理外，由其单独办理的事务，应受推事、书记官的指挥、监督。执达员应听从推事、书记官的命令办理执行事务，推事或书记官即使因事务繁忙，也不能委托由执达员代理书记官的职务办理强制执行。

（2）法院执行官执行模式。即在法院内部设立专门的执行官负责办理强制执行事务的执行模式，这种模式在世界上并不常见，澳大利亚是该模式的典型代表。澳大利亚是联邦制国家，其法院系统分为联邦法院和州法院两套体制。澳大利亚联邦法院分联邦最高法院、联邦中级法院和联邦基层法院，有代表性的是联邦中级法院（Federal Court of Australia）。在联邦中级法院内设有由司法常务官（Registrar）领导下的执行官（Shcriff），在执行官之下又设副执行官，执行官及副执行官均由司法常务官任命，副执行官根据执行官的指示工作。执行官及副执行官具体负责所有司法程序中的法律文书的送达和执行事务，包括看管法院决定拘留的人。执行官及副执行官亦可授权他人代替其从事职责范围内的工作。联邦最高法院的执行官除名称与联邦中级法院的执行官有所区别外（联邦最高法院的执行官称 Martial），具体职责与联邦中级法院的执行官相同。

联邦基层法院的执行官则是由 Sheriff 和 Martial 构成，其中 Sheriff 负责送达和执行，Martial 则负责保卫法院和法官以及看管被法院拘留的人，类似于法警。州法院的情况则与联邦法院有所不同。在州法院，具体负责执行事务的执行机构是执行官办公室，执行官办公室又在全州不同的地区设办事处。执行官办公室是州法院行政管理机构中的独立部门，其首长（Sheriff）是法院行政机构行政管理委员会的成员，是根据执行官法由州最高法院首席法官推荐任命的。在 Sheriff 之下又设立一定数量、各种级别的执行官员，包括永久执行官员和临时执行官员。执行官的主要职责有：传唤陪审员，为陪审员服务；在刑事案件中向法庭提交犯人，执行刑事判决，照顾证人，向证人交付费用，维护法庭秩序和安全，保护陪审员、证人和犯人；保卫法庭驻地安全；在民事案件中负责送达传票、执行法庭命令和判决，包括扣押财产、占有财产，以及管理法院罚款和所收取的费用，等等。Sheriff 就其所辖执行官员的行为向法院行政管理机构负责。

（3）专门法院执行模式。即设立执行法院专门负责执行事务，这种模式十分罕见但极具特色。冰岛共和国是世界上实行这种模式的惟一国家。根据冰岛共和国《判决执行法》（Execution of Judgements Act）、《金钱判决及和解法》（Act of Money Orders and Claims without Title in a Judgement or a Settlement）、《强制拍卖法》（Forced Auction Act）等相关法律的规定，由执行法院（Court of Execution 或称 Sheriff’ Court）中的一名法官负责执行，适当时也由拍卖法院（Court of Auctions）的法官负责。在多数辖区内，该法官既作为上述两个法院的法官，也作为该辖区其他法院的法官。作为专门的执行法院，其角色是处理和执行提交给它的执行依据，并根据法律授权决定判决作出后发生的相关费用。对于执行法院的行为，可以根据一个特别简易的程序进行上诉。

2. 法院外配置模式

即强制执行权不是由法院行使，而是由法院以外的其他主体负责行使强制执行权的方式。具体包括两种类型：一是司法行政官执行模式，二是专门行政机构执行模式。

(1) 司法行政官执行模式。该模式是在法院以外设立隶属于行政或警察系统、非专门的司法行政官员具体行使强制执行权。在该体制下，债权人申请执行首先要向受诉法院的书记官取得执行令（Writ of execution），由书记官代表法院签发该执行令状，尔后由债权人持执行令要求司法行政官执行。司法行政官执行完毕后应当向签发执行令状的法院回复，其负责实施的执行行为，在执行令状到期时也应当向法院报告具体实施情况。在执行过程中，如果司法行政官侵犯了案外人的权益，案外人可以把债权人作为被告、司法行政官作为第三人向法院提起诉讼。当然，司法行政官并非专门的执行官员，除了担负判决执行和送达法律文书的职责外，还负责法院的护卫、传唤陪审员等有关法院审判服务的事务，并负责监所管理、地方治安等事务。司法行政官执行模式的代表国家有美国、英国、加拿大、印度、新西兰等英美法系国家，以及俄罗斯等国。

以英国为例。在英国，负责执行事务的司法行政官有执行官（Sheriff）和执达员（Bailiff）两种。执行制度以法官发布的各种执行令状为中心，执行前需取得执行令状，司法行政官以执行令状为根据进行执行，并向法官就令状的执行情况进行报告或回复。执行官（Sheriff）是设在法院外的郡的官员，其负责执行令状的执行，但实际上由执行官或者副执行官向执达员（Bailiff）给予授权证书，由执达员（Bailiff）具体实施。执达员作为法庭的代理人执行传票、占有财产、在庭审中协助法官、为债权人扣押财产等,① 执达员履行上述职务向执行官承担义务。在执行过程中一旦出现纠纷，诸如案外人提出执行异议、第三人对执行标的主张权利、请求暂缓执行等，则由法院负责裁决。例如，《英国最高法院规则执行

① 在中世纪的英格兰，Bailiff 是为贵族和法院服务的。为贵族服务的，被称为采邑监管人，负责收取罚款和租金，并作为会计；为法庭服务的，则由 Sheriff 和巡回法庭的助理法官任命，他们保卫法庭，作为传票送达人和收取罚款的执行人。他们是法庭的小官员，并拥有警察权力。在现代社会，Bailiff 的职能并无太大变化，只不过不再仅服务于法庭和君主制度，更多的是作为司法执行官员。参见高执办：《国外执行机构概览》，载最高人民法院执行工作办公室编：《强制执行指导与参考》2002 年第 1 辑，法律出版社 2002 年版，第 443 页。

程序》“第45号命令判决及命令的强制执行：一般规定”第11条规定，“在不损害第47号命令第1条规则的原则下，凡有任何判决或命令针对任何一方当事人作出，该当事人可以该判决或命令作出之日后所发生的有关事件为理由，向法庭申请暂停执行该判决或命令或申请其他济助，而法庭可藉令按其认为公正的条款给予该种救济”。① 现代英美法系国家的司法执行官制度皆起源于英国。

美国也是采用司法行政官执行模式的典型国家。在美国，司法行政官分为州执行官（Sheriff）和联邦执行官（US Marshal），分别负责州法院判决和联邦法院判决的执行，同时，他们也是警察的一类，是专门提供法庭服务的警察。联邦执行官（US Marshal）也称联邦执法官或联邦法庭执行官，其办事机构设在联邦大楼内。美国联邦在司法部内设立联邦执行官署（United States Marshals Service），由司法部长领导。联邦执行官署的最高长官是执行官总监，由总统根据参议院的提名任命。执行官总监行使的权力除法定外，由司法部长授予。每个联邦司法区均设立一名联邦执行官（US Marshal），由总统根据参议院的提名任命，任期4年。每个联邦执行官又都是联邦执行官署的官员，服从执行官总监的指导。执行官总监为完成联邦执行官署的职责，有权任命职员协助完成法律执行工作。无论是联邦执行官，还是副执行官，以及其他职员，在执行工作中都称为执行官（其中具体从事执行事务的，是联邦执行官总监专设的JET）。根据《美国法典》28编566节的相关规定，联邦执行官的权力和职责主要有以下五个方面：第一，为联邦地区法院、联邦上诉法院和国际贸易法院维护安全，遵守、执行这些法院的所有命令。第二，联邦地区法院、联邦上诉法院或国际贸易法院在该区开庭时，每一个区的联邦执行官就是该法院的执行官，有关法院可自行要求执行官出席庭审。第三，除非法律或程序规则另有规定，联邦执行官署执行所有依据联邦法律颁发的法律令状、传票及其他命令。为了执行其职责，可以取得所有必要的协

① 参见宋昌永译：《英国最高法院规则执行程序》，载刘汉富主编：《国际强制执行法律汇编》，法律出版社2000年版，第281～282页

助。第四，每个联邦执行官、副执行官以及联邦执行官总监任命的执行官署中的其他任何官员，均可以佩带轻武器，可以在没有逮捕令的情况下逮捕任何在他面前出现的针对联邦的犯罪人，或者任何根据联邦法可以审理的重罪人，如果他有理由相信被逮捕的人已经或正在实施该重罪。第五，联邦执行官署被授权实施下列行为：保护联邦陪审员、法院官员、证人的人身安全，以及其他被威胁的与司法程序有关的人；根据司法部长的指示，在国内及国外追查逃犯。除此之外，由于美国关于执行程序的法律基本都是州法律，因此联邦执行官在州内执行联邦法律时，可以行使州内的执行官（Sheriff）在执行州法律时所行使的权力。美国的地方司法行政官一般称为 Sheriff。县执行官由公众选举产生，其主要职责是协助刑事法庭和民事法庭，如维护法庭秩序、送达传票、传唤陪审员、执行判决、主持司法拍卖及类似活动，他们也是区内的主要治安维持人员，同时，在多数州他们也负责县监所的管理。① 总体而言，美国的执行程序与英国较为类似，无论是联邦法院还是地方法院，债权人申请执行首先要向受诉法院的书记官取得执行令状，尔后由债权人持执行令要求司法行政官执行，司法行政官依据执行令状实施执行行为，并在执行完毕后向签发执行令状的法院回复或报告具体实施情况。并且，州执行官（Sheriff）和联邦执行官（US Marshal）

① 在美国历史上，过去曾有过被称为 Constable 的地方执行官，他们是市政机构的官员，通常经选举产生，其主要职责类似于县执行官 Sheriff，但具体权限和职责要小一些。他们负责维护公共治安、执行裁判法院（Magistrate Courts）的传票、送达令状、出席刑事法庭的审判、监护陪审员，还履行一些地方法律或法规赋予的一些其他职能。现在 Constable 的权力和职责一般均为 Sheriff 取代了。美国有的县副执行官也称 Bailiff，如佛罗里达州的法律确定 Bailiff 是法院的执行官。执行官应当亲自或由副手出席所有在该州举行的巡回法院和县法院的庭审。这些副手在传统上被称为 Bailiff，他们的职责就是履行 Bailiff 作为法庭执行官的职务，其基本任务就是为法庭和陪审员提供安全保障，以使司法过程公正进行，包括陪审员免受未经允许的通信或打扰，维持法庭秩序，看守交给执行官监护的人，执行法庭命令。参见高执办：《国外执行机构概览》，载最高人民法院执行工作办公室编：《强制执行指导与参考》2002 年第 1 辑，法律出版社 2002 年版，第 445 页。

都不是专门的执行机构，他们除行使强制执行权外，还行使其他行政权力。以下试以一个房东驱逐租客的案例说明美国强制执行权的运行情况。① 某房东因为租住的房客欠缴房租，诉诸法院要求驱逐欠费的房客。法官经过审理，审查了双方的租约，并结合其他证据支持了房东的诉讼请求。然而，在美国，仅有法院的判决是不够的，胜诉的房东还需要到法院申请判决的执行令，在取得执行令后再到负责法庭服务性事务的警察部门请求强制执行。警察部门在房东办理好相关手续并缴纳费用后，才派人到当事人的房子，在门上贴上驱逐的通知，限定房客在某段时间里离开，否则警察部门就要强制其迁出。限期届满后，房客一般会主动搬走。在这个案例中，尽管住房的主人是处于主动地位的，但是执行不能离开行政机构的协助，警察部门只是非专门的执行机构。

加拿大作为英联邦成员国家，受英国影响，其执行权行使模式也属司法行政官执行类型。首先，法院也不具体负责生效判决的执行，而必须由债权人向法院申请执行令，再交付司法行政官具体执行。其次，加拿大的执行官包括被称为 Sheriff 的执行官和被称为 Court bailiff 社会执行员两种。执行官（Sheriff）由总督任命，是负责执行事务的官员，联邦司法部设有执行官总监，监管执行官处（Sheriff’s services）的工作。执行官送达和执行的费用由所送达或执行的文件所指明的律师负责支付。执行官（Sheriff）有权任命临时执行人员办理执行事务，并支付其报酬。执行官任命的执行人员在任职前，司法部长可以要求其提供保证金。社会执行员（Court bailiff）则是由联邦司法部长任命从事执行事务的人员，他们在从事执行事务时，具有相当于执行官的身份，但没有执行官特有的根据法院命令拘捕债务人的权力。社会执行员一般在社会上的专业执行机构或公司服务，这类机构或公司必须经特许批准才能营业，并按照政府的相关规定在特定的地域有偿从事债务的收取、财产的追踪、货物贮存、清算、评估、拍卖等事务，他们不仅为法院

① 参见严军兴、管晓峰主编：《中外民事强制执行制度比较研究》，人民出版社 2006 年版，第 197 页。

服务，而且为律师、会计师、金融机构、地主等服务。在这些机构中设有收债员及其他雇员，但只有社会执行员（Court bailiff）才能按照执行程序收取法院判决的债务。加拿大多数省份的法律规定，在债权人获得胜诉以后，就可以从执行的角度询问债务人可供执行的财产线索，债务人对此只能据实回答，债权人也可以通过法院传唤债务人的方式来了解债务人的财产状况。① 例如在安大略省，债务人接到询问通知后必须到场并宣誓，如实回答有关其财产状况的询问，假如债务人对此予以拒绝，债权人有权请求法官强制债务人到场；假如债务人仍置若罔闻，其可能被法官以藐视法庭为由处以监禁，通过法律程序被迫到场从而接受相关询问。债务人不仅应当回答有关其财务状况、税务申报等问题，还必须提供支付存根以及任何其他与财产相关的文件，包括近期与他人进行交易的情况，以便有权机关判断债务人是否隐匿了财产。询问结束后，债权人可以根据询问中获得的资料对债务人财产状况进行准确评估，有针对性地向法院申请执行令状，并持该令状请求执行机关执行债务人的工资、存款、房产以及其他财产。当债务人出现躲、逃、赖债情形时，债权人可以向联邦的相关专业机构请求帮助，要求诸如电话公司、信用管理部门、公共图书馆等信息机构提供关于债务人信息的查询服务：例如，到地产权益办公室查询属于债务人的地产情况，到个人财产登记处和公司注册处了解债务人的财产剩余状态，到车辆登记处了解以债务人名义登记的车辆状况，到信用报告机构查找债务人的银行账目和其他财产情况，等等。加拿大发达的信息网络系统不仅为债权人获取债务人财产线索提供便利，也极大地增加了债务人故意躲避债务的成本及风险。综观加拿大的执行模式，具有以下特点：第一，对债务人的财产进行调查的义务归于债权人，而非法院。法院虽然进行针对债务人财产状况的询问以及传唤债务人的法律程序，并依据藐视法庭的法律规定，对拒绝回答财产问题的债务人处以监禁等强制措施，但这些工作仅仅是监督和保证债权人

① 下文主要参考了严军兴、管晓峰主编：《中外民事强制执行制度比较研究》，人民出版社2006年版，第198～199页。

顺利获取债务人的财产状况，对债务人财产状况的调查完全是债权人在相关机构的协助下进行的。第二，法院只负责签发执行令状，而不负责该令状的具体执行，执行令状的执行由执行官（Sheriff）以及社会执行员（Court bailiff）等相关机构或人员负责。第三，有关机构或人员必须履行协助执行法院执行令状的义务，否则即会受到法律制裁。例如，银行接到法院的执行令状后，必须及时扣押债务人的财产，否则将被作为藐视法庭行为受到处罚；又如，加拿大《不列颠哥伦比亚省执行法令》规定，雇主在法院对其雇员颁发执行令以后，不得解雇该雇员或者给该雇员降级或终止雇佣合同，否则将对雇主处以罚款或监禁。

俄罗斯联邦也采用司法行政官执行模式。前苏联解体以后，俄罗斯国家杜马于1997年分别制定了《俄罗斯联邦执行程序法》和《俄罗斯联邦司法警察法》，对前苏联的执行法律进行大幅度修改，并将强制执行权由前苏联时期法院行使变更为由设置在俄罗斯联邦司法行政部门的司法行政机关行使。上述两部法律颁行后的两年里，俄罗斯联邦在其司法部系统内建立了司法警察系统，具体负责执行事务。该司法警察系统由俄罗斯联邦司法部司法警察司、各联邦主体司法局（部）、司法警察局构成，其成员即司法警察—执行员。在各联邦主体内区、跨区司法警察分局的司法警察—执行员，或相当于该级别的行政区域单位司法警察分局的司法警察—执行员担负着直接执行司法文件和其他机关文件的职能。①

（2）专门行政机关执行模式。该模式是在法院以外单独设立隶属于行政机构的执行机关具体行使强制执行权。专门行政机关执行模式的代表国家有瑞典、瑞士两国。

以瑞典为例。瑞典1965年执行局（Enforcement authority）的设立以及1982年执行法典（Enforcement code）的生效，是该国执行工作发展的重要标志。瑞典的执行局是一个隶属行政系统但具有独立权力的机构，专门负责强制执行权的行使。《瑞典执行法》（1981年第774号法律）第一章第3条规定，“执行权授予执行局。

① 参见童兆洪：《民事执行权研究》，法律出版社2004年版，第151页。

执行案件由执行局的一名高级执行官或其他官员处理”。该法第三章第1条进一步规定：“按照本章规定的条件，下列文书可予执行：1. 法院判决、决定或裁定；2. 法院确认的法院外和解；3. ……或者4. 仲裁裁决。除非另有规定，本法对于有关法院判决的规定也同样适用于有关法院的决定或裁定。”① 从上述法律规定可以看出，瑞典的执行局专门负责普通法院、行政法院、专门法院如劳动法院的判决和裁定的执行，其执行权力和责任也同样适用于所有法院的判决和裁定。瑞典的执行局是组织良好的政府机构，根据法律规定，该机构独立于政府的警察机构和检察机构。全国分为81个执行区，每一个区均设立一个执行局。执行局是拥有合格人员和现代技术装备的高度发达机构，由执行官、执行员以及办事员三种人员组成。其中执行官必须有法律学位，并必须有一定阶段的从事公证人和法院工作的经验。由于有专门的执行机构存在，因此，瑞典的法院仅决定案件的法律后果，而不作出有关执行的指示，执行的方式由执行局决定。尽管该国程序法典规定法院可以在必要的情况下发布有关执行的详细指示，但有其他法规规定，法院发布的有关执行的指示不得妨碍执行局的执行方式。法律也规定，对于执行机构的裁定可以上诉到上诉法院。

瑞士是由专门行政机关行使强制执行权的另外一个国家。《瑞士联邦债务执行与破产法》第1条、第2条分别规定，“A. 债务执行与破产辖区：一州领域构成一个或多个债务执行及破产辖区。各州决定此种辖区的数目和管辖规模。一个破产区可包含多个债务执行辖区”。“B. 执行及破产事务局：1. 组织：在每一个债务执行辖区设立一个执行事务局，由一名债务执行官执掌。在每一个破产辖区设立一个破产事务局，由一名破产事务官执掌。每个债务执行官及破产事务官均有一名代理人，在其离职或不能行使职务时取而代之。执行事务局及破产事务局可由同一官员执掌。除此而外，执行

① 参见王生长译：《瑞典执行法（1981年第774号法律）》，载刘汉富主编：《国际强制执行法律汇编》，法律出版社2000年版，第212～213页。

及破产事务局的组织事宜由各州决定”。[①] 从上述法律规定可以清楚地看出，在瑞士联邦各州设立的执行事务局及破产事务局是该国的强制执行机关，隶属于该国行政系统。为保证强制执行权的公正行使，联邦各州还设立了专门的监督机构监督上述两个事务局的工作，并由联邦法院行使最终监督权。对执行机构的处分命令，当事人不服的，可以向初级监督机构抗告；对初级监督机构的裁决不服的，可以向高级监督机构上诉；仍然不服的，由联邦法院作出最终裁决。联邦法院有权向初级和高级监督机构发出指示，并要求其提交年度报告。

3. 混合配置模式

所谓混合配置模式，是指由作出裁判的法院以及在法院以外专门设立的单独的执行官，分工负责、共同行使强制执行权的方式。这种模式也被称为二元制执行模式，即执行机关既包括法官或法院，也包括执行员（或称执达员、执达吏、执行官、执行吏），在此模式下，法官或执行法院与执行官分别独立行使各自的执行权力，法官处于最终支配地位。执行员是专门的职业人员，且独立于法院，执行员可以根据债权人的委任，收取债权人的报酬，独立地对债务人进行强制执行，但有关命令、许可和裁判事项，则由法官进行。采用该模式的代表国家主要是德国、日本和法国等传统大陆法系国家。

以德国为例。《德国民事诉讼法》第八编强制执行程序第753条规定：“（一）强制执行，除应由法院实施的外，由执行员受债权人的委任实施之。（二）债权人委任实施强制执行时，可以请求书记科予以协助。受到书记科委任的执行员视为受债权人所委托。”[②] 这表明，在德国执行工作通常由执行法院和执行员共同负责。事实上德国的执行机关除了执行员、执行法院以外，还包括受

---

① 参见刘汉富译：《瑞士联邦债务执行与破产法》，载刘汉富主编：《国际强制执行法律汇编》，法律出版社2000年版，第139页。

② 参见谢怀栻译：《德国民事诉讼法》，第八编强制执行程序，载刘汉富主编：《国际强制执行法律汇编》，法律出版社2000年版，第24页。

诉法院（即审理法院）。三者的分工是：执行员负责诸如动产的查封、拍卖及执行标的的交付，返还财产及意思表示的执行等单纯事实行为的实施或强制执行；执行法院则以对不动产的强制执行，对债权及其他财产权的执行，容忍某种行为的执行，办理参与分配等比较复杂而含有高度法律问题判断的执行行为为主；而受诉法院则专以对债务人的行为和不行为进行执行以及受理债务人异议之诉和第三人异议之诉为主要职责。① 上述执行机关各司其职、分工协作、相互配合。例如，《德国民事诉讼法》第八编强制执行程序第758条、第761条分别规定："（一）执行员在执行中有必要时，有搜查债务人的住所与储存物件处所的权力。（二）执行员有权开启闭锁的房屋的门、房间的门以及储存物件处所的门。（三）执行员在遇到抵抗时，有权使用武力，并且以此为目的，可以向警察机关请求支援。""（一）在夜间、星期日以及一般的节日实施执行时，应经执行行为所在地的初级法院的法官准许。（二）实施强制执行时，应出示准许执行的命令。"② 与此同时，执行员履行职责还必须接受执行法院的监督。例如，《德国民事诉讼法》第八编强制执行程序第766条规定："（一）对于强制执行的种类和方式，或对于执行员在执行时应遵守的程序提出申请、异议与抗议时，由执行法院裁判之……（二）执行员拒绝接受执行委任，或者拒绝依照委任实施执行行为时，或者对于执行员所计算的费用提出抗议，由

---

① 例如，《德国民事诉讼法》第八编强制执行程序第767条第1款规定："（一）对于判决所确定的请求权本身有异议时，债务人可以以诉的方式向第一审的受诉法院提起。"第770条规定："受诉法院对异议进行裁判时，可以在判决中发出前条的命令，也可以在判决中撤销、变更或认可已发出的命令。在此种判决不服时，准用第718条的规定。"第771条第1款还规定："（一）第三人主张在强制执行的标的物上有阻止让与的权利时，可以向实施强制执行的地区的法院提起异议之诉。"参见谢怀栻译：《德国民事诉讼法（第八编强制执行程序）》，载刘汉富主编：《国际强制执行法律汇编》，法律出版社2000年版，第27～28页。

② 参见谢怀栻译：《德国民事诉讼法（第八编强制执行程序）》，载刘汉富主编：《国际强制执行法律汇编》，法律出版社2000年版，第25页。

执行法院裁判之。"①

日本也是属于执行法院和执行官相配合的混合配置模式。《日本民事执行法》第 2 条规定，"民事执行，依据申诉，由法院或者执行官进行"。② 这表明执行官是日本执行机关的重要组成部分。《日本民事执行法》第 3 条规定，"关于法院进行的民事执行，以根据本法律的规定应进行执行处分的法院为执行法院；关于执行官进行的执行处分，以该执行官所属的地方法院为执行法院"。③ 这表明执行官的办公地点设在地方法院。同时，《日本执行官规则》第 1 条至第 3 条分别规定，"执行官作为有关普通职员供给的法律（昭和 25 年第 95 号法律）第 6 条第 1 款第一项所规定的具有行政级别工资表（一）确定的四等级以上职务的人或者作为具有相当于该职务经历的人，根据最高裁判所确定的标准，须经过笔试和面试方予任命。但是，对曾担任裁判所书记官者，可不进行笔试"。"前条的考试以测试应试者是否具备作为执行官的适应性、学识以及应用能力为目的，由最高裁判所确定，地方裁判所具体实施。""地方裁判所任命执行官后，应根据最高裁判所之规定令其进修。"④ 这说明执行官虽然设置在地方法院，并由地方法院任命，但其属于行使特定职责的公务员，在履行执行事务及职责时具有自身独立地位，是独立的执行机关，而不是法院的附属机构。执行官的任职资格由最高法院确定，并受所服务的地方法院监督。根据日本学者竹下守夫教授来华讲课时介绍：以前，日本的执行官多是由当过警察的人担任，现在则多由曾经当过书记官、事务官的人担任；书记官退休以后愿意担任执行官，这是因为执行官的收入一般

---

① 参见谢怀栻译：《德国民事诉讼法（第八编强制执行程序）》，载刘汉富主编：《国际强制执行法律汇编》，法律出版社 2000 年版，第 27 页。

② 参见杨建顺译：《日本民事执行法》，载刘汉富主编：《国际强制执行法律汇编》，法律出版社 2000 年版，第 218 页。

③ 参见杨建顺译：《日本民事执行法》，载刘汉富主编：《国际强制执行法律汇编》，法律出版社 2000 年版，第 218 页。

④ 参见魏文超译：《日本执行官规则》，载最高人民法院执行工作办公室编：《强制执行指导与参考》2002 年第 3 辑，法律出版社 2003 年版，第 384 页。

较书记官高，如拍卖动产时有按照标的物价格的比例收取手续费的权利，① 但执行官没有升任执行法院法官的可能。执行官与执行法院根据执行对象的不同进行分工，各司其责。一般来说，执行法院主要负责具有判断性的、复杂案件的执行，而执行官除了负责属于事实性的、简单案件的执行外，还要协助执行法院执行。具体分工如下：② 执行官的职责大致包括两个方面：第一，直接实施强制执行行为。包括(1)因金钱给付对动产的执行，对动产的假扣押、假处分执行，为实行担保权动产的执行；(2)因非金钱债权对不动产、船舶交付或迁移的执行，对动产交付的执行等。第二，协助执行法院实施强制执行行为。包括(1)对不动产现状进行调查；(2)实施投标、拍卖；(3)保管解除债务人占有的不动产；(4)帮助管理人强行占有债务人的不动产；(5)在船舶执行中取出证明船舶国籍的文书及其他船舶航行必要的文书，并向执行法院提出；对汽车等执行时取出汽车等的证明文件；(6)在债权执行时取出债权证书；(7)实施债权证书等的卖出命令；(8)在执行扣押动产交付请求权时，受领、交付或卖出标的物，等等。而执行法院的具体职责也包括两个方面：第一，执行除由执行官负责执行的执行事务以外的其他事项，包括对不动产的执行，对涉及法律判断事项的执行，以及对可能发生新的纠纷事项的执行等。第二，对执行官实施强制执行提供必要的协助。日本法律对此作出了明文规定。例如，《日本民事执行法》第 8 条规定："(1)执行官等，在星期日及其他一般的休息日或者午后 7 时至翌日午前 7 时之间，要进入他人的住宅执行职务时，必须取得执行法院的许可。(2)执行官等，在执行职务时，必须出示证明根据前款规定所取得许可的文件。"③ 需要指出的是，执行法院除了自身履行上述

① 如《日本执行官法》第 7 条规定："执行官就职务的执行收取手续费及执行职务所必须支付或者偿还的费用。"参见魏文超译：《日本执行官法》，载最高人民法院执行工作办公室编：《强制执行指导与参考》2002 年第 3 辑，法律出版社 2003 年版，第 374 页。

② 参见童兆洪：《民事执行权研究》，法律出版社 2004 年版，第 155 页。

③ 参见杨建顺译：《日本民事执行法》，载刘汉富主编：《国际强制执行法律汇编》，法律出版社 2000 年版，第 219 页。

职责外，也有权委任其他主体代为行使执行权力。例如，《日本民事执行法》第6条第2款以及第7条分别规定，“根据执行法院的命令而执行有关民事执行职务的、执行官以外的人，在执行职务之际受到抵抗时，可以向执行官请求援助”。“执行官或者根据执行法院的命令而执行民事执行职务的人（以下称‘执行官等’），在进入他人的住宅执行职务之际……”总之，在日本，执行法院和执行官都是负责行使强制执行权的执行机关，两者既分工负责，又相互协助，与此同时，执行法院还通过受理执行异议之诉的方式对执行官的执行行为进行监督。

法国亦属于实行混合配置模式的大陆法系国家，在该国，强制执行权由隶属于法院的执行法官和法院以外的执达员共同行使。根据1991年修订的法国民事执行程序法的相关规定，法国于1993年正式实行执行法官制度。执行法官（Juge de Execution）是专门负责处理执行过程中发生的纠纷案件的独任法官或惟一法官。执行法官由大审法院院长任命，一个法院里可以任命一至数名执行法官。执行法官处理案件采用专门的执行法官程序，如同诉讼法官；当事人等对执行法官作出的裁决不服，可以向上诉法院上诉，但不停止执行。执行法官的具体职责有：（1）负责处理涉及执行依据及执行程序的纠纷，例如对执行依据成立后发生的履行、抵销及扣押物权属纠纷进行裁判；（2）作出保全处分等许可决定，如对诉讼保全、动产所有权转移、采取罚款等间接强制执行措施等作出许可决定，负责清算案件的执行等；（3）命令实施执行或责令妨碍执行人承担损害赔偿责任，责令滥用扣押申请的债权人、拒不执行的债务人和妨碍执行的第三人赔偿损失；（4）发布暂缓执行的命令。执达员（Huissier de Justice）则是专门负责实施强制执行行为的执行机关。执达员是具有司法助理身份的法院以外的工作人员，一般由辩护律师、诉讼代理人、公证人等担任。强制执行开始前，债权人必须先向法院提出申请，由法院书记官开出执行令后交执达员执行。执达员是惟一有权送达诉讼文书，具体负责对法院判决进行强制执行的人员，一般案件的执行工作都要由执达员具体实施。执达员执行职务的行为受法律保护，抗拒、攻击或者对执达员使用暴力构成叛逆罪，以言辞或文字侮辱执达员则要受监禁或罚金处罚。根据法国民事执行程序法的相关规定，负责执行任务的执达员有责任指挥执行行动，有权请求执行法官批准采取必要的强制措施，并在必要时要求检察机关和其他社会公共力量给予协助。例如，当执达员收集债务人住处或银行存款等情报发生困难时，可以申请检察机关协助，检察机关应当根据执达员的申请收集相关情况。国家或地方公共团体的行政机关、公营企业、金融机构对于执达员履行强制执行职务的行为也必须予以协助，如债务人拒绝开门时，执达员不能武力进入，而要请求市（镇）长和警察局协助，由警察或军队等公共力量采取强制开门措施。① 由此可见，法国的强制执行权是由执行法官与执达员分工负责行使的，执达员在检察机关和其他社会公共力量的协助下具体实施强制执行行为，执行法官则负责执行纠纷案件的裁决处理。

综观强制执行权在我国大陆地域以外的上述三种配置模式，可以概括出以下几个基本结论：

首先，不同的国家和地区根据自身的历史发展、法律传统以及具体国情，选择切合该国或地区司法实际的强制执行权配置模式，这些模式虽然各不相同，但大致可以概括为由某一个执行机构统一行使强制执行权的一元制模式和由两个不同机构共同行使强制执行权的二元制模式。其次，强制执行权的配置始终离不开法院，法院不仅具体行使全部或部分强制执行权，而且在强制执行权的运行中居于主导与核心地位。将强制执行权全部交由法院行使也是强制执行权的一种典型配置模式。再次，分权制衡是体现在强制执行权配置过程中的一种普遍原则，即强制执行权的实施权和裁决权应当由不同主体分别行使，相互制衡。执行裁决权一般由法院行使，执行实施权既有由法院行使的情形，也有其他情形，并无统一模式。

（二）强制执行权在我国大陆地区的配置模式

前已述及，在古代中国，由于社会生产力和经济发展水平所

① 参见严军兴、管晓峰主编：《中外民事强制执行制度比较研究》，人民出版社 2006 年版，第 200 页。

限，基层政府管理的事务有限，加上官员设置较少，地方司法由行政长官兼理，或者说由地方司法官员兼理行政。① 地方的行政长官就是当地的司法长官，中央的许多非司法官员通过会审等多种途径参与司法。由于司法行政合一，在清末变法以前，行政、司法、执行权力都集中在地方行政长官手中。自清末变法直至中华民国时期的传承与发展，逐步建立了独立于行政机关的强制执行机关以及独立的强制执行制度，并且形成了由法院负责行使强制执行权的权力配置模式。

新民主主义革命时期，革命根据地有关强制执行权配置模式的规定缺乏统一性，大致有以下三种情况：②

1. 强制执行权由裁判机关负责行使。如 1939 年《陕甘宁边区高等法院组织条例》、1941 年《晋冀鲁豫边区高等法院组织条例》都规定，法院设民事庭和刑事庭，"强制执行之决定"的职权由庭长行使；又如民国三十六年（1947）《关东高等法院各部门（庭、处、室）工作条例》规定，"审判庭正副庭长监督推事书记，处理……案件之执行……事项"。

2. 强制执行权由基层政府（行政机关）负责行使。例如《苏中区处理诉讼案件暂行办法》第 68 条规定，"民事诉讼案件之执行，由司法机关命令乡（镇）政府执行之，执行完毕后，应将经过情形，详报备查"。

3. 强制执行权由裁判机关（法院）和行政机关共同负责行使。例如《太行区暂行司法制度》第 58 条规定，"第二、三法庭判决确定之民事案件，可以将具体执行办法，填成执行书，指挥区村公所执行"。该制度第 59 条第 2 项规定，"动产之转移，可由区村政权用强制执行办法强迫交付"。又如 1946 年的《冀南区诉讼简易

---

① 古代地方官与其说以行政兼理司法，还不如说以司法兼理行政，因为基层政府的司法事务往往要重于行政事务。参见杨一凡主编：《新编中国法制史》，社会科学文献出版社 2005 年版，第 417 页。

② 以下内容参见孙加瑞：《中国强制执行制度概论》，中国民主法制出版社 1999 年版，第 96～97 页。

程序试行法》第26条规定，“执行权是于第一审司法机关，依判决主文执行之，并可委托区公所或村公所协助执行”。

中华人民共和国成立后，国家通过法律的形式将强制执行权配置在人民法院，从而使人民法院在担负审判职能的同时也担负着执行职能，人民法院既是我国的审判机关，也是我国的强制执行机关。当然，强制执行权在人民法院的配置模式，经历了一个由“审执分立”到“审执合一”再到“审执分立”的曲折发展过程。即我国的强制执行权经历了从20世纪50年代的“审执分立”到此后近20多年的“审执合一”，直至20世纪80年代开始的由法院执行机构负责的“审执分立”的发展过程。①

1. 审判权和强制执行权均由审判庭负责行使的“审执合一”阶段

新中国成立后，首先以法律的形式确立了由人民法院行使审判权和强制执行权，如1950年的《中国人民法院组织法暂行大纲(草案初稿)》、1951年的《中华人民共和国人民法院暂行组织条例》，都规定了由人民法院管辖执行事项。1953年，最高人民法院华北分院作出《关于各级人民法院执行判决的指示》，明确要求各级人民法院指定专人负责执行工作。1954年制定的《人民法院组织法》第38条进一步明确规定，“地方各级人民法院设执行员，办理民事案件判决和裁定的执行事项，办理刑事案件判决和裁定中关于财产部分的执行事项”。该法的颁行有力地推动了执行工作的发展，各地法院依照该法的规定普遍建立了执行机构，配备了专门的执行人员具体负责执行工作，初步形成了“审执分立”的工作机制。只可惜这种局面没有维持太久。自1957年开始，法律虚无主义盛行，导致国家的法制建设被严重削弱，执行工作受其影响，纷纷撤销已经建立的执行机构，法院内不再设立专门的执行人员负责执行工作，而是采取由负责审理案件的审判人员兼顾执行工作的方式，即审判员既负责审判又负责执行。从而使新中国成立初期确

① 以下内容参考了严军兴、管晓峰主编：《中外民事强制执行制度比较研究》，人民出版社2006年版，第203～207页。

立的“审执分立”模式完全被“审执合一”模式所取代。“文革”期间，民事审判工作基本停止，加上当时的民事案件数量不大，仍然采取了由审判人员负责案件执行的工作模式。由此可见，“审执合一”是我国特定历史时期的必然产物，是由当时的社会环境所决定的，是法制不健全的结果。这种非常的局面直到1979年新的《中华人民共和国人民法院组织法》颁布才告结束。

2. 由审判庭和执行庭分别负责行使审判权和强制执行权的“审执分立”阶段

党的十一届三中全会明确了改革开放的重大战略决策，提出了发展社会主义民主、健全社会主义法制的方针。随着我国经济领域改革的逐步推进，经济纠纷案件大幅度增加，执行工作的新情况、新问题不断涌现，执行工作任务日渐繁重，对强制执行体制进行重新评估和改革的呼声也日益高涨。为了适应我国改革开放新形势新任务的需要，有效解决民商事活动中的各种纠纷，维护正常的经济秩序，1979年7月1日，第五届全国人民代表大会第二次会议通过了新的《中华人民共和国人民法院组织法》，该法第41条第1款规定，“地方各级人民法院设执行员，办理民事案件判决和裁定的执行事项，办理刑事案件判决和裁定中关于财产部分的执行事项”。1982年3月，全国人大通过了《中华人民共和国民事诉讼法(试行)》，该法第四编第15~18章专门规定了执行程序，首次以立法的形式对执行作出明确规定，在我国强制执行权发展史上具有里程碑的意义。该法第163条第1款规定，“执行工作由执行员、书记员进行；重大执行措施，应当有司法警察参加”。根据这项法律规定，部分地方法院开始设立执行员，并进行执行机构设置的尝试和探索。① 在最高法院的大力推动下，20世纪80年代后期，执行机构在各地方法院已经基本建立。1991年修订的《中华人民共

---

① 以武汉市中级人民法院为例，该院于1983年11月8日正式组建执行庭，设立执行员，负责民商事案件执行立案及具体执行事项。在全国其他地区，有的建立了执行庭，有的则在经济审判庭或民事审判庭内建立了专门负责执行工作的执行组或执行合议庭。

和国民事诉讼法》第209条第3款规定，“基层人民法院、中级人民法院根据需要，可以设立执行机构。执行机构的职责由最高人民法院规定”。2007年修订的《中华人民共和国民事诉讼法》第205条则规定，“人民法院根据需要可以设立执行机构”。从而为高级法院以及最高法院设立执行机构扫除了法律障碍。在人民法院设立的执行庭，从制度层面实现了强制执行权由“审执合一”到“审执分立”的理性回归。

当然，这一阶段建立的“审执分立”模式，仅仅是强制执行权在人民法院内部审判业务部门与执行职能部门之间的分立，与其他国家和地区由法院以外的机构单独行使执行权或与法院共同行使执行权所称的“审执分立”有着很大的不同。这种“审执分立”模式尽管摒弃了过去推行的“审执合一”模式带来的诸多弊端，契合审判权与执行权相分离的精神，但还是存在许多不尽如人意的地方。① 主要表现在以下两个方面：第一，执行权的行使缺乏足够的法律约束，极易出现执行权力的过于集中。由于当时的法律对于执行权的性质、执行机关的职责、权力、组成等均缺乏具体规定，加上执行机构的设立时间不长，经验不足，导致在管理上普遍将执行庭与人民法院的其他审判庭同等对待的情况。实践中也普遍出现执行员大权独揽的弊端，一名执行人员从承办案件的那一刻起，所有有关该案执行的事项都由其负责到底。从决定受理执行案件，发出执行通知，为执行案件进行必要的调查，决定并实施对被执行人的执行措施（如查询、冻结、扣划存款，提取、扣留收入；查封、扣押、冻结、拍卖、变卖财产等），要求有关单位和个人协助执行，主持执行和解，对执行异议进行审查并作出异议是否成立的裁定，决定暂缓执行、中止执行、终结执行以及恢复执行，决定变更、追加被执行主体，决定执行第三人到期债权，决定参与分配，决定对被执行人加倍支付迟延履行期间的债务利息或支付迟延履行

---

① 沈德咏、张根大：《中国强制执行制度改革理论研究与实践总结》，法律出版社2003年版，第170页。转引自严军兴、管晓峰主编：《中外民事强制执行制度比较研究》，人民出版社2006年版，第205页。

金，以及对妨害民事诉讼强制措施的决定和复议裁决，等等，① 都由执行人员说了算。执行人员既是执行法官又是具体实施执行的执行员，既负责行使执行实施权，又负责行使执行裁决权。第二，上下级法院执行机构之间关系不顺，不利于执行工作的健康发展。表面上看，上下级法院执行机构之间是监督与业务指导关系，但受各种因素制约，这种监督与业务指导关系很难落到实处。实践中，上级法院执行庭很少对下级法院执行庭进行监督，即使有监督，作用也非常有限。一方面，执行权高度集中在执行机构及执行人员手中；另一方面，相应的监督制约机制又缺乏或失灵，因此，违法执行的现象时有发生，社会各界对人民法院执行工作的不满日增。加之执行工作中出现的“执行难”和“执行乱”等问题，使得以执行庭为载体的人民法院执行机构饱受诟病，一时间，改革人民法院执行工作体制及运行机制成为理论界与实务界竞相探讨的热门话题。

3. 以法院执行局为机构形式负责行使执行权的新“审执分立”阶段

对于执行庭负责执行工作所产生的种种弊端，立法机关专家、理论工作者、司法实务部门的工作人员进行了大量的论证与探讨，从而为主管机关正确决策提供了有益的参考。在人民法院司法改革的大背景下，执行机构及其运行机制改革作为人民法院改革的重要环节，被正式列入最高人民法院的议事日程。2000 年 9 月 30 日，最高人民法院下发《关于改革人民法院执行机构有关问题的通知》，明确指出，“必须加大改革力度，着力‘改进管理体制’。执行机构作为执行工作运作机制的载体，在改革中只要有利于执行工作的顺利开展，有利于提高执行工作水平和效率，有利于维护司法公正，就应当尽快予以确立、完善。目前，已经成立执行局或其他形式的新执行机构的高级法院，应当抓紧建立科学的管理体制，这种管理体制既要有利于本院执行工作的协调运转，又要有利于对下级法院的监督、指导和协调”。并且指出，“为有利于最高人民法

① 参见童兆洪：《民事执行权研究》，法律出版社 2004 年版，第 112 页。

院对地方各级人民法院执行工作的监督、指导，各级人民法院建立的新执行机构的名称应当统一。根据当前执行机构改革的现状和发展趋势，新执行机构可统称为执行局。各级人民法院筹建执行局要坚持从实际出发，既要积极推进执行机构的改革，又要使之稳步发展”。①

此后，最高人民法院在广州市召开了全国法院执行工作座谈会，对以执行局为载体的执行机构改革进行了大力推广，使新的执行局在各级地方法院得以普遍建立。2001 年 4 月 28 日，最高人民法院下发《关于认真贯彻全国高级法院院长会议和全国地方人民法院机构改革座谈会精神积极推进执行机构改革的通知》，明确要求“坚定信心，消除疑虑，坚定不移地把执行工作改革特别是执行机构的改革推向前进”。强调指出，“执行工作改革的核心是探索建立新的执行工作管理体制，突破口是组建新的执行工作机构并确定相应的职能。同时要积极探索并形成新的执行工作运行机制，推行新的执行方式方法。当前，重点是要抓住地方法院机构改革的机遇，加快进行执行机构的调整、组建工作。要坚持从实际出发，合理确定执行工作局的职责范围、内部机构设置、人员调配、执行权监督制约机制的操作程序等。在改革中要坚持解放思想、实事求是的原则，加强调查研究，增强创新意识，鼓励在法律无禁止的前提下大胆创新，支持如有的中级法院策划在本辖区内成立一个执行局，在所属各县、区法院设置执行分局等派出机构的探索精神”。②需要说明的是，最高人民法院在指导全国法院执行机构改革过程中，还特别强调了在成立执行局的同时保留执行庭“履行一定裁判职能”的重要性，并且认为执行庭的裁判职能只能加强不能削弱。在最高人民法院的具体指导下，改革后的人民法院执行局负责行使执行实施权，而保留下来的执行庭则负责行使执行裁决权，初

① 参见最高人民法院执行工作办公室编：《强制执行指导与参考》2002 年第 1 辑，法律出版社 2002 年版，第 113～115 页。

② 参见最高人民法院执行工作办公室编：《强制执行指导与参考》2002 年第 1 辑，法律出版社 2002 年版，第 116～118 页。

步形成了执行实施权与执行裁决权相互分立、分工负责、互相配合、互相制约的新"审执分立"机制。与过去的执行庭模式下的"审执分立"机制相比，新的"审执分立"模式既实现了审判权与执行权的分立，又实现了执行实施权与执行裁决权的分立，改变了长期以来粗放型的执行权力配置模式，因此，这种新的"审执分立"无疑是更高层次的"审执分立"。在新的"审执分立"模式下，能够形成执行机构统一管理、统一协调、上下联动的态势，执行机构职能更加合理，执行力量更加充实，执行效率更加提高，执行公正更加得到制度保障。

尽管以执行局为机构载体的新的"审执分立"模式已经在各级地方法院基本建立，但围绕强制执行权的配置模式的争论却并未因此平息，理论界及司法实务界对该问题展开了积极探讨。概括而言，大致包括以下四种观点。

1. 将强制执行权配置给公安机关。有人认为，由于法院设立执行部门，法院为了给当事人讨债，疲于奔命，有损其司法权威；有的法院在执行中采用非法手段扣押人质，严重损害法院形象。并且在强制执行中法院也可能因违法行为成为争议的一方当事人。①为了避免法院既当运动员又当裁判员的情况，应当由法院以外的其他机构负责执行。就公安机关的性质、条件以及执行权的属性分析，把强制执行权交由公安机关行使较为恰当，并且应当建立由公安部直接领导的强制执行机构。

2. 将强制执行权配置给司法行政机关。该观点认为强制执行权的性质属于司法行政权的范畴，因此，为了克服法院设立执行机构导致的重审判轻执行的痼疾，应当将强制执行权从法院彻底分离出去，而交由司法行政机关负责行使。该观点进一步建议，法院只司裁判即只负责行使执行裁决权，而将执行实施权交由司法行政机

① 参见贺日开：《司法改革：从权力走向权威——兼谈对司法本质的认识》，载《法学》1999年第7期。

关负责行使，从而在解决执行公正问题的同时兼顾执行效率。①

3. 将强制执行权配置给专门设立的执行法院。该观点主张在现有法院体系之外另行设立专门的执行法院，专司执行权。并在执行法院实现：第一，按地域设置，实行纵向垂直领导体制，在机构及人、财、物上与地方脱钩；第二，建立基层、中级、高级三级执行法院，在执行法院内部设立不同业务部门，分别行使执行裁决权和执行实施权。②

4. 将强制执行权仍然配置给人民法院。该观点认为从中国的现实国情看，在人民法院设立执行机构是非常必要的。第一，有利于减少裁判和执行之间的矛盾和纠纷，一旦在执行过程中遇到纠纷，则执行机构可以与作出判决的业务庭及时协调解决，而如果由行政机关负责，就容易导致在执行过程中互相扯皮、互相推诿的现象，不利于执行难问题的解决。第二，有利于减少当事人的费用支出。在法院设置的执行机构，对绝大多数案件并没有另行收取较高的费用，主要是因为当事人在起诉时已经缴纳了诉讼费用，如果再收取较高的执行费从道理上说不过去，但如果将执行事务交由其他机关行使，则收取高额执行费用顺理成章，从而使当事人不堪重负。第三，在许多情况下，裁判和执行很难完全分开。在执行过程中会遇到各种各样的纠纷，需要作出裁判。一旦出现这种情况，需要执行部门与业务庭联系，由主审法官及时作出裁判，如果将执行权交由其他机关行使，不仅面临裁判权与这些机关职能不相符合的问题，也会面临这些机关自己作出裁判或者可能更改法院裁判的问题。③ 这种观点得到了司法实务部门研究人员的赞同，认为有三大理由决定了强制执行权仍然应当由人民法院行使：第一，执行机关制度的改革应充分考虑有利于改革的稳步推进。根据我国现行的与

① 参见邢克波：《试论‘审执分家’的必要性》，载《当代法学》2001年第6期。

② 参见王顺林、丁洪泉：《设立执行法院，改革执行体制》，载《政治与法律》1999年第6期。

③ 参见王利明：《司法改革研究》，法律出版社2001年版，第195～196页。

民事执行有关的法律制度，如民事诉讼制度、仲裁制度、公证制度的设计，执行机构设在法院具有历史延续性。如果执行机构设在法院之外，则要修改上述一大批法律。而大量修改法律则不可避免地会影响法律的连续性和稳定性。第二，应充分考虑我国目前被执行人的现状和我国经济运行的实际状况。目前以至今后相当长一段时期内，被执行人的履行能力较差，信用较差，许多作为被执行人的企业法人为了逃债，或变更名称，或进行所谓重组，或抽回注册资金，或相互参股。同时，在我国经济运行中，由于市场经济不完善条件下的债权、物权的不断转移等原因，经常需要在执行阶段变更被执行人。鉴于此种情况，只有执行机关设在法院，才便于通过司法裁判权的及时使用来变更执行主体，法院必然要介入执行工作之中。第三，应充分考虑执行的公正与效率。执行机关设在法院之外或分设在法院和行政机关，都会在公正和效率上受到一定程度的影响。由行政机关来行使执行中的裁判权有失公正，法院和行政机关分别行使执行中的司法权和行政权则可能影响执行效率。①

上述观点中的第 4 种观点既考虑了执行改革的现实需要，又兼顾了法律的连续性、稳定性以及中国的具体国情，具有较强的可操作性。因此，得到了众多学者的呼应。② 笔者赞成将强制执行权仍然配置在人民法院，并且在人民法院内部设立不同的业务机构，分别行使执行裁决权和执行实施权，以保证强制执行权的公正高效运行。

二、强制执行权的行使原则

所谓强制执行权的行使原则，是指在强制执行权的运行过程中提供某种基础或本源的综合性的、指导性的价值准则或规范。

---

① 参见于泓：《关于我国民事强制执行机构设置的构想》，载沈德咏主编：《强制执行法起草与论证》，中国法制出版社 2002 年版，第 319～320 页。

② 参见童兆洪：《民事执行权研究》，法律出版社 2004 年版，第 173～174 页；严军兴、管晓峰主编：《中外民事强制执行制度比较研究》，人民出版社 2006 年版，第 221～222 页。

与关于强制执行权的配置模式存在巨大争议一样，专家学者对于强制执行权的行使究竟应当秉持什么样的原则，也是仁者见仁、智者见智。例如，有学者认为强制执行权的行使包括四项原则，即执行有限原则、强制与说服教育相结合原则、保护当事人合法权益原则以及协助执行原则。① 也有学者认为，强制执行权的行使应当坚持五项原则：以生效法律文书为依据、强制与说服教育相结合、保护当事人合法权益、迅速及时、法院强制执行与协助执行相结合等原则。② 还有学者把强制执行权的行使原则概括为以下九个方面：执行根据法定原则、强制与说服教育相结合原则、保护当事人合法权益原则、迅速及时原则、法院强制执行与协助执行相结合原则、执行有限原则、依法申请执行与移送执行并举原则、立执兼顾和审执配合原则、执行经济原则。③ 也有学者通过对各国及地区强制执行权的运行进行比较后，认为强制执行权的行使应当包括九项具体原则，即当事人平等主义原则、程序启动的当事人主义原则、形式审查主义原则、执行方法并用主义原则、查封主义原则、承受主义涂销主义与剩余主义原则、优先清偿主义平均清偿主义与团体优先主义原则、属地主义与普及主义原则、执行中保护被执行人利益的有限原则。④ 还有学者以强制执行权包括执行裁决权和执行实施权的角度，认为执行实施权的行使应当坚持执行穷尽原则、协助执行原则和执行不间断原则，而执行裁决权的行使则应当坚持诚实信用原则及效率原则。⑤

---

① 参见王怀安主编：《中国民事诉讼法教程（新编本）》，人民法院出版社1992年版，第440～443页。

② 参见柴发邦主编：《民事诉讼法学》，北京大学出版社1992年版，第352～355页。

③ 参见孙加瑞：《中国强制执行制度概论》，中国民主法制出版社1999年版，第84～85页。

④ 参见严军兴、管晓峰主编：《中外民事强制执行制度比较研究》，人民出版社2006年版，第185～188页。

⑤ 参见童兆洪：《民事执行权研究》，法律出版社2004年版，第260～264页；第293～295页。

前已述及，强制执行权是由执行实施权和执行裁决权所构成的二元制权力，且执行实施权和执行裁决权分别具有各自的内涵、外延和特点，其中，执行实施权具有确定性、主动性、单向性的特点，而执行裁决权具有独立性、被动性、中立性的特点。因此，笔者认为以构成强制执行权的执行实施权和执行裁决权两项子权力分别分析强制执行权的行使原则是一种较为科学的方法。

（一）执行实施权的行使应当秉持以下原则

1. 执行依据法定原则

即强制执行程序的启动必须基于法定的执行依据或执行名义，并且受该依据或名义确定的实体权利义务关系的拘束。没有法定执行依据或执行名义的执行行为应为非法；法律严格禁止执行机关超过执行依据范围进行的强制执行。例如，我国现行法律明确规定执行机关启动执行程序应当具有生效法律文书如人民法院的民事、行政判决、裁定、调解书，民事制裁决定、支付令，以及刑事附带民事判决、裁定、调解书，行政处罚决定、行政处理决定，我国仲裁机构作出的仲裁裁决和调解书以及人民法院依据仲裁法作出的财产保全和证据保全裁定，公证机关依法赋予强制执行效力的关于追偿债款、物品的债权文书；经人民法院承认其效力的外国法院作出的判决、裁定以及外国仲裁机构作出的仲裁裁决，以及法律规定由人民法院执行的其他法律文书。① 法律还明确禁止超标的执行，并规定了相应法律责任。②

① 参见最高人民法院《关于人民法院执行工作若干问题的规定（试行）》第 2 条之规定。

② 例如最高人民法院《关于人民法院民事执行中查封、扣押、冻结财产的规定》第 21 条第 1 款规定，“查封、扣押、冻结被执行人的财产，以其价额足以清偿法律文书确定的债权额及执行费用为限，不得明显超标的额查封、扣押、冻结”。最高人民法院《人民法院执行工作纪律处分办法（试行）》第 10 条规定，“故意超标的查封、扣押、冻结、变卖被执行人可分割的财产，造成较大损失的，给予警告至记大过处分；造成严重后果的，给予降级或者撤职处分”。

2. 穷尽执行原则

执行机关依法启动强制执行程序以后，应当依照申请执行人的申请，履行法定职责，穷尽各种执行措施和执行方法，使申请执行人依据生效法律文书确定的债权在法律规定的时限内及时得到全部清偿。当执行机关穷尽各种执行措施和执行方法仍不能使生效法律文书得到完全执行而申请执行人又不能提供有效执行线索时，执行机关有权依照法定的程序将生效法律文书终结执行。由此可见，穷尽执行原则要求执行机关合法、及时、适当地履行强制执行职责，加大案件执行力度，穷尽各种执行措施和执行方法，争取使申请执行人依据生效法律文书确定的债权得到全部清偿。与此同时，该原则也将执行机关与当事人的经营风险严格区隔开来，赋予执行机关在穷尽执行的前提下依法终结执行的权力，以避免当事人等将债务主体向执行机关的无理移转或对执行资源的过度攫取。

3. 强制执行与说服教育相结合原则

一方面，执行机关在行使执行实施权过程中，应当以建设和谐司法为目标，充分运用说服教育等方法，敦促被执行人在指定的期限内自动履行生效法律文书确定的义务，使当事人因诉讼导致的矛盾得到化解；另一方面，对于在限期内拒不履行债务的被执行人，执行机关应当及时采取查封、扣押、冻结、拍卖、变卖、拘传、罚款、拘留等强制措施，迫使被执行人履行义务或接受执行结果。执行机关在行使执行实施权的过程中，应当综合运用强制措施及说服教育多种手段，使其相互配合、相得益彰，形成合力，两者不可偏废。

4. 保护人权原则

强制执行权的实施，必须以保障当事人的基本人权为目的，且不得突破人权保护的底线。一方面，执行行为必须受到一定限制，执行标的也应当限定在法律规定的范围内，不得因强制执行损害被执行人的基本人权。另一方面，当执行不能而可能危及申请执行人的基本人权时，应当建立相应的执行司法救助制度，给债权得不到及时有效清偿的申请执行人提供必要的金钱或物质帮助，避免发生不必要的人道危机。

5. 协助执行原则

执行权的运行过程是一项具有强烈社会性的十分复杂的工作，不仅受到各种社会因素的影响和制约，而且受到各种主体的牵制和抗衡，还受到执法环境的作用与钳制。执行实施权的行使主体虽然是执行机关，但并不意味着只有执行机关才是完成执行行为的唯一主体。事实上，强制执行权的顺利运行，离不开执行机关以外其他主体的协助执行，即需要其他机关、组织和个人协助执行机关创造条件或者排除障碍，以保证强制执行权得以顺利运行。关于协助执行的具体情形，下文将另作论述。

（二）执行裁决权的行使应当秉持以下原则

1. 实事求是原则

一切执行裁决活动必须坚持以事实为根据，以法律为准绳。首先，作为执行裁决依据的事实须有必要的证据予以支持。当事人、第三人、利害关系人对于其提出的主张，必须提供确实、充分的证据加以证明，否则就要承担不利的法律后果。同时，执行机关依职权作出的裁决也必须建立在对相关事实调查核实的基础上，否则就可能承担违法执行的责任。其次，执行机关的裁决必须符合公正的要求。即执行裁决不仅要做到实体公正，而且要做到程序公正。再次，执行机关的裁决必须建立在准确适用法律的基础上。

2. 中立原则

执行机关在行使执行裁决权的过程中，必须与争议各方当事人保持同等的距离，对争议各方采取不偏不倚的态度和行为。执行裁决的中立原则是保障裁决公正的重要环节，这也是执行机关在行使执行裁决权与执行实施权过程中的重要区别之一。众所周知，由于执行机关的职能所需，决定了其在行使执行实施权过程中在相当程度上与债权人目的的趋同性或一致性。因此，执行机关在行使执行实施权时不可避免地带有倾向性——此时执行官的立场不能再是中立的，而是必须旗帜鲜明地站在权利人的立场上，否则等于是怀疑和否定已由法官在双方当事人处分权的监督之下既已裁判的结果。此时法官的行为也不再是消极的，而是必须以积极的行为，通过强制债务人履行业经审判程序确定的义务，从而帮助债权人实现由于受到侵害或纠纷阻碍而未能实现的权利。① 然而，执行裁决权的公正性要求裁决主体必须站在中立的角度居中裁判，裁判中立性的丧失将导致诉讼机制结构失衡、运转失灵、无法履行其定争止纷的功能。②

3. 诚实信用原则

在执行裁决权的运行过程中，执行案件当事人、第三人、利害关系人等必须善意行使程序权利，陈述真实的情况，提供真实的材料，不得有意拖延程序，不能以拖延或逃避履行义务为目的而启动执行裁决程序。诚实信用原则的根本宗旨在于追求民事主体之间的利益平衡，它要求一切市场参加者符合诚实商人的道德标准，善意从事民事行为，像对待自己的事务一样对待他人事务，尊重他人的利益，使各方的利益都能得到最大限度的满足。同时，民事主体进行民事活动时，还要维护社会及第三人利益，不能加以侵害，以维护市场道德秩序。③ 诚实信用是规范和调节平等主体之间人身和财产法律关系的“帝王条款”或“帝王原则”，因而也是维系社会和谐的重要支撑力。

4. 效率原则

应当指出，公正和效率都是强制执行权所追求的目标。对执行裁决权而言，效率原则即要求裁决机关应当在法律规定的期限内对争议的事项及时作出裁决，以避免不必要的拖延对当事人等合法权益造成的损害，因为迟来的正义将难免对当事人造成无端的物质损耗及精神伤害从而导致不正义。因此，执行机关必须完善相关制度设计，方便当事人等行使权利，节省诉讼成本，保障执行裁决程序的便利、及时进行。效率制度及相关原则下一章另有论证，在此不再赘述。

---

① 参见傅郁林：《民事司法制度的功能与结构》，北京大学出版社 2006 年版，第 253 页。

② 参见汪习根主编：《司法权论》，武汉大学出版社 2006 年版，第 70 页。

③ 参见童兆洪：《民事执行权研究》，法律出版社 2004 年版，第 294 页。

友爱、充满活力、安定有序、人与自然和谐相处”的基本要求。

第二，公正与效率是和谐社会基本价值理念指导下强制执行权运行的核心目标。公正既是和谐社会的一个特征，也是和谐社会的一项任务，公正同样也是执行权的首要目标。有学者指出，公正之于司法犹如真理之于理想。法前平等，司法公正，从古至今，从东方文明到西方文明，自有法以来就是司法权运行的一个永恒主题、一个至高的价值目标。① 强制执行权作为司法制度运行的重要方面，自然也必须把公正作为根本目标，因为司法及执行的主要任务是解决冲突，而戈尔丁曾指出，“法哲学家们通常认为公正在解决冲突这一特殊过程中具有更高的价值”。② 同样地，在司法权及强制执行权运行过程中，效率的价值亦体现了公正的要求。仅仅做到执行公正是不够的，或者说，没有执行效率的执行公正是不完整的。正如法谚所云：迟来的正义等于不正义（Justice delayed is justice denied）。因此，虽然和谐社会为现阶段司法权及强制执行权提出了具体价值理念，但公正与效率始终是最高的及核心的目标。

第三，和谐社会是强制执行权运行过程所追求的一种状态，而不是对强制执行权运行现实状态的描述。长期以来，在人民法院执行权运行过程中存在的“执行难”问题，从构建和谐社会的角度分析，这是对理想状态的背离，是一种现实的不和谐。显然，这只是现实与理想的差距与矛盾。和谐社会是对现阶段理想的一种静态描述，需要通过强制执行权的动态运行去完成及实现。在这样的动态运行过程中，需要执行理念的与时俱进，需要执行制度的改革与创新，而这需要一个长期的过程才能达到理想与现实的动态平衡。为此，必须要强调以人为本，“把依法实现好、维护好、发展好最广大人民的根本利益作为出发点和落脚点，在处理每一起案件中都着眼于人的全面发展，更好地尊重人、理解人、关心人、爱护人，

① 参见汪习根主编：《司法权论》，武汉大学出版社 2006 年版，第 28 页。

② ［美］马丁·P. 戈尔丁著：《法律哲学》，齐海滨译，三联书店 1987 年版，第 232 页。

充分调动全体社会成员的积极性和创造性”。① 惟有如此，才能最终在强制执行环节上实现和谐社会的理想。

二、和谐社会构建与强制执行权运行具有现实统一性

胡锦涛同志在党的“十七大”报告中指出，“构建社会主义和谐社会是贯穿中国特色社会主义事业全过程的长期历史任务，是在发展的基础上正确处理各种社会矛盾的历史过程和社会结果”。②构建社会主义和谐社会与强制执行权的现实统一性是指两者都统一于建设中国特色社会主义的实践中，具有指导思想、基本原则和目标任务的一致性。正如周永康同志指出，“中国特色社会主义是国家富强、民族振兴、人民幸福的根本保证，是历史的必然、现实的选择、未来的方向。政法机关是人民民主专政的国家机器，要增强政治认同、理论认同、感情认同，始终坚持中国特色社会主义政治方向；要增强自觉性、主动性、坚定性，始终为中国特色社会主义事业发展进步提供强有力的法律保障和法律服务；要增强政权意识、大局意识、忧患意识、责任意识，始终做中国特色社会主义事业的建设者、捍卫者”。③

构建和谐社会，确保强制执行权的正确行使，都必须坚持正确的指导思想。在现阶段，我们要构建的社会主义和谐社会，是在中国特色社会主义道路上，中国共产党领导全国各族人民共同建设、共同享有的和谐社会。而强制执行权的行使，除坚持依法治国、公平正义、服务大局的原则外，还必须坚持执法为民和党的领导这两大重要原则。与此同时，构建社会主义和谐社会，正确行使强制执

---

① 参见肖扬：《用科学发展观指导审判工作，大力促进和谐社会建设》，载《人民司法·应用》2007 年第 3 期。

② 胡锦涛：《高举中国特色社会主义伟大旗帜，为夺取全面建设小康社会新胜利而奋斗》，载《中国共产党第十七次全国代表大会文件汇编》，人民出版社 2007 年版，第 17 页。

③ 参见王胜银：《周永康在全国政法系统学习贯彻党的十七大精神和胡锦涛总书记重要讲话专题研讨班上强调：坚定不移地做中国特色社会主义事业的建设者和捍卫者》，载《人民法院报》2008 年 6 月 17 日第 1 版。

行权这一重要国家权力，亦必须坚持以马克思列宁主义、毛泽东思想、邓小平理论和“三个代表”重要思想为指导，深入贯彻落实科学发展观。① 这既是我国社会政治发展的历史性结论，也是建设和谐社会、执掌国家强制执行权力过程中坚持社会主义方向的根本保障。

2007 年 1 月 15 日，最高人民法院印发了《关于为构建社会主义和谐社会提供司法保障的若干意见》，明确提出：人民法院的根本职责就是化解社会矛盾，维护社会稳定，促进社会和谐，实现公平正义。人民法院既是和谐社会的建设力量，更是和谐社会的保障力量，在构建社会主义和谐社会的进程中肩负着重大的历史使命。该意见规定，“为构建社会主义和谐社会提供司法保障，必须坚持以邓小平理论和‘三个代表’重要思想为指导，全面落实科学发展观，坚持‘公正司法，一心为民’指导方针和‘公正与效率’工作主题，以化解矛盾为切入点，以确保社会稳定为着力点，以维护群众利益为出发点，以维护司法公正为立足点，加强司法保障，通过依法充分有效地发挥职能作用，最大限度地增加和谐因素，最大限度地减少不和谐因素，努力为社会主义和谐社会提供安定有序的社会环境和公正高效权威的法治环境”。② 具体而言，坚持正确的指导思想，必须认真处理三个关系。

一是正确处理巩固共产党的执政地位与维护人民利益、维护社

① 有学者认为，在执行工作中贯彻落实科学发展观，一是必须正确分析形势，正确判断形势，正确把握形势，保证执行工作科学、持续发展和良性循环；二是必须始终坚持以人为本，最大限度地实现债权人的合法权益，最大限度地追求执行工作实效，最大限度地提高执行工作效率；三是必须始终坚持促进社会和谐，在指导思想上把促进社会和谐作为执行工作的主线贯穿各项工作的始终，在执行理念上把保护特殊群体利益放在执行工作的突出位置，在执行关系处理上把衡平各种利益关系作为评价执行工作水平的重要尺度；四是必须始终坚持完善落实长效机制，完善统一管理机制，完善基层网络机制，完善执行联动机制，完善执行分权制约机制，完善公开透明机制；五是必须从思想政治、业务能力、纪律作风等方面切实加强执行队伍建设。参见丁巧仁：《落实科学发展观要求，推动执行工作新发展》，载《人民司法》2008 年第 5 期。

② 参见《中华人民共和国最高人民法院公报》2007 年第 3 期。

会主义法制统一、尊严、权威的关系。构建社会主义和谐社会的核心是以人为本，即“始终把实现好、维护好、发展好最广大人民的根本利益作为党和国家一切工作的出发点和落脚点，尊重人民主体地位，发挥人民首创精神，保障人民各项权益，走共同富裕道路，促进人的全面发展，做到发展为了人民、发展依靠人民、发展成果由人民共享”。① 司法强制执行权的根本出发点亦是维护公民以宪法基本权利为主体的基本人权。因此，构建和谐社会就是要以人民群众最关心、最直接、最现实的利益问题为重点，确保社会协调发展可持续；而强制执行权则应以化解社会矛盾为切入点，以维护社会稳定为着力点，以实现社会公平正义为出发点，切实保障人权。在上述过程中，只有进一步巩固共产党的执政地位，加强共产党的执政能力，才能确保和谐社会构建以及强制执行权运行的社会主义方向。这是因为，首先，中国共产党是建设中国特色社会主义事业的领导核心，也是领导人民当家作主和依法治国的根本保证；其次，共产党执政的本质就在于领导发展社会主义民主政治，一切权力属于人民是其本质要求；再次，依法治国是广大人民群众在共产党的领导下治国理政的基本方略。

二是要正确处理贯彻落实党的路线、方针、政策与坚持严格执法之间的关系。执政党的政策与国家的法律具有辩证统一的关系：党的政策是法律的核心内容；法律是党通过国家政权贯彻党的政策的基本手段；政策可以及时弥补法律滞后性之不足，树立法治权威。构建社会主义和谐社会是中国共产党现阶段建设中国特色社会主义的最根本的政策，包括以科学发展观统领下的基本路线、基本纲领、基本方针、基本经验组成的科学体系。这一政策体系的核心内容民主法治、公平正义、诚信友爱、充满活力、安定有序、人与自然和谐相处，从本质上讲与强制执行权的运行目的完全一致。因此，要做到强制执行权价值理念的与时俱进，必须坚持构建和谐社

① 胡锦涛：《高举中国特色社会主义伟大旗帜，为夺取全面建设小康社会新胜利而奋斗》，载《中国共产党第十七次全国代表大会文件汇编》，人民出版社2007年版，第15页。

会的上述总体要求。然而，党的政策不能取代个案执行的法律依据。在强制执行权运行过程中，必须适用以《刑事诉讼法》、《民事诉讼法》、《行政诉讼法》为主的诉讼法规定，以实现生效法律文书确定的当事人之间的权利义务关系。只有在穷尽法律规则以及法律原则的条件下，才可能参照执政党为构建社会主义和谐社会而制定的政策系列。只有这样，才能保证社会主义法治的权威。

三是要正确处理党的领导与司法机关依法独立办案的关系。构建社会主义和谐社会、行使强制执行权都必须坚持共产党的领导，但这种领导主要表现在制定及落实党的大政方针上，体现在政治、思想及组织方面，而不是代替司法机关直接履行办理具体案件的职责。亦即“在司法制度的本质上，坚持党的领导、人民当家作主、依法治国的有机统一；在司法权的来源上，坚持司法权来源于人民，属于人民；在司法权的配置上，坚持侦查权、检察权、审判权、执行权既互相制约，又互相配合；在司法权的行使上，坚持审判机关、检察机关既依法独立公正行使职权，又自觉接受党的监督、人大监督、政协监督、群众监督；在司法权的运行方式上，坚持专门机关工作与群众路线相结合，等等”。①

上述三个方面的内容又可以概括为：面对构建和谐社会新的历史任务，人民法院要在新的历史起点上实现包括执行工作在内的各项工作的与时俱进，必须把党的事业至上、人民利益至上、宪法法律至上作为始终坚持的指导思想。具体而言，就是要始终坚持以科学发展观为统领，确保人民法院工作为党和国家工作大局服务；在工作思路上要做到更加注重推动发展，更加注重促进社会和谐，更加注重保障民生，更加注重维护国家安全和社会稳定；要统筹兼顾程序公正与实体公正，统筹兼顾依法判决与诉讼调解，统筹兼顾刑事被告人的人权保障与被害人的权益保障，统筹兼顾依法独立审判

---

① 周永康：《坚定不移地做中国特色社会主义事业的建设者和捍卫者》，载《求是》2008 年第 15 期。

与接受监督，统筹兼顾司法工作专业性与坚持群众路线。①

构建社会主义和谐社会与强制执行权运行的现实统一性还表现在两者的目标任务及基本原则的一致性。根据《中共中央关于构建社会主义和谐社会若干重大问题的决定》，提出了建设社会主义和谐社会的六大主要目标任务，② 显然这也是司法机关应当充分发挥职能作用以期完成的目标任务。该决定同时提出了构建和谐社会必须坚持的六项基本原则。③ 我们认为，其中“以人为本”、“民主法治”、“党的领导”也是强制执行权运行必须坚持的基本指导原则。

对于社会主义法治而言，构建和谐社会的目的是期望通过一种理想社会形态的实现使该社会形态具备民主法治、公平正义、社会安定等内在本质，从而达到法治的高度，而强制执行权则通过处理社会矛盾与社会纠纷的特殊视角，解决一定社会主体之间的利益冲突，确保社会公平正义在该主体之间的实现进而对全社会进行彰显，并实现法治保障人权的根本目的。这完全是一个问题的不同侧重面，并实现了终极价值的异途同归。

① 参见陈永辉：《王胜俊在全国高级法院院长会议上强调：牢牢把握“三个至上”指导思想，努力开创人民法院工作新局面》，载《人民法院报》2008年6月23日第1版。

② 这六大主要目标任务是：一、社会主义民主法制更加完善，依法治国基本方略得到全面落实，人民的权益得到切实尊重和保障；二、城乡、区域发展差距扩大的趋势逐步扭转，合理有序的收人分配格局基本形成，家庭财产普遍增加，人民过上更加富足的生活；社会就业比较充分，覆盖城乡居民的社会保障体系基本建立；三、基本公共服务体系更加完备，政府管理和服务水平有较大提高；四、全民族的思想道德素质、科学文化素质和健康素质明显提高，良好道德风尚、和谐人际关系进一步形成；五、全社会创造活力显著增强，创新型国家基本建成；社会管理体系更加完善，社会秩序良好；六、资源利用效率显著提高，生态环境明显好转。

③ 这六项基本原则是：一、必须坚持以人为本；二、必须坚持科学发展；三、必须坚持改革开放；四、必须坚持民主法治；五、必须坚持正确处理改革发展稳定的关系；六、必须坚持在党的领导下全社会共同建设。

三、执行和谐是和谐社会构建中强制执行权运行的必然结果

执行和谐是司法和谐不可或缺的重要组成部分。在建设社会主义和谐社会的宏伟目标统领下，强制执行权运行就是要通过对执行实施权和执行裁决权的合理配置，公正高效地实现生效法律文书确定的给付，从而使该权力各种要素达到相互协调的良好状态以及人与社会、人与人、人与自然的协调发展。这样的状态一旦得到稳定与持续，执行和谐将成为逻辑的必然结果。执行和谐具有深刻的内涵，它是一个包含执行理念与价值、执行要素与状态、执行环境与实践的有机统一体。

执行和谐应当具备以下几个方面的主要内容：

第一，执行和谐是一种内部要素及外部环境的协调。包括两个方面的内容：构成强制执行权的各个要素即执行权主体、执行权客体、执行行为在法律原则的规制下，围绕以实现执行依据确定的给付为内容，相互协作，形成良好的运行状态。确保通过执行机关公正高效的执行行为，满足债权人借国家公权力救济私权的请求，并彰显法治的统一与权威，教育和引导社会成员自觉接受法律的约束，进而维持社会的安定有序。与此同时，强制执行权的运行得到其他公权力如立法权、行政权的必要尊重，既不干预强制执行权的独立运行，还要为执行权的顺利运行提供必要的保障。

第二，执行和谐是一种在和谐理念指导下强制执行权多种价值的统一与平衡。包括司法民主、司法法治、司法独立、执行公正、执行效率、执行监督和人权保障多种价值诉求的折中。既强调协商民主与当事人参与权的统一，又强调法律至上与保护人权的平衡；既强调实体公正与程序公正的统一，又强调执行公正与执行效率的平衡；既强调司法独立与执行监督的统一，又强调依法执行与自由裁量权规制的平衡。

第三，执行和谐是执行权的强制性与恢复性的理性协同。执行权作为一种国家公权力，是以国家强制力为后盾的。当法律文书发生法律效力以后，执行依据载明的给付义务为债务人拒绝履行时，损害的不仅仅是债权人的私权利，更有国家法治权威遭到破坏。强

制执行权的运行过程实质上是执行机关实施强制措施或以强制措施为威慑，迫使被执行人自动履行义务或容忍执行行为的过程。因此，在执行程序中，执行机关有权对被执行财产采取查封、扣押、冻结、拍卖、变卖等执行措施或对被执行人等采取拘传、罚款、拘留、搜查等强制措施。同时，执行机关亦应引导当事人根据意思自治和处分原则进行执行和解，变更债的内容及履行，使当事人在和解的基础上达到获取自身利益的目的。执行和谐即是要求执行机关在运用强制措施与主持当事人和解之间进行择优选择，且选择结果须符合理性要求，以实现维护当事人权益与维护司法权威的协调统一。

第四，执行和谐是人与人的和谐以及人与环境和谐的有机整体。它包括执法主体与以当事人为代表的执行参加人及利害关系人、协助执行义务人等其他执行参与人之间和谐相处、相互协作、形成合力的过程，也包括执行主体与执法环境各因素如法律文化、法律意识、经济背景、物质基础、司法体制等之间调试契合进而良性互动的过程。

综上所述，可以看出，社会主义和谐社会建设理论的提出，为强制执行权运行提出了“民主法治、公平正义、诚信友爱、充满活力、安定有序、人与自然和谐相处”六种全新的价值理念，而强制执行权的公正运行或执行公正反过来促进和保障和谐社会构建。在建设中国特色社会主义的实践中，正确行使强制执行权力，构建和谐社会，必须坚持科学发展观，核心是坚持以人为本。执行和谐是社会主义和谐社会理念指导下强制执行权运行的理性协调与理想状态。

第二章 设置强制执行权是构建和谐社会的保障

和谐社会是民主法治的社会。与其他民主法治社会一样，和谐社会必然建立在秩序的基础之上，而秩序的建立又必然离不开公权力的保护，离不开国家机器的强制力作后盾。强制执行权作为一项重要的国家权力，其设置是构建和谐社会的重要保障。与任何一种国家权力一样，强制执行权的设置包括设置的法律规范及设置理念，并且受到该规范及理念的作用与制约。

第一节　强制执行权设置的法律规范

一、强制执行权设置的法律规范种类

强制执行权作为一项国家权力，其设置是掌握政权的统治阶级通过一定的法律规范形式来实现的。当然，从权力的本源而言，作为国家权力的强制执行权并非来自于法律规范，而是同其他国家权力一样，均来自于人民，是人民主权原则的具体体现。“国家权力来源于人民，为人民所拥有，并且为人民服务，这是宪政的基本要义。”① 当统治阶级从人民手中得到授权后，必须通过法律规范的形式对该权力在具体的国家机关之间进行设立和配置，使其合法化、规范化、具体化，从而确保该权力的运行秩序。强制执行权设置的法律规范则是指确定强制执行权由哪个国家机关行使并规定其行使程序的具体法律规范。并且，这些法律规范应作广义的理解，

---

① 参见周叶中主编：《宪法》，高等教育出版社、北京大学出版社 2000 年版，第 9 页。

凡是对执行权行使程序具有统一、规制作用的均应列入。

以我国为例，强制执行权的设置问题即该权力应由哪个国家机关具体行使的问题，是通过下列法律规范进行的：

（一）宪法

宪法规定国家的最根本、最重要的制度和国家的根本任务，具有最高的法律地位和法律效力，是制定一切法律、法规的依据。宪法的内容涉及国家和社会生活的各个方面，主要包括国家权力的正确行使和公民权利的有效保障两大方面。强制执行权作为一项重要国家权力，无疑是宪法调整的重要内容。

我国《宪法》第123条明文规定，“中华人民共和国人民法院是国家的审判机关”。第126条进一步规定，“人民法院依照法律规定独立行使审判权，不受行政机关、社会团体和个人的干涉”。这是人民法院依法、独立行使强制执行权的宪法依据，也是国家以宪法形式设置强制执行权的规范依据。

当然，一些学者认为上述规定仅仅确认了人民法院行使审判权，并不当然包括强制执行权。① 笔者认为，对于宪法规范中使用的“审判权”一词不宜作狭义的理解。因为在执行阶段并非只有真正意义上的执行实施工作，还要涉及裁决事项。因此，在执行阶段存在着两种性质的职权，就像审理阶段的财产保全和先予执行属于广义的执行范畴一样，执行中的裁判事宜也属于审判的范畴。② 执行裁决权与审判权在性质上并无二致。③ 在执行程序中，裁决权的范围涵盖非常广泛，既包括执行事项审查权、确定执行依据权、执行纠纷解决权、异议审查权，也包括执行监督权和执行复议权，具有独立性、被动性和中立性的特点，④ 这些权力均应归于广义的审判权的范畴。所以，强制执行权的设置是有明确宪法依据的，人

① 参见黄金龙：《转变观念，实行执行与审判职能的彻底分立》，载《人民法院报》1999年3月31日第3版。

② 参见黄金龙：《转变观念，实行执行与审判职能的彻底分立》，载《人民法院报》1999年3月31日第3版。

③ 参见童兆洪：《民事执行权研究》，法律出版社2004年版，第134页。

④ 参见童兆洪：《民事执行权研究》，法律出版社2004年版，136～142页。

民法院依据宪法规定独立行使强制执行权完全符合宪法对该权力配置的立法原意。宪法是设置强制执行权的最高法律规范。

（二）法律

这里所指的法律，是狭义上的、作为法的渊源的一种法律。按照我国宪法和立法法的规定，是专指由我国最高权力机关及其常设机关制定和修改的法律。其中所含有的涉及强制执行权在国家机关之间分工和配置内容的法律，就成为强制执行权设置的重要依据。设置强制执行权的法律包括人民法院组织法、民事诉讼法、行政诉讼法等。

法院组织法是依照宪法规定对人民法院的组织和职权进行具体界定的重要法律，是对宪法赋予人民法院行使的审判权进一步予以明确和细化，并成为设置强制执行权的重要法律规范。《人民法院组织法》第41条规定，“地方各级人民法院设执行员，办理民事案件判决和裁定的执行事项，办理刑事案件判决和裁定中关于财产部分的执行事项”。由最高国家立法机关制定的《人民法院组织法》也可认为是一部宪法性的基本法律。这项重要的法律规定印证了宪法规定的审判权包含强制执行权的判断。

民事诉讼法则在法院组织法的基础上更进一步明确了法院执行机构的设置及执行权力的具体行使。《民事诉讼法》第201条规定，“发生法律效力的民事判决、裁定，以及刑事判决、裁定中的财产部分，由第一审人民法院或者与第一审人民法院同级的被执行的财产所在地人民法院执行。法律规定由人民法院执行的其他法律文书，由被执行人住所地或者被执行的财产所在地人民法院执行”。该条规定既把执行权在不同国家机关之间进行了划分，又在人民法院内部不同审级的机关之间进行了分配。《民事诉讼法》第202条和第204条分别规定，“当事人、利害关系人认为执行行为违反法律规定的，可以向负责执行的人民法院提出书面异议……”“执行过程中，案外人对执行标的提出书面异议的，人民法院应当自收到书面异议之日起15日内审查，理由成立的，裁定中止对该标的的执行；理由不成立的，裁定驳回……”该规定明确了执行裁决权也应由人民法院行使。第205条规定，“执行工作由执行员进行……人民法院根据需要可以设立执行机构”。该法条以基本法律的形式对人民法院设立执行机构行使执行权进行了明确规定，最高人民法院作为国家最高审判机关可以根据法律规定对执行机构的职责作出具体规定。

作为调整行政机关和公民、法人或者其他组织行政诉讼关系的行政诉讼法，也以基本法律的形式明确了人民法院在国家机关体系中享有依法独立行使强制执行权的权力。《行政诉讼法》第65条规定，“公民、法人或者其他组织拒绝履行判决、裁定的，行政机关可以向第一审人民法院申请强制执行，或者依法强制执行。行政机关拒绝履行判决、裁定的，第一审人民法院可以采取以下措施……”这充分说明，在行政诉讼案件中，人民法院既可以依法对拒不履行义务的公民、法人或其他组织采取执行措施，也可以对拒不履行义务的行政机关采取执行措施，人民法院享有完整的强制执行权。

当然，强制执行权设置的法律规范还应包括作为独立部门法典的强制执行法。但我国的强制执行法尚在起草过程中，从而在这项国家权力设置中缺少了一项十分重要的法律规范，这是非常遗憾的事情。下文将专门对此进行论述。

（三）司法解释

司法解释是指由国家最高司法机关在适用法律过程中对具体应用法律问题所作的解释。司法解释属于由特定的国家机关、官员或其他有解释权的人对法律作出的具有法律上约束力的解释，是有权解释或正式解释、法定解释的一种。根据作出司法解释机关的不同，又可将司法解释分为审判解释和检察解释两种。审判解释是由最高人民法院对人民法院在审判过程中具体应用法律问题作出的解释。我国的审判解释权由最高人民法院统一行使，地方各级人民法院均无对法律的审判解释权。① 关于强制执行权设置的司法解释主要是审判解释。由于立法的相对滞后性以及基本法律规范不可能过于琐碎的原因，特别是执行部门法典迟迟未颁行，因此，最高人民

① 参见沈宗灵主编：《法理学》，北京大学出版社2000年版，第439页。

法院根据执行工作适应社会发展需要及规范办案程序要求，先后出台了一系列关于执行工作的司法解释，并与一些行政机关共同发布数量众多的司法解释性文件，成为设置和规范强制执行权的主要法律依据。

其中最重要并为执行工作经常运用的司法解释有：《最高人民法院关于适用〈中华人民共和国民事诉讼法〉若干问题的意见》、《最高人民法院关于适用〈中华人民共和国担保法〉若干问题的解释》、《最高人民法院关于人民法院执行工作若干问题的规定（试行）》、《最高人民法院关于加强和改进委托执行工作的若干规定》、《最高人民法院关于正确适用暂缓执行措施若干问题的规定》、《人民法院司法鉴定工作暂行规定》、《最高人民法院关于冻结、拍卖上市公司国有股和社会法人股若干问题的规定》、《最高人民法院关于人民法院民事执行中查封、扣押、冻结财产的规定》、《最高人民法院关于人民法院民事执行中拍卖、变卖财产的规定》、《最高人民法院关于人民法院执行公开的若干规定》、《最高人民法院关于人民法院办理执行案件若干期限的规定》、《最高人民法院关于高级人民法院统一管理执行工作若干问题的规定》等。这些审判解释对关于法院执行机构及职责、法院执行管理体制、执行案件管辖、执行依据、执行过程、执行标的、执行措施、执行异议与执行监督、妨碍执行行为的强制措施和刑事处罚、与港澳台地区法律文书的认可与执行、民事案件执行的国际司法协助等问题作了大量而详细的规定，几乎涵盖了执行工作的方方面面，内容十分庞杂。

除此之外，为了加强行政机关适用司法解释的自觉性，确保协助执行工作顺利进行，最高人民法院还联合国务院有关部、委、局、行下发了为数众多的司法解释性文件，并成为人民法院在办理执行案件过程中要求行政机关履行协助执行义务的主要法律规范。这些司法解释性文件有：《最高人民法院、司法部关于公证机关赋予强制执行效力的债权文书执行有关问题的联合通知》、《最高人民法院、中国人民银行关于依法规范人民法院执行和金融机构协助执行的通知》、《最高人民法院、国土资源部、建设部关于依法规范人民法院执行和国土资源、房地产管理部门协助执行若干问题的通知》等。

（四）其他

设置强制执行权并规范其适用程序的法律规范除了上述类型外，还应包括其他规范性文件，并且，除了制定法外，还应有判例和习惯（法）。

在执行工作中，涉及人民法院执行权行使内容的规范性文件主要是国务院各部、委、局、行制定的行政部门规章和地方国家权力机关制定的地方性法规，以及最高人民法院对地方各级人民法院办理执行案件过程中有关请示作出具有法律效力的批复。在行政部门规章中，有的是在最高法院审判解释未作出明确规定的情况下，意图补充审判解释之不足，如《国家知识产权局关于协助执行对专利申请权进行财产保全裁定的规定》、《财政部关于国有持股单位产权变动涉及上市公司国有股性质变化有关问题的通知》等。有的规章则是对最高人民法院司法解释进行的修正或说明，如中国人民银行颁布的《金融机构协助查询、冻结、扣划工作管理规定》，就是对《最高人民法院、中国人民银行关于依法规范人民法院执行和金融机构协助执行的通知》这一司法解释性文件作出的修正和说明。

此外，最高人民法院就地方各级人民法院在办理执行案件过程中作出的个案批复或答复，虽然并不具备司法解释的普遍约束力，但在法律缺乏明文规定的情况下，仍然为人民法院在执行同类情形的案件提供了借以参照的依据。当然，在特定条件下，一些批复由最高人民法院直接以司法解释的形式予以公布，成为办理执行案件的重要依据。例如，最高人民法院曾就上海市高级人民法院《关于合同法第二百八十六条理解与适用问题的请示》，报经最高人民法院第 1225 次审判委员会通过，作出了《关于建设工程价款优先受偿权问题的批复》，该批复于 2002 年 6 月 20 日以该院公告的形式予以公布，自 2002 年 6 月 27 日起施行。该批复确定了建筑工程的承包人的优先受偿权优于抵押权和其他债权的基本原则，在物权法颁布施行以前，成为处理工程款优先债权与抵押债权的重要法律依据。

在强制执行权运行实践中，亦不能忽视判例及习惯（法）的影响与作用。

在英美法系国家，判例是重要的法律渊源之一，“遵循先例”是一项基本的法律原则。依照该原则，法院在审理案件时应把以前的判决尤其是上级法院以前的判决作为一种规范和原则予以遵守，法院必须把以前判决中适用的原则和规则用于遇到的类似案件中。我国并非实行判例法的国家，① 所以从法律约束力的层面上讲，判例并不具有规范效力，因而在我国现实条件下若以严格的、狭义的标准对待，判例也不能算是一种典型的法律渊源。而且最高人民法院在人民法院公报中公布的判例，其名称也与英美法国家有着显然的区别，即一律统称为案例，其中关于执行程序的案例对地方各级人民法院办理执行案件具有重要的指导作用。对于我国案例制度的性质，多数学者倾向认为属于一种折中或者过渡性质。例如，有学者认为，“实行案例指导制度，是一个折中的制度选择。它既表达了我们所欲实行的是一种‘案例’指导制度，而不是完全的‘判例’指导制度，同时也表明我们同过去有所不同，要将‘案例’上升到能够‘指导’以后法院审判工作的地位，而不是像过去那样仅仅起到‘参考’的作用”。② 也有学者提出，“这项制度虽被命名为案例指导制度，但无论从形式还是内容，它都既不同于我国以往的案例编纂制度，也迥异于英美法系典型的判例制度，而是走向有中国特色的判例制度的一个过渡性质的制度。所谓过渡性，也

---

① 大多数学者不赞同在中国实行判例法制度。主要理由认为：首先，判例法制度不适合我国形成的、实践证明是适合我国国情的人民代表大会制度和民主集中制原则；其次，判例法制度是普通法系国家长期形成的历史传统，我们没有这样的传统，而且历史上有过以“例”代律、以“例”破律的现象，作用较负面；再次，我国司法人员没有受过判例法方法论的教育和训练，不容易改变思维方式；最后，同制定法相比，判例法具有不够民主、溯及既往的缺点，以个案为基础具有较大的片面性。参见沈宗灵主编《法理学》，北京大学出版社 2000 年版，第 321 页。

② 参见刘作翔、徐景和：《案例指导制度的理论基础》，载《中国法学》2006 年第 3 期。

就是说这项制度既是对中国现有案例编纂制度的一种超越，又与未来需要构建的有中国特色的判例制度存在一定差距，其目的是为逐步过渡到有中国特色的判例制度奠定基础”。① 有观点认为，“典型案例是《最高人民法院公报》的精华，它不是判决文书的照抄，也不是简单的压缩判决文书中可有可无的情节和文字，更不是社会上的小报为了卖钱而胡编乱造内容猎奇的案例，而是坚持对内有指导性，对外有宣传社会主义法制的作用。《最高人民法院公报》从一开始至今，典型案例发挥的作用越来越大，经常能看到一些专家、学者在报刊上点评《公报》上发表的典型案例，他们把这些典型案例称为中国的判例，法院审判人员把《公报》上发表的典型案例称为不是判例的判例”。② 鉴于我国执行部门法体系尚不完善，一些法律过于笼统、缺乏可操作性，为了维护国家法律在全国的一体遵行，贯彻法律平等原则，提高执行工作效率，在遇到同类情形时，沿袭一些案例的做法是十分必要的，也是符合国际上法律渊源发展总体趋势的。

从一般意义上讲，习惯是指人们在长时期逐渐养成的，一种不易改变的思维倾向、行为模式和社会风尚。③ 但能在执行权运行中发生作用的显然不是针对一般意义上的习惯而言，而主要指由国家认可其效力的少数民族风俗习惯，包括少数民族的语言文字、风俗习惯及宗教习惯等，是法律层面的习惯，亦称习惯（法）。例如，一件金银器皿，若在没有宗教信仰背景的汉族家庭中，可能因其自然价值而作为一般工艺品成为执行标的物。但在普遍信仰宗教的少数民族地区，该器皿因其为祭祀物而不能执行。由此可见，法律若要不失去本身的社会基础和权威，就不能抛开用来巩固社会、维持民众利益的习惯。否则，法律就潜伏着失去效能的可能性。

---

① 参见周佑勇：《作为过渡措施的案例指导制度》，载《法学评论》2006年第3期。

② 参见姚颖讲述：《以案例宣传社会主义法制》，载《人民法院报》2008年6月14日第2版。

③ 参见沈宗灵主编：《法理学》，北京大学出版社2000年版，第321页。

二、强制执行法律规范效力位阶及评析

强制执行法律规范的效力位阶也称效力等级，指构成执行法律不同类别的规范在执行法律部门中的地位或处于的效力层级，以及当这些规范之间出现冲突时应适用的原则。

如上文所述，设置强制执行权的法律规范包括宪法、基本法律、司法解释及其他规范。这些规范虽然构成一个由宪法或基本法律为核心的有机结合的整体，但由于制定主体、适用范围、制定时间的不同，呈现出在效力上的不同层次或等级。在强制执行部门法体系中，宪法的规定无疑具有最高的法律效力，是第一层次的法律规范。但因宪法是规定国家根本制度和根本原则的母法，其规定针对某一部门法体系而言，毫无疑问，不可避免地具有过于笼统、过于抽象的特点，并且宪法的规定虽极精炼，但涉及权力运行的性质及原则，一旦违背，将导致制度上的颠覆，因而在权力运行过程中不可违逆。在宪法之下，法院组织法、民事诉讼法、刑事诉讼法、行政诉讼法等基本法律属于第二层次，司法解释属于第三层次，地方性法规及行政规章等属于第四层次。与此相适应的是，下一层级的法律规范的效力来自于较高层级的法律规范的效力并且服从于较高层级的法律规范，而其他所有层级的法律规范的效力均来自第一层级的宪法并且服从于宪法。

对于位阶出现交叉时法律规范的效力界定，我国《立法法》第 78 条至第 92 条作出了以下明确规定：

1. 宪法具有最高的法律效力，一切法律、行政法规、地方性法规、自治条例和单行条例、规章都不得同宪法相抵触。

2. 法律的效力高于行政法规、地方性法规、规章。行政法规的效力高于地方性法规、规章。

3. 地方性法规的效力高于本级和下级地方政府规章。省、自治区的人民政府制定的规章的效力高于本行政区域内的较大的市的人民政府制定的规章。

4. 自治条例和单行条例依法对法律、行政法规、地方性法规作变通规定的，在本自治地方适用自治条例和单行条例的规定。经

济特区法规根据授权对法律、行政法规、地方性法规作变通规定的，在本经济特区适用经济特区法规的规定。

5. 地方性法规与部门规章之间不一致时，由有权机关依照下列规定的权限作出裁决：(1) 同一机关制定的特别规定与一般规定不一致时，适用特别规定；新的规定与旧的规定不一致时，适用新的规定；新的一般规定与旧的特别规定不一致时，由制定机关裁决。(2) 地方性法规与部门规章之间对同一事项的规定不一致，不能确定如何适用时，由国务院提出意见，国务院认为应当适用地方性法规的，应当决定在该地方适用地方性法规；认为应当适用部门规章的，应当提请全国人民代表大会常委会裁决。(3) 部门规章之间、部门规章与地方政府规章之间对同一事项的规定不一致时，由国务院裁决。(4) 根据授权制定的法规与法律规定不一致，不能确定如何适用时，由全国人大常委会裁决。

这些规定集中体现了法律规范效力冲突原则，主要包括：

1. 宪法至上原则，宪法具有最高的法律效力。2. 全国性法律优先原则，即在一般意义上全国性法律优于区域性法律，但是这并不排除在特别行政区及民族区域自治地方区域性法从属于民事律的优先效力，这是该原则的例外情形。3. 特别法优先原则，即特别法优于普通法。4. 新法优先原则，即新颁行的法律优于先颁行的法律，又称后法优先原则。5. 实体法优先原则，实体法优于程序法。当然，这一原则必须建立在实体法与程序法并重的前提之下进行考量，只有当两者发生冲突时才能谈实体法优先的问题，原因有二：第一，毕竟实体法是关于实体权利义务的规范，而程序法是保障实体权利义务实现的规范。第二，由于强制执行法典的缺失，现行关于强制执行的程序法散见于其他规范之中，由于制定主体的不同，导致不同主体制定的规范相互矛盾的现象经常出现，甚至同一主体前后制定的规范也存在不一致。6. 地位较高的行政机关制定的法优于地位较低的行政机关制定的法。需要指出的是，上述原则都不能孤立理解与适用，而必须作为一个有机整体加以考量，并且做到具体问题具体分析，否则就可能导致适用上的偏颇乃至错误。

设置强制执行权的法律规范具有层级丰富、效力等级明确、体系较为完备的特点，为该项权力的规范行使奠定了重要基础。然而，由于各种原因，我国现行执行法律规范亦存在诸多缺陷，制约了执行公正与效率的实现。

首先，作为独立部门法典的《强制执行法》迄今尚未颁行，造成强制执行立法严重滞后。从法的继承与移植的传统看，我国的民事法律受大陆法系影响较深，尤其以日本法影响最大。在中华人民共和国成立以前，民国时期制定了强制执行法，日本于1979年修订《民事诉讼法》时，将原属执行程序内容的第六编分出，与该国拍卖法进行编纂，制定了单独的《民事执行法》。而我国现行强制执行法的起草与论证工作虽然早于20世纪90年代末着手，并已数易其稿，但目前仍未正式颁行。因此，作为规范强制执行权行使的最重要法律依据仍然是以民事诉讼法为主体的三大诉讼法及相关司法解释。然而，在学术界，对于强制执行法是否属于民事诉讼法的特别程序法，存在着两种截然不同的观点。

一种观点认为强制执行法是民事诉讼法的特别程序法。其理由是：第一，我国现行法律中，强制执行法律规范是民事诉讼法的组成部分，而且世界上大多数国家都是这样规定的。第二，民事审判和强制执行都是保护当事人民事权利的程序，只不过用不同的程序保护当事人在不同阶段的同一权利。第三，民事诉讼法是国家的基本法律，而强制执行法难以达到基本法律的位阶，只能属于诉讼法的范畴。①

另一种观点则认为强制执行与审判程序是完全不同的平行的两种程序，强制执行法与民事诉讼法是并列关系，不是主从关系。其理由是：第一，民事诉讼的基本原则不能适用到强制执行之中，如果是主从关系，则应该是将民事诉讼的基本原则都运用到强制执行之中。第二，强制执行程序可以自成体系，强制执行法有自己特定的调整对象。看一门学科能否成为独立的学科，就看该学科是否有自己特定的研究对象；看一部法律是否独立于其他法律，就看该法

---

① 参见沈德咏主编：《强制执行法起草与论证》，中国法制出版社2002年版，第19～20页。

律是否有自己区别于其他法律的特定的调整对象。第三，用发展的眼光看世界立法，凡是强制执行法单立的国家，都独立于民事诉讼法，并没有把强制执行法作为民事诉讼法的附属法，强制执行法单立已成为一种趋势。第四，诉讼的本意是解决争议，而执行不是解决争议。而且把强制执行法作为并列于民事诉讼法的法律，有利于立法，有利于研究的深化，有利于执行工作实践。①

上述两种观点，分别强调各自的侧重点。笔者认为，从各种事物相互区别的本质属性看，强制执行法不是民事诉讼法的特别程序法，而是一个独立的法律部门，因而强制执行法学是一门独立的法学学科。只是，由于作为成文法典的我国强制执行法尚未颁行，因此，强制执行法作为独立的法律部门尚在形成之中，强制执行法学也处于发展过程中。但总的趋势不会改变，正如商法从民法中独立出来一样。

其次，执行法律规范散见于基本法律、司法解释之中，体例庞杂，不易掌握，不利实施。作为基本法律，其起草与论证有着严格的法律程序，并且在制定后以法定的形式予以公布，既便于公民、法人及其他主体了解掌握，又便于执法人员适用。由于强制执行法迟迟不能颁行，而强制执行实践则随着社会的发展变化不断变化发展。为了缓解立法严重滞后的矛盾，最高人民法院根据执行权运行过程中不断出现的新情况新问题，制定了一系列司法解释。与基本法律相比，这些司法解释时间跨度长，体例庞杂，有的内容相互矛盾，不仅专业的法律从业人员掌握不全，一般社会公众更是雾里看花。例如，当事人、利害关系人、案外人对于执行行为或执行标的提出书面异议的，《民事诉讼法》第202条和第204条规定人民法院应当按照法定程序进行审查。理由成立的，裁定撤销、改正或中止执行该标的；对于理由不成立的，裁定驳回。然而，在《民事诉讼法》于2007年修改之前的很长时间里，对于裁定驳回执行异议的形式，最高法院的司法解释有不同规定。《最高人民法院关于

① 参见沈德咏主编：《强制执行法起草与论证》，中国法制出版社2002年版，第20页。

适用〈中华人民共和国民事诉讼法〉若干问题的意见》第257条规定，对于异议理由不成立的，通知驳回。而《最高人民法院关于人民法院执行工作若干问题的规定（试行）》第71条则规定，异议理由不成立的，裁定驳回异议，继续执行。司法实践中，以通知驳回和裁定驳回异议的现象均存在，导致执行的严肃性大打折扣。需要说明的是，一些执法人员对新的司法解释不熟悉，有意或无意侵犯执行案件当事人合法权益的情形大量出现，严重降低了执行权运行的公信力。

再次，由于上位法的缺漏，实践中以下位法修正或对抗上位法的事件时有发生。众所周知，法律的权威性表现之一是法律的统一性。在强制执行法尚未颁行、司法解释不及出台的情况下，一些地方或部门为了填补法律空缺，颁行地方性法规或行政规章，从而导致一些本应由全国性法律规范的执行法律关系被下位法修正或对抗。

例如，在最高人民法院于2005年1月1日实施民事执行中关于查封、扣押、冻结财产的规定之前，最高人民法院曾于2004年2月10日联合国土资源部、建设部下发了关于规范人民法院执行和国土资源房产管理部门协助执行的通知，对于人民法院查封土地、房产等不动产的期限进行了明确规定。换言之，在此之前，关于人民法院查封土地、房产等不动产的期限实无限制性规定，即依照法律规定，土地、房产一经法院查封，在解封或处分前，该土地、房产一直处于被查封的状态。但广东省深圳市人大常委会曾制定地方性法规《深圳经济特区房地产登记条例》，明确规定查封的期限为6个月，期限届满若不续行查封则视为自动解除查封。广东省高级人民法院与湖南省岳阳市中级人民法院分别在执行深圳市××实业有限公司为被执行人案件中，对被执行人位于深圳市罗湖区的××大厦第4层、第7层、第13层房屋查封效力是否应以上述条例为依据发生分歧。深圳市罗湖区国土局在广东省高级人民法院查封在先，但6个月期满后未行续封的前提下，径行适用《深圳经济特区房地产登记条例》，将广东省高级人民法院对××大厦的查封予以解封，导致部分房产被其他法院执行，部分房产被被执行人销售过户给第三人。依照法律规范效力原则，地方性法规只能在其辖区内发生效力，且作为下位法，不得对抗作为上位法的国家法律、法规和司法解释。但该案中作为协助执行义务机关的国土管理部门以地方性法规公然对抗法律及司法解释的相关规定，直接导致上位法的执行遇阻，并造成依照国家法律执行的案件债权人权利不能实现。①

综上所述，笔者认为，为了使行为人在行为之前明确预知行为后果并知悉合法的救济途径，同时，规范执行权力在全国范围的统一行使，作为部门法典的强制执行法尽快颁行势在必行。这不仅有利于独立的执行法学学科的建立，也将促进司法领域的人权保护，并推动社会主义和谐社会的建设。

第二节 强制执行权的设置理念

理念，意指观念，是指对事物的看法。② 理念实际上就是指原理、信念或价值观。一种制度在建构和设计中内在的指导思想、原则和哲学基础，即是这种制度的理念，它是一系列价值选择的结果，指向特定的目标。③ 强制执行权的设置理念是指导强制执行权建构和司法实际运行的理论基础和主导价值观，是强制执行制度的重要组成部分。强制执行权的设置理念作用于司法主体，指导其正确行使强制执行权力，是强制执行制度得以建立并良性运行的前提与条件。综观强制执行权的建构及运行过程，有两大基本理念始终贯穿其中，即民主法治理念和公平正义理念。民主法治、公平正义既是构建社会主义和谐社会的基本目标，也是设置强制执行权的基本理念。

---

① 参见高树敏主编：《民事强制执行实用手册》，人民法院出版社 2004 年版，第 222～223 页。

② 《辞海》，上海辞书出版社 1990 年版，第 368 页。

③ 参见汪习根主编：《司法权论》，武汉大学出版社 2006 年版，第 334 页。

一、民主法治理念

（一）民主理念

“民主”一词起源于希腊文 demokratia，是指“人民的权力”或“人民当家作主”，更确切地说，是指“大多数人的统治”。①

民主的几种主要形式有：代议民主、多数民主、远程民主和协商民主。而在强制执行权构建和运行中发挥重要作用的理念是协商民主理念。《现代汉语词典》一般把协商解释为“谈判、洽谈；办妥、解决；顺利的通过”；（经）转让；议付；洽兑—协商作为处理社会问题的方法有着独特的优势。以一种“双赢”策略解决社会冲突，其背后的理念是“经过一次成功的协商，当每个人离开时都是成功者”。② 协商民主（Deliberative Democracy），简言之，就是公民通过自由而平等的对话、讨论、审议等方式，参与公共决策和政治生活。③

由于执行程序关乎当事人等经由生效法律文书确定的利益实际兑现，随着民主程度的提升和利益选择多元化，协商民主理念在执行权运行中表现得更加普遍。根据协商内容的不同，执行权运行中的协商可以划分为实体性协商与程序性协商。实体性协商包括变更生效法律文书确定的履行义务主体、标的物及其数额、履行期限、履行方式等实体问题的协商。程序性协商则在刑事诉讼、行政诉讼、民事诉讼及执行程序中普遍存在，是对纯粹程序性问题开展的协商，例如对评估机构、拍卖机构的协商一致。

协商民主理念在强制执行制度中具有以下特点：第一，它是一种执行阶段的协商模式。从协商的阶段讲，包括诉讼前协商（自行和解）、诉讼协商（调解）、执行前协商（诉讼后和解）和执行

---

① 参见周叶中主编：《宪法》，高等教育出版社、北京大学出版社 2000 年版，第 36 页。

② 参见马明亮：《协商性司法》，法律出版社 2007 年版，第 24 页。

③ 参见［美］詹姆斯·博曼著：《公共协商：多元主义、复杂性与民主》，黄相怀译，中央编译出版社 2006 年版，总序第 1 页。

协商（执行和解）。从时间阶段而言，执行协商仅发生在执行启动（立案）以后、执行终结（结案）以前，协商的结果直接作用于案件执行程序进而对案件执行结果产生直接影响。第二，协商的参与主体是双边或多边的。双边协商主要包括申请执行人与被执行人的协商；多边协商则较为广泛，包括申请执行人、被执行人、执行担保人、第三人、参与分配人、案外人、中介机构之间的协商。第三，协商的内容既有实体性的，也有程序性的。第四，协商的机制既包括法官参与的协商，如法官主持的当事人执行和解；也包括法官非参与的协商，如当事人自行和解；还包括纯粹由法官参与的协商，如法官对案件中重大问题的讨论、合议。第五，协商既包括法律明文规定的协商，也包括法律并无明文规定的协商。前者有规范为法定程序不得违反的情形，如最高人民法院《关于人民法院执行工作若干问题的规定（试行）》第5条规定，执行程序中重大事项的办理，必须由3名以上执行员讨论，并报经院长批准；也有明确协商效力及后果的情形，如最高人民法院《关于适用〈中华人民共和国民事诉讼法〉若干问题的意见》第266条规定，一方当事人不履行或不完全履行在执行中双方自愿达成的和解协议，对方当事人申请执行原生效法律文书的，人民法院应当恢复执行，但和解协议已履行的部分应当扣除。和解协议已经履行完毕的，人民法院不予恢复执行。而法律并无明文规定的协商应当包括两种情形，即被法律认可的协商和不被法律认可的协商。在执行阶段，只要当事人及其他协商参与主体关于执行事项的协商不违背法律的基本原则和禁止性规定，均视为被法律所许可；反之，那些与法律基本原则相违背的协商，例如违反公序良俗或者损害国家利益、第三人合法权益的协商则不被法律所认可。第六，协商既包括直接的协商，也包括间接的协商。前者是由当事人或协商参与主体不通过代理人而直接参与的协商以及关于执行内容直接开展的沟通；后者则是指通过代理人进行的协商以及当事人对某一执行内容共同表示的同意。

协商民主在执行中的主要制度包括：

1. 执行和解制度

执行和解制度是指在执行程序进行中，当事人等就如何履行生效法律文书确定的内容经平等协商，自愿达成和解协议，原执行程序不再继续进行的制度。我国《民事诉讼法》第207条规定，“在执行中，双方当事人自行和解达成协议，执行员应当将协议内容记入笔录，由双方当事人签名或者盖章。一方不履行和解协议的，人民法院可以根据对方当事人的申请，恢复对原生效法律文书的执行”。这是执行和解制度的主要法律依据。

执行和解制度具有如下性质：

首先，它是一种自愿平等协商制度，不允许任何第三方以强制、胁迫或其他手段违背参与方的协商意愿，使其在非自愿基础上达成协议。

其次，执行和解制度是由申请执行人、被执行人、执行担保人等主动启动的协商制度，执行机关一般不参与，既使参与也不享有类似主持调解的权力，而只是在不干预当事人意愿并保持中立地位前提下从事技术性工作。

再次，执行和解制度是当事人等对生效法律文书确定的权利义务予以处分的制度。其处分内容一般包括以下几个方面：（1）全部或部分债权的放弃。在协商过程中，债权人出于自愿可以放弃全部或部分债权从而使债务人的对应债务履行得以豁免。（2）被执行主体的变更。通过协商，变更生效法律文书确定的履行义务主体，使未被生效法律文书确定的案外人成为替代被执行人地位的义务主体。（3）执行内容的变更。包括变更生效法律文书确定的标的物，也包括变更生效法律文书确定的债务种类。例如以代物清偿折抵金钱债权，以支付价金代替特定物给付等。（4）履行期限的变更。由于强制执行的启动是因义务人未按生效法律文书履行义务为动因的，所以执行和解对履行期限的变更仅指期限的延长或履行期次的变化，而不包括履行期限的缩短（否则要么债务已被履行，要么已被豁免）。当事人可以协商由被执行人以较生效法律文书更长的期限履行义务，亦可将生效法律文书确定的一次（或一期）履行变更为数次（或数期）履行。

执行和解协议对达成协议的当事人（签约方）具有法律上的拘束力。协议方负有完全按照和解协议履行的义务。当被执行人不履行和解协议时，申请执行人享有在法定期限内申请人民法院恢复原生效法律文书的权利；当申请执行人不履行和解协议时，被执行人享有向执行法院提存标的物的权利，并请求执行法院针对申请执行人反悔行为不予恢复原生效法律文书执行。但是，和解协议不具备强制执行力，且不能排除原生效法律文书的强制执行力，而只能达到使依照原生效法律文书申请执行的案件结束执行程序的效果。协商并签订执行和解协议的一方当事人不履行协议内容，对方当事人并不享有申请执行法院强制其履行协议义务的权利；并且，原生效法律文书并未丧失强制执行力，只是当事人达成的和解协议对文书的内容进行了处分，执行法院可以应当事人申请停止强制执行行为并监督协议方将协议内容履行完毕，从而达到终结执行程序的效果。和解协议达成后，执行法院并非一定需要解除已经采取的强制措施，除非申请执行人同意或协议已履行完毕。例如，执行法院对被执行人的财产采取查封、扣押、冻结等执行保全措施，当事人达成的和解协议并不当然具备使执行法院撤销该措施的效力，只有在申请执行人要求法院撤销或协议已履行完毕时，法院才会迳行撤销。否则，就容易出现被执行人以签订和解协议为名而诓取执行法院撤销执行强制措施的疏漏。

2. 消极协商制度

间接协商包括两种情形：一种是当事人通过代理人进行的协商，如果代理人具备特别授权，则该协商与直接协商具有相同的效果。这种情形不属本节研究的情况。另一种是当事人对于执行程序中出现的某一具体问题作出内容相同的意思表示从而达成与协商一致同等的效果。这种间接协商制度由于缺乏当事人之间积极协商的行为，又称消极协商制度或假协商制度。①

① 当然，这是笔者的一管之见。笔者认为，协商的核心或本质在于主体的意思自治。只要主体在意思自治不受干预的情形之下，独立作出与其他主体相同的意思表示，完全可以达到与协商相同的效果与结果，并不一定要拘泥于主体面对面的沟通及反复的要约、承诺而达致契约。因此，难以将下文列举的两种情形排除在“协商”之外。

在执行程序中，消极协商制度主要包括以下几种情形：

（1）双方同意。在执行过程中双方当事人经过自愿平等协商就执行内容达成和解协议是执行程序进行过程中的一种“理想”状态，需要具备一定的主客观条件才能达到。在执行司法实践中，申请执行人与被执行人在排除第三方参与的情况下，主动启动协商程序，能够真正达成和解协议的情形并非常例。多数情况下，由于在诉讼等执行前程序中的利益冲突，当事人之间的协商内容及协商深度均较为有限，一些当事人甚至拒绝当面直接协商的和解方式。然而，这并不妨碍当事人在遇到某一具体执行问题时，出于本方利益选择或维护自身合法权益需要，作出的具有相同内容的意思表示。这种双方同意的情形在执行程序中俯拾皆是。例如，最高人民法院《关于适用〈中华人民共和国民事诉讼法〉若干问题的意见》第301条规定，经申请执行人和被执行人同意，可以不经拍卖、变卖，直接将被执行人的财产作价交申请执行人抵偿债务。最高人民法院《关于人民法院执行工作若干问题的规定（试行）》第46条规定，财产无法委托拍卖、不适于拍卖或当事人双方同意不需要拍卖的，人民法院可以交由有关单位变卖或自行组织变卖。上述申请执行人与被执行人对“无需拍卖”该事项的相同意思表示当然可以通过积极的协商达成，但也完全可以不通过协商达成一致：双方当事人可以先后向执行法院作出该意思表示，也可同时向执行法院作出；双方当事人既可以主动向法院提出申请作出该意思表示，也可以在执行法院调查询问时被动作出该意思表示。无论何种方式，只要双方当事人同意，这种“双方同意”的意思表示对于处理某一具体执行问题将产生与当事人双方协商一致完全相同的法律效果。

（2）双方选择。指申请执行人与被执行人在享有对某一执行事项选择权时，作出与对方当事人对该事项内容相同的选择行为。例如，当对被执行人的财产采取评估、拍卖措施时，对于备选的评估机构、拍卖机构、发布拍卖公告的媒体行使选择权，双方当事人选择行为指向的对象具有同一性时，该选择同样发生与协商一致完全相同的法律效果。在此过程中，当事人除以积极协商的方式达成合意外，亦可通过默认对方选择或第三方提议达成合意。

消极协商制度不是通过当事人之间面对面的积极沟通达成协议，而是由当事人对某一具体执行事项作出内容相同的意思表示发生与协议相等的法律效果。在消极协商制度中，当事人双方作出的意思表示与积极协商一样合法处分了自己的权利，且未受对方当事人及任何第三方的强制、胁迫或其他违逆真实意愿行为的干预，因而也是协商民主在执行制度中的一种具体表现形式。

3. 执行听证制度

从一般意义上讲，听证是掌权者（立法、司法或行政机关）在作出有关决定前征求利害关系人意见的表现形式。① 执行听证制度是人民法院执行公开的重要内容，是在执行程序中保障当事人、第三人、案外人执行参与权及协商民主的基本形式之一。

最高人民法院《关于人民法院执行公开的若干规定》第 11 条、第 12 条首次以法条的形式明文规定在执行程序实行听证制度。根据该规定，执行听证制度包括以下内容：（1）听证参与主体既包括当事人方，也包括执行法院，这与执行和解制度、消极协商制度完全由当事人方参与是完全不同的。参与执行听证的当事人或利害关系人主要包括：申请执行人、被执行人、申请参与分配的债权人、案外人、第三人、被变更或追加为被执行主体的利害关系人等。（2）听证的目的是在当事人及利害关系人的参与下，通过公开开庭对执行某件事实及证据进行调查核实，并作出相应裁决，以确保当事人等合法权益得到有效维护并保证执行程序公正开展。换言之，听证制度的目的一是要保证执行法院合法有效地行使执行权力；二是有效防止执行权力的滥用。② （3）执行听证制度应当体现公开、公正、合法的本质。所谓公开即应当以通知、公告或者网络、新闻媒体等适当的方式，使听证制度除涉及国家秘密、审判秘

---

① 参见刘宝祥、李炎：《关于在执行案件中实行听证合议制度的思考》，载《中国改革开放的理论与实践》，中国大地出版社 2000 年版，第 618 页。

② 参见刘宝祥、李炎：《关于在执行案件中实行听证合议制度的思考》，载《中国改革开放的理论与实践》，中国大地出版社 2000 年版，第 618 页。

密及其他不宜公开的事宜之外的相关环节为当事人、利害关系人所知悉，并接受社会监督。公正则是指参与听证的当事人及利害关系人地位平等，公平受到法律保护。合法即符合实体法及程序法的相关规定。总之，听证就是要确保执行裁决事由更理性，过程更民主，结果更公正。

4. 重大事项集体讨论决定制度

执行程序中的重大事项必须由集体讨论决定，是协商民主在执法主体内部的表现方式。包括合议制和审判委员会制度。

协商民主通过上述各项执行制度的运行，最主要的功能在于通过自主、开放、协商的程序使实体公正与程序公正的矛盾在执行权行使过程中得以缓解，并赋予协商在执行体系中的应有地位，从而使强制不再是执行的唯一模式。同时，通过归纳得知，协商民主在执行制度上的适当运行，必须符合以下原则：

第一，平等原则。无论是在当事人之间抑或法官内部，协商的内容必须在平等主体之间展开，包括同等机会参与协商、在决策方法和议程决定上的平等在内的实质性平等，以及对于要想协商或讨论的问题及他方的看法必须进行自由公开的信息与理性交换，从而使最终的结论建立在“真正一致同意”或“自由平等的个人同意”规则之上。①

第二，实际参与原则。协商平等即使有“一人一票”为后盾，然而，由于协商主体享有不平等的资源、能力和社会地位，最终可能非民主地影响协商结果。要避免这种现象的发生，必须使协商主体尽可能地接近协商主题，即充分保障协商主体的实际参与度，因为协商只能以参与为代价才得以改进。

第三，自愿原则。自愿是协商的基石。“如果公民是自由的，那么，他们借以协商的程序，他们作为公共理性而接受的理性，以及他们能够借助这些民主方式加以检验的治理实践就必须不是从外

---

① 参见［美］詹姆斯·博曼著：《公共协商：多元主义、复杂性与民主》，黄相怀译，中央编译出版社2006年版，第15页。

部强加的，而是他们自身必须对协商和修正开放的。"① 协商主体的自愿原则表现在：一方面，根据自身能力和权利制定、修改协商规则及框架；另一方面确定协商议程，共同启动协商行为，并自主地置于协商结果约束之下。

（二）法治理念

法治是一个与人治相对应的概念。② 就字面意思而言，法治（The rule of law）包含着法律的统治（The rule of the law）之义。法治思想的奠基者是古希腊大百科全书式的著名思想家亚里士多德，他对"法治"作出了权威而经典的解释，即"法治应当包括两重含义：已成立的法律获得普遍服从，而大家所服从的法律又应该本身是制定得良好的法律"。③

李龙教授认为这一思想包括三个方面含义：（1）法律具有最高权威，要"获得普遍服从"；（2）不存在法外特权；（3）法律有良法与恶法之分，法治要求是"良好的法律"。④ 周叶中教授认为："法治"并不意味着单纯的法律存在，主要创造一种法律的统治而非人的统治，即法的权威高于人的权威，由法律支配权力是法治的根本。他进而认为，宪法至上是法治的灵魂，法治有赖于不同层次的法律规范。⑤ 根据这种观点可以看出，在强制执行权设置与运行的层次上，法治理念是法律规范的重要内容。并且，经过分析后我们认为，强制执行法律规范的法治理念主要包括以下内容：

1. 法律至上

一切执行主体都处于执行法律之内或之下，受执行法律规范的

---

① 参见［美］詹姆斯·博曼著：《公共协商：多元主义、复杂性与民主》，黄相怀译，中央编译出版社 2006 年版，第 5 页。

② 也有学者认为与法治相对应的概念不仅包括人治，也包括德治、礼治、无为而治等概念。

③ ［希腊］亚里士多德：《政治学》，苗力田译，载《亚里士多德全集》，第 9 卷，中国人民大学出版社 1994 年版，第 35 页。

④ 李龙：《宪法基础理论》，武汉大学出版社 1999 年版，第 83 页。

⑤ 参见周叶中：《宪政中国研究》，上册，武汉大学出版社 2006 年版，第 2 ~ 6 页。

统治和约束。执行权的良好运行是实现法治的关键环节，这是因为“法律规定具有强制力乃是法律作为社会和平与正义的捍卫者的实质之所在……一项有效的法律还必须由那些受托执法的机构付诸实施”。①

在英美法系国家，法官不仅享有适用法律的权力，还享有造法的权力。在我国，法官在办理执行案件过程中虽然不具备造法的权力，但案件的执行过程和执行结果直接关系到法治在社会体系中能否建立，关系到公平与正义在司法环节的实现，因为执行案件当事人乃至绝大多数社会公众对法治的认识和直接感受主要来自于具体案件，特别是法官适用法律进行裁判和执行的具体司法活动。换言之，大多数公众对法治的感知是出自具体案件的裁判和执行过程尤其是案件的最终执行结果，而冷峻和枯燥的法律条文或原著对于大多数公众而言是间接的，他们不是因为学习和研究法律条文或原著而对法治产生尊重和敬仰。法律还必须是事先已制定得明确具有普遍性的法律。“人们就能够预见到尚未被起诉的情形的法律后果，进而能够在因此而变得较为确定的未来时间中安排他们的行为。”②因此，作为公共权力的强制执行，必须在已制定的良法框架内，捍卫法律的权威和尊严以及法律至上的地位，把立法机关归纳抽象为一般性、普遍性、非人格化的规范转换为个案的具体规范效果，最终使公正的法律由书本上的法律（law in paper）变为人们行为中的法律（law in action）。

法律至上还包括法律必须加以确切的执行，即当已制定颁行的法律不符合或不完全符合执行案件的实际情况时，执行法官亦不得执法违法，恣意对抗和抵制法律的效力。而必须由有权机关通过法定程序，提出对现行法律必要的修改或补充，以及制定相应的变通执行的办法。“如果一个小社会的领导人不根据规则却按照其主观

① ［美］E. 博登海默著：《法理学、法律哲学与法律方法》，邓正来译，中国政法大学出版社 1999 年版，第 332 页。

② ［美］E. 博登海默著：《法理学、法律哲学与法律方法》，邓正来译，中国政法大学出版社 1999 年版，第 237 页。

的正义感来裁判每个案件，那么也几乎不会有人说这个社会是有法律的。”①

2. 司法独立

司法独立是司法权和强制执行权摆脱侵扰专司裁判和执行的制度基础。司法独立与法治是密切联系在一起的。司法独立的含义就是指司法机构独立地行使司法权和强制执行权而仅仅只是服从法律，司法机构能够排除其在适用法律过程中受到的一切外来干预。如果司法不能独立，根本不能保障法律的严格公正执行，也难以实现法治。② 并且，由于强制执行权的行使机关是司法机关，因此，对实现法治而言，强制执行权的独立行使与司法独立是同一语义条件下的判断。

18 世纪法国启蒙运动的先驱者孟德斯鸠是系统阐述司法独立理论和原则的第一人。他认为，“如果司法权不同行政权和立法权分立，自由也就不存在了。如果司法权和立法权合而为一，则将对公民的生命和自由施行专断的权力，因为法官就是立法者。如果司法权与行政权合而为一，法官便将握有压迫者的力量……如果同一个人或者由重要人物、贵族或平民组成的同一个机关行使这三种权力，即制定法律权、执行公共决议权和裁判私人犯罪或争讼权，则一切便都完了”。③ 汉密尔顿进一步补充认为，司法权既无强制，又无意志，为分立三权中最弱的一个。司法部门绝对无从成功地反对其他两个部门。是故除使司法人员任职固定以外，别无他法以增强其坚定性与独立性。④ 从此，司法独立作为一项基本法律原则被西方国家宪法普遍采用。

根据这些制度以及相关理论，其司法独立包括三个方面的含

① ［美］E. 博登海默著：《法理学、法律哲学与法律方法》，邓正来译，中国政法大学出版社 1999 年版，第 234 页

② 参见王利明：《司法改革研究》，法律出版社 2001 年版，第 111 页。

③ ［法］孟德斯鸠著：《论法的精神》，上册，何兆武译，商务印书馆 1982 年版，第 156 页。

④ 参见［美］汉密尔顿等著：《联邦党人文集》，程逢如等译，商务印书馆 1980 年版，第 390 ~ 391 页。

义：第一，法院与行政机关、立法机关鼎足而立，它依法独立行使审判权，不受行政机关和立法机关的干涉。第二，上下级法院之间、同级别法院之间互相独立，一个法院的审判活动不受另一个法院的干涉，下级法院的审判活动不受上级法院的干涉，上级法院只能依照法定程序变更下级法院的判决。这表明，法院依法行使审判权，不仅独立于行政机关和立法机关，不受行政机关和立法机关的干涉，而且独立于其他法院，不受其他法院（包括上级法院、同级法院和下级法院）的干涉。第三，法官依法律、经验和良知独立行使职权，不受多方面意见包括检察官控诉的影响。① 也有西方学者对司法独立的含义进行了更为细致的划分，认为司法独立分为八个方面：1. 独立于国家和社会间的各种势力；2. 独立于上级官署；3. 独立于政府；4. 独立于议会；5. 独立于政党；6. 独立于新闻舆论；7. 独立于国民时尚与嗜好；8. 独立于自我偏好、偏见与激情。②

我国宪法也以根本大法的形式确立了司法独立的原则与制度。《宪法》第126条明文规定，“人民法院依照法律规定独立行使审判权，不受行政机关、社会团体和个人的干涉”。

对于宪法确定的这项司法独立的具体内容，学界存在不同理解：第一种观点认为，司法独立包括司法权的独立、司法主体的独立、司法行为的独立和司法责任的独立；③ 第二种观点认为，司法独立分为外部独立和内部独立两个层面；④ 第三种观点认为，司法独立包括对当事人独立、职能独立、机构独立和内部独立；⑤ 第四

---

① 参见谭世贵主编：《中国司法改革研究》，法律出版社2000年版，第71~72页。

② 转引自王潇：《走向司法公正的制度选择》，中国法制出版社2005年版，第107页。

③ 参见谢晖：《价值重建与规范选择》，山东人民出版社1998年版，第490~492页。

④ 参见王利明：《司法改革研究》，法律出版社2000年版，第86~88页。

⑤ 参见蒋惠岭：《我国实现独立审判的条件和出路》，载《人民司法》1998年第3期。

种观点则根据1982年在印度举行的国际律师协会第十九届会议所通过的《关于司法独立最低标准的规则》，认同该规则关于司法独立的最低标准，即司法独立包括法官的实质独立、身份的独立、整体的独立、内部的独立。①

上述四种观点中，笔者认为第四种观点较为科学，下文试对该观点阐释的原则进行说明。

第一，法官的实质独立，即法官在执行职务时，除法律和良知外，不受任何干预。法官在办理执行案件过程中，应当并且只应当服从法律。“法官除了法律就没有别的上司。法官有义务把法律运用于个别事件时，根据他在认真考察后的理解来解释法律……独立的法官既不属于我，也不属于政府。”② 同时，法官还必须不断提高自身职业素养和道德修养，运用自身良知（conscience）去接近并实现正义。西方国家普遍强调法官办理案件只受法律和良知的拘束，不受其他干涉。

第二，身份的独立，即法官的职位及任期应有适当的保障，以确保法官不受行政的干涉。为了做到法官在依法行使审判权和执行权时的独立，必须要建立一系列保障司法权独立行使的制度，如法官不可更换制、法官高薪制、法官退休制、法官专职制等。完善法官的职务保障、身份保障等制度，法官不得被随意免职、调离，法官也应当具有良好的收入，从而真正使法官在从事司法活动时保持独立。③“不能要求各级法院为了生计手捧帽子，向他们的主要的诉讼当事人（指政府）乞讨。”④

第三，整体的独立，即法官作为一个整体，应与行政机关保持

---

① 参见汪习根主编：《司法权论》，武汉大学出版社2006年版，第39～42页。

② 《马克思恩格斯全集》，第1卷，人民出版社1995年版，第180～181页。

③ 参见王利明：《司法改革研究》，法律出版社2000年版，第88页。

④ ［美］考夫曼：《维护司法独立》，载《法学译丛》1981年第3期。

集体的独立。"法官不是政府的工具。"① 法官作为一个整体必须独立于行政机关，还必须独立于立法机关、新闻传媒、大众舆论以及其他的社会团体和个人。② 这是显而易见的，"如果司法过程不难以某种方式避开社会中行政机构或其他当权者的摆布，一切现代的法律制度都不能实现它的法定职能，也无法促成所期望的必要的安全与稳定。"③

第四，内部的独立，即法官在履行审判和执行职能、作出司法裁判的过程中应当独立于其同事以及上级法院的法官。司法审判及强制执行"归根到底是法官的个人行为，因为这牵扯到相应的责任激励和追究机制，而法官对成就感的满足以及对惩罚的顾忌又会进一步促进其不断提高业务素质和道德修养以达到审判时的完美境界，从而形成良性的循环"。④"在法官作出判决的瞬间，被别的观点，或者被任何形式的外部权势或压力所控制或影响，法官就不复存在了。法院必须摆脱胁迫，不受任何控制和影响，否则他们便不再是法院了。"⑤

3. 人权保障

"法治的最终目的是保障人权，促进社会进步和人类文明的发展。因此，保障人权实际上是法治的逻辑起点。"⑥ 人权（human rights）意指属人的或关于人的权利，即人作为人应当享有的、不可非法无理剥夺或转让的权利。⑦ 所谓人权，是指人的个体或群

---

① 参见胡玉鸿:《司法公正的理论根基》，社会科学文献出版社2006年版，第273页。

② 参见汪习根主编《司法权论》，武汉大学出版社2006年版，第40页。

③ [美] 诶尔曼著:《比较法律文化》，贺卫方等译，三联书店1990年版，第134页。

④ 参见汪习根主编:《司法权论》，武汉大学出版社2006年版，第41页。

⑤ [英] 罗杰·科特威尔:《法律社会学导论》，转引自王潇:《走向司法公正的制度选择》，中国法制出版社2005年版，第116页。

⑥ 参见李龙:《宪法基础理论》，武汉大学出版社1999年版，第89页。

⑦ 参见罗玉中、万其刚、刘松山:《人权与法制》，北京大学出版社2001年版，第10页。

体，基于人的本性，并在一定的历史条件下基于一定的经济结构和文化发展，为了自身的自由生存、自由活动、自由发展以能够真正掌握自己的命运，而必须平等具有的权利。①

根据这一概念，可以从以下几个方面把握人权的涵义：② 第一，人权的主体包括人的个体（自然人）和群体（含团体、集体等范畴）。人权从其本来的意义上讲，就是“人的权利”，即所有人都可以享受的权利。而个体人权即世界上所有自然人的人权；集体人权则包括国内集体人权（如民族种族权利、妇女儿童权利、残疾人权利、人犯和罪犯权利等）以及国家或地区的国际人权。个人人权是集体人权的基础，集体人权是个人人权的保障。第二，人权的客体是人为了在自然界和社会生存、活动和发展所必需的各种物质和精神条件，即各种物质和精神的需要和利益。它既是人与生俱来的权利，也是后天不断增进的权利；既包括生存权、发展权等基本人权，也包括人身权利、政治权利、经济权利和社会权利等诸方面的权利。第三，自由是人权的内容要素，平等是人权的形式要素。第四，人权在本质上具有历史性。人的自然属性是人权存在和发展的内因，社会的经济、文化状况是人权存在和发展的外因。第五，人权包括应有权利、法律权利和实有权利三个层次。公民权是人权的法律表现形式，一国宪法所列举的公民基本权利，是该国国内法对人权的具体规定和保护。③

和谐社会必然是法治的社会，也必然是人权保护得良好的社会。强制执行权运行的过程虽然建立在对被执行人利益合法损害的基础上，但这种损害存在必要的限度，即强制执行不得损害被执行人的人权，这也是法治的逻辑起点。人权的内容十分广泛。除了生存与发展权这项基本人权外，人权还应包括平等权、人身权、自由

---

① 参见《2007年国家司法考试辅导用书》，第1卷，法律出版社2007年版，第88页。

② 参见《2007年国家司法考试辅导用书》，第1卷，法律出版社2007年版，第88～89页。

③ 参见《2007年国家司法考试辅导用书》，第1卷，法律出版社2007年版，第178页。

权、民主权、经济权、受教育权、人道权等方面的内容。

强制执行权作为一项公权力，与其他公权力一样，其设置及运行同样也负有保障这些人权的义务。依照法治的要求，强制执行权设置关于人权保障的主要内容包括以下几个方面：

（1）生存权保障

生存权是指人所享有的延续生命应具备的生活条件有关的权利。① 广义的生存权包括生命权利在内的诸权利以及解决丰衣足食、解决贫困人温饱问题；而狭义的生存权系指社会弱者的请求权，即那些不能通过自己的劳动获得稳定生活来源而向政府提出物质请求，政府有义务满足其请求从而保障其生存尊严的权利。② 生存权是基本人权，因为人权归根到底是生存和发展的问题。生存是基础，发展是保障。人民若要能享受各项具体的政治权利和自由，如选举权与被选举权，言论、结社、游行和信仰等项自由，必须以人的生存作为基础，首先必须吃饱、穿暖和有房子住，这是最起码的生存权。③

为了保障这项基本人权，强制执行法律规范作了明确具体的规定。例如，我国《民事诉讼法》第 219 条规定，“被执行人未按执行通知履行法律文书确定的义务，人民法院有权扣留、提取被执行人应当履行义务部分的收入。但应当保留被执行人及其所扶养家属的生活必需费用”。该法第 220 条规定，“被执行人未按执行通知履行法律文书确定的义务，人民法院有权查封、扣押、冻结、拍卖、变卖被执行人应当履行义务部分的财产。但应当保留被执行人及其所扶养家属的生活必需品”。《民事诉讼法》第 233 条第 1 款第（五）项规定，“作为被执行人的公民因生活困难无力偿还借款，无收入来源，又丧失劳动能力的”，人民法院应当将案件裁定终结执行。该法第 97 条对于追索赡养费、扶养费、抚育费、抚恤

① 参见杨成铭主编：《人权法学》，中国方正出版社 2004 年版，第 111 页。

② 参见杨成铭主编：《人权法学》，中国方正出版社 2004 年版，第 119 页。

③ 参见董云虎主编，富学哲著：《从国际法看人权》，新华出版社 1998 年版，第 100 页。

金、医疗费和追索劳动报酬的情形，规定先予执行的制度，主要也是基于生存权的基本精神立法的。

除基本法律对保障生存权作出规定外，最高人民法院的相关司法解释也作出了具体规定。例如，最高人民法院《关于人民法院民事执行中查封、扣押、冻结财产的规定》第5条明确将属于被执行人生存权范围的下列财产规定不得查封、扣押、冻结：被执行人及其所扶养家属生活所必需的衣服、家具、炊具、餐具及其他家庭生活必需的物品；被执行人及其所抚养家属所必需的生活费用，当地有最低生活保障标准的，必需的生活费用依照该标准确定。尤其需要指出的是，该司法解释第一次以法律的形式对人民法院执行被执行人居住的房屋作出了限制性规定。上述司法解释第6条规定，“对被执行人及其所扶养家属生活所必需的居住房屋，人民法院可以查封，但不得拍卖、变卖或抵债”。第7条规定，“对于超过被执行人及其所扶养家属生活所必需的房屋和生活用品，人民法院根据申请执行人的申请，在保障被执行人及其所扶养家属最低生活标准所必需的居住房屋和普通生活必需品后，可予以执行”。这无疑是人权保障立法的一项重大进步。据此，可以这样认为，假如被执行人以办理按揭的方式从国有商业银行抵押贷款购得某处房屋用于该被执行人及其所扶养家属居住，后无力偿贷而被债权银行向人民法院申请执行，倘若该房屋为被执行人及其抚养家属居住所必需，则人民法院不得强制处分。进而，只有当该房屋超过被执行人及其所扶养家属居住必需时，人民法院方可强制执行。由此可见，当债权人的债权请求权与被执行人的生存权发生冲突时，生存权高于债权请求权。此外，最高人民法院《关于严禁冻结或划拨国有企业下岗职工基本生活保障资金的通知》和《关于在审理和执行民事、经济纠纷案件时不得查封、冻结和扣划社会保险基金的通知》，把国有企业下岗职工基本生活保障资金及社会保险基金列为不得强制执行的范围，亦是从保障生存权这项基本人权的目的考量的。

（2）平等权保障

我国《宪法》第33条规定，“中华人民共和国公民在法律面前一律平等”。这是我国社会主义法治的一项基本原则，也是公民的一项人权。

在强制执行权运行中，平等权的内容主要表现为：首先，所有执行案件当事人即申请执行人、被执行人地位平等。在执行活动中，任何一方不得将己方意志强加于对方，双方地位亦无高下优劣之分。其次，执行当事人的合法权益平等地受法律保护，所有违法行为同样受到法律制裁，任何人都不享有超越法律的特权。再次，平等权并不排斥申请执行人与被执行人在执行法律关系中具体权利义务的不同。相对而言，申请执行人是享受权利（主要为债权）较多的当事人主体，而被执行人则是承担义务（主要为债务）较多的当事人主体。

（3）人身权保障

主要包括以下内容：

首先，公民的人身自由不受非法限制和剥夺。在执行活动中，公民除非具备法律规定的情形，且经受理执行案件的人民法院依照法定程序履行必要手续外，不受拘留或其他形式的限制人身自由。除非具备构成犯罪的情形并经司法机关依照法定程序履行相关必要手续外，不受逮捕或其他形式的剥夺人身自由。对于拘传、司法拘留的相关情节，我国《民事诉讼法》第100条至第106条、最高人民法院《关于适用〈中华人民共和国民事诉讼法〉》第112条至第127条、最高人民法院《关于人民法院执行工作若干问题的规定（试行）》第97条至第101条，予以详细列举。拘传和司法拘留必须报经人民法院院长审批。对于具备刑事犯罪嫌疑的，应当移交公安机关或检察机关侦查并交人民法院审判。

其次，公民的人身自由不受非法侵犯。前已述及，我国现行法律规定已明确禁止将人身列为执行标的，即禁止对人身予以强制执行，这已从根本上保障了公民的人身自由不受侵犯。同时，在执行活动中，法律禁止执行机关和执行人员非法搜查公民身体。对于被执行人隐匿财产、拒不履行从而确需对被执行人进行搜查的，《民事诉讼法》第224条规定，应当由院长签发搜查令，依法定程序进行。最高人民法院《关于适用〈中华人民共和国民事诉讼法〉若干问题的意见》第287条至第289条进一步规定，搜查妇女身体，由女执行人员进行；搜查对象是公民的，通知成年家属以及基层组织派员到场。

再次，公民的住宅权不受非法侵犯。确因执行需要对被执行人住宅进行搜查的，也应由院长签发搜查令，由执行人员依照法定程序进行。最后，公民的人格权受法律保护。在执行活动中，不得非法侵犯公民的人格尊严和姓名、名誉、荣誉、隐私等权利。例如，最高人民法院《关于人民法院执行工作若干问题的规定（试行）》第28条规定，人民法院对于在执行中了解的被执行人情况，应当依法保密。

（4）财产权保障

强制执行虽然从实际上讲是对被执行人造成一定程度损害从而使申请执行人的权利得到救济，但被执行人及其他主体的财产权同样受到法律的保护，主要表现在：

首先，执行不得超过债务人履行义务的范围。法律要求执行机关采取执行措施不得超过被执行人履行义务的范围(《民事诉讼法》第218条至第220条)；不得超标的查封、扣押、冻结（最高人民法院《关于人民法院民事执行中查封、扣押、冻结财产的规定》第21条)。

其次，对于被执行人超出执行范围的财产予以保护。包括对已履行义务的被执行人财产及时予以解除强制措施（最高人民法院《关于人民法院执行工作若干问题的规定（试行)》第45条)，也包括对超出执行标的额的财产返还被执行人（最高人民法院《关于人民法院执行工作若干问题的规定（试行)》第49条)。

再次，对案外人财产权的保护。规定了案外人对执行标的提出异议的权利，案外人异议成立的，执行法院不得对案外人的财产采取执行措施(《民事诉讼法》第204条及相关司法解释)；执行过程中，依法保护共有权人、担保物权人、承租权人、优先权人等的合法权益（最高人民法院《关于人民法院民事执行中查封、扣押、冻结财产的规定》第13条、第14条，《关于人民法院民事执行中拍卖、变卖财产的规定》第14条、第16条)。

最后，规定了罚款的法定情节和程序，依法杜绝了执行机关在行使执行权力过程中假借罚款强制措施对被执行人及其他义务人财产权的侵犯。

(5) 知情权保障

知情权属于自由权的范畴，是公民享有的信息自由的一种。知情权既是一种政治权利，也是一种民事权利。对于执行案件当事人及社会公众而言，其对人民法院执行案件的过程及程序享有知情权。

首先，知情权的范围十分广泛。从执行案件的立案标准、启动程序、收费标准和根据、案件承办人情况，到案件执行进展情况、被执行人财产状况、法院采取执行措施情况、财产分配及发还情况、案件中止或终结执行情况，除涉及国家秘密、商业秘密等法律禁止公开的信息外，当事人等均有权知情。

其次，知情权是应当由执行机关主动提供并以适当方式提供以保障其实现的权利。对于执行案件当事人而言，他们是知情权的权利主体，执行法院则是义务主体。对于执行案件的信息不是由当事人提供而是由法院提供。法院应当通过通知、公告或者网络、新闻媒体等足以让执行案件当事人及公众获悉的适当方式，依法公开案件执行各个环节和有关信息，反之，若不公开或不及时公开案件执行信息的且拒不改正，执行法院应当承担侵犯当事人知情权的法律责任。

再次，执行知情权是一种法定权利。对于执行案件当事人及社会公众而言，对执行各个环节和有关信息的知情权是法律明文规定应当享有的权利。最高人民法院于2007年1月1日起施行的《关于人民法院执行公开的若干规定》详细规定了当事人等对执行案件进行监督和知情的具体程序和操作规则。

(6) 救济权保障

主要指当事人、利害关系人等对于执行权力运行使自身合法权益受到损害而请求救济的权利。主要包括申请复议权和监督权。执行过程中，对人民法院依法采取司法拘留、罚款等强制措施不服，以及认为人民法院执行行为违法而提出书面异议被驳回又不服的，可以依法向上一级人民法院申请复议。同时，对人民法院在执行中作出的裁定、决定、通知或具体执行行为不当或有错误的，也可以请求上级法院指令纠正或通知暂缓执行。当然，对于执行机关工作人员的失职或失误，当事人等可依照宪法向有关机关提出批评、建议、申诉、控告或检举。

（7）人道权保障

主要针对特殊群体的人道主义保护，是平等保护与特殊保护相结合的表现，对于权利容易受到侵犯的特殊群体规定特殊保护，有利于他们共享改革发展成果。在执行程序中依法保护未成年人、妇女、老人、残疾人、农民工等社会弱势群体的合法权益。就人权的一般意义而言，主要适用于每一个人的。但由于一些主体在生理和社会地位等方面的不同，决定了应对这些特殊主体的人权采取相应特殊的政策、法律来给予保障。① 具体包括以下内容：

首先，执行案件人道权的保障对象广泛而具体。对于有下列情形之一的均应纳入：当事人追索赡养费、扶养费、抚育费、抚恤金的；当事人追索养老金、社会保险金、劳动报酬而生活确实困难的；当事人为交通事故、医疗事故、工伤事故或者其他人身伤害事故的受害人，追索医疗费用和物质赔偿，本人生活确实困难的；当事人为生活困难的孤寡老人、孤儿或者农村“五保户”的；当事人为没有固定生活来源的残疾人的；当事人为国家规定的优抚对象，生活困难的；当事人正在享受城市居民最低生活保障或者领取失业救济金，无其他收入，生活困难的；当事人因自然灾害或者其他不可抗力造成生活困难，正在接受国家救济或者家庭生产经营难以为继的；当事人为福利院、孤儿院、敬老院、优抚医院、精神病院、SOS 儿童村等社会公共福利事业单位和民政部门主管的社会福利企业的。

其次，执行程序中应给予上述特殊主体特殊的保护。一是给予执行案件受理费用的减交、缓交或免交；二是对于特别困难、短期内债权难以实现的申请执行人从人民法院专项司法救助金中拨付款

---

① 参见罗玉中、万其刚、刘松山：《人权与法制》，北京大学出版社 2001 年版，第 538 页。

项给予救助；三是在上述主体为被执行人时，不得因人民法院的执行行为导致被执行人失去基本生活保障。即强制执行权与被执行人的人道权相冲突时，被执行人的人道权具有优先地位。

二、公平正义理念

公平正义，或称公正、正义，从广泛的意义上讲，乃同一概念。① 正义是人类社会的共同追求，约翰·罗尔斯曾说，“正义是社会制度的首要价值，正如真理是思想体系的首要价值一样”。②

司法公正是司法工作的生命线和灵魂。③ 而对于司法不公的危害，弗兰西斯·培根则一针见血地指出，“一次不公的判断比多次不平的举动为祸尤烈。因为这些不平的举动不过弄脏了水流，而不公的判断则把水源败坏了”。④ 如果说司法是维护社会公平正义的最后一道防线，那么强制执行权又是“维护司法公正的最后一道防线”。⑤

就公正与法律的关系而言，虽然并无定论，但多数学者认为公

① 参见王海明：《公正平等人道——社会治理的道德原则体系》，北京大学出版社 2000 年版，第 3 页。

② See John Ranls, A Theory of Justice, Harvard University Press, 1977, p. 3。

③ 参见陈文兴：《司法公正与制度选择》，中国人民公安大学出版社 2006 年版，第 6 页。

④ ［英］培根：《培根论说文集》，水天同译，商务印书馆 1983 年版，第 193 页。

⑤ 参见童兆洪：《民事执行权研究》，法律出版社 2004 年版，第 34 页。

正可以分为实体公正与程序公正。[①] 就执行权的设置及运行看，执行公正应当是实体公正和程序公正的结合、一般公正与个别公正的统一、公正与效率的一致为特点的。[②] 所谓实体公正主要是就法律的内容而言，一是指立法的内容是公正的，二是指执行裁决在认定事实和适用法律方面都是正确的；而程序公正则更多地通过程序的公平、正当体现出来，指执行程序必须符合公正、公开、民主，对当事人执行权利的基本保护，切实保障法官的独立公正及充分体现效率的原则。[③] 一般公正是指在全社会范围内执行权运行所体现的公正性；个别公正则是指在个案的执行中所体现的公正。就一般公正与个别公正而言，是一个执行公正的定位和取向问题，两者密不可分，执行公正必须立足于个别公正，并进而求得一般公正。[④] 执行权的设置及运行同样亦必须符合效率原则，即执行必须及时高效，因为执行的公正性是与效率最大化密切联系的，执行的低效率和执行期限的过度迟延同样是达不到正义目的的。

执行公正作为执行权设置和运行的首要价值也必然会以某种形式在执行过程中和结果上得到体现，从而使执行案件当事人和社会公众感知执行公正，人们通过对执行活动产生主观上的肯定、怀疑

---

① 例如何家弘教授认为，司法公正可以分为实体公正和程序公正以及整体公正和个体公正，参见何家弘：《司法公正论》，载《中国法学》1999 年第 2 期；王利明教授认为，所谓司法公正，分为实体的公正和程序的公正，还包括一般的公正和个别的公正，以及实体和程序的公平以及裁判的有效率，参见王利明：《司法改革研究》，法律出版社 2001 年版，第 11 ~ 12 页；张文显教授认为：法律适用方面的公正是程序公正或形式公正，而立法方面的公正则主要涉及实体公正，参见张文显：《当代西方法哲学》，吉林大学出版社 1987 年版，第 203 页；徐显明教授认为，司法公正可以从程序公平、实体公正和制度正义三个理论层次进行阐释，参见徐显明：《何谓司法公正》，载《文史哲》1999 年第 6 期；汪习根教授认为，司法权的公正行使必须实现实体公正和程序公正，并立足于寻求整体公正和个体公正的平衡，参见汪习根主编：《司法权论》，武汉大学出版社 2006 年版，第 29 ~ 30 页。

② 参见王利明：《司法改革研究》，法律出版社 2001 年版，第 12 页。

③ 参见王利明：《司法改革研究》，法律出版社 2001 年版，第 11 页。

④ 参见何家弘：《司法公正论》，载《中国法学》1999 年第 2 期。

乃至否定心理及印象去评判执行公正，并对执行机关及其工作人员的全部活动是否符合公正标准得出自己的结论。虽然如此，执行公正并不是一种法律理想，也不是一种抽象的法律原则，它既是一种描述型命题，也是一种规范型命题，它以不同的形式和程序真实存在于现实社会之中，① 人们按照执行公正的理念及总体要求规制了具体的制度，并把这些制度的实现作为人们为之奋斗的目标。根据执行公正的有关理念，执行权的设置及运行主要包括如下制度：

（一）执法主体制度

系指行使执行权的主体必须是适格的主体，即主体具有适格性。

徒法不足以自行。“要执行法律就需要法官。”② 任何法律规范的实施必须通过执法主体而进行，执行是以司法执行人员的职能活动为载体的，其主体是依法行使执行权的各级人民法院执行工作人员。而执法者自身是否适格对执行公正的实现具有不可忽视的影响。“如果在一个秩序良好的国家安置一个不称职的官吏去执行那些制定得良好的法律，那么这些法律的价值便被剥夺了，并使得荒谬的事情大大增多，而且最严重的政治破坏和恶行也会从中滋长。”③ 只有当执法者具备一定素质而为适格的司法主体时，执行公正的实现才具有正当前提。主体的适格性包括两方面内容：

首先，主体必须具备行使权力的基本条件。《人民法院组织法》第 41 条规定，“地方各级人民法院设执行员，办理民事案件判决和裁定的执行事项，办理刑事判决和裁定中关于财产部分的执行事项”。这表明执行员是依法行使执行权力的法定主体。那么，执行员应当具备什么样的条件呢？《法官法》第 52 条规定，“对人民法院的执行员，参照本法有关规定进行管理”。这就意味着执行

① 参见张琪：《法律推理与司法公正》，载信春鹰主编：《依法治国与司法改革》，中国法制出版社 1999 年版，第 339 页。

② 《马克思恩格斯全集》第 1 卷，人民出版社 1995 年版，第 180 页。

③ ［希腊］柏拉图：《法律篇》，转引自王潇：《走向司法公正的制度选择》，中国法制出版社 2005 年版，第 186 页。

员应当具备法官的基本素质，当然也必须具备法官法第9条规定的任职条件，即必须：具备中华人民共和国国籍；年满23岁；拥护中华人民共和国宪法；有良好的政治、业务素质和良好的品行；身体健康；高等院校法律专业本科毕业或者高等院校非法律专业本科毕业具有法律专业知识，从事法律工作满2年，其中担任高级人民法院执行员，应当从事法律工作满3年，获得法律专业硕士学位、博士学位或者非法律专业硕士学位、博士学位具有法律专业知识，从事法律工作满1年，其中担任高级人民法院执行员，应当从事法律工作满2年。

上述条件中执行员的个人素质尤其至关重要。法官应当具备哪些素质？美国联邦司法委员会对法官的素质作如下要求：法官应当具备正直、职业能力和司法品行。正直是指法官的品格、在法律职业共同体中的威望以及其勤勉程度等品德。职业能力是指法官的智力、判断力和分析能力、法律知识以及执业经验等。司法品行是指法官的性情、决断力、开放性、敏锐度、礼仪、耐心、不抱偏见和对正义的追求等性格。① 我国法官法将法官的素质概括为政治素质、业务素质和品行三个方面。

就政治素质而言，作为执法者，执行员必须树立对法律的信仰和法治理念。“法律必须被信仰，否则它将形同虚设。它不仅包含有人的理性和意志，而且还包括了他的情感，他的直觉和献身，以及他的信仰。”② 一名执行权力的行使者，他对法律的信仰首先是指执法主体对法律规范的感受、体验和认同的心理过程及其对法律规范所持的坚定不移、矢志不渝的态度，是主体对法律规范的内心渴求和价值认同，即该主体完全把法律规范当成一个价值目标来追求，他不是从工具论的原则立场出发，只有当需要的时候才想到法律的存在，而是任何时候对法律规范所体现的价值都有一种不可遏

---

① 转引自陈文兴：《司法公正与制度选择》，中国人民公安大学出版社2006年版，第56页。

② ［美］伯尔曼著：《法律与宗教》，梁治平译，三联书店1991年版，第28页。

制的渴望，其行为方式因此被这种价值所决定。① 执法者的法律信仰还包括主体在献身精神驱使下对法律规范的自觉维护以及对法律规范界定的责任和义务的承担与履行。② 一个执法者只有发自内心地尊重法律，自觉遵守和服从法律，才能做到严格执行法律。③ 除了对法律的信仰，执法者的政治素质必须包含法治理念，即执法主体应当自觉维护宪法和法律的权威，并保护自由与人权。法治是社会进步的重要标志，一个和谐的社会必定是一个法治的社会。而法治的根本要义在于法律的权威高于个人的权威，是依法治国，不是依人治国。④ 也就是说，法的权威高于个人权威，法律支配权力是法治的根本。⑤ 在执行权的运行过程中，执行员作为行使权力的直接主体，只服从宪法和法律，只对宪法和法律负责，“除了法律就没有别的上司”，⑥ 应当坚决抵制行政机关、社会组织和个人的干涉，从而维护宪法和法律的权威。

执法者还必须具备较强的业务素质，即具备较强的法律知识、熟练的司法实践经验及驾驭执行的能力。法官必须具有完备的法律业务知识，这是不言而喻的，就像医生必须具备精湛的医学知识、体育比赛的裁判必须通晓比赛规则一样。执行权的运行过程，就是身为法官的执行员运用现行法律处理执行个案的过程。在这一过程中，“法官有义务在把法律运用于个别事件时，根据他在认真考察后的理解来解释法律”。⑦ 法官在履行上述处理个案“义务”时，

---

① 参见王潇：《走向司法公正的制度选择》，中国法制出版社 2005 年版，第 230 ~ 231 页。

② 参见王潇：《走向司法公正的制度选择》，中国法制出版社 2005 年版，第 234 ~ 235 页。

③ 参见中共中央政法委员会：《社会主义法治理念教育读本（简编本）》，中国长安出版社 2006 年版，第 7 ~ 8 页。

④ 沈宗灵主编：《法理学》，北京大学出版社 2000 年版，第 357 页。

⑤ 周叶中主编：《宪法》，高等教育出版社、北京大学出版社 2000 年版，第 106 页。

⑥ 《马克思恩格斯全集》第 1 卷，人民出版社 1995 年版，第 180 页。

⑦ 《马克思恩格斯全集》第 1 卷，人民出版社 1995 年版，第 181 页。

其担负职责的重要性也是显而易见的，正如有学者所言，“如果法律制度的主要目的在于确保和维护社会机体的健康，从而使人民过上有价值的和健康向上的生活，那么就必须把法律工作者视为‘社会医生’，而他们的工作则应当有助益于法律终极目标的实现……法官与律师—通过共同努力而使争议得到公平合理的裁决——就是执行社会医生的任务。如果一个纠纷根本得不到解决，那么社会机体上就可能产生溃烂的伤口；如果此纠纷是以不适当的和不公正的方式解决的，那么社会机体上就会留下一个创伤，而且这种创伤的增多，又有可能严重危及人们对令人满意的社会秩序的维护”。① 既然一名法官担负着“社会医生”如此重要的职责，也就必然具备与该角色相适应的法律专业知识，因此有学者指出，“具有一定的法律知识，这是合格的现代公民之必备条件；拥有初级的法律智藏，此为‘法律工匠’之标志；富有高级的法律智慧，方始为真正的法律家（不管其为学者、立法者，还是法官、检察官或律师），而其中之著者，可称为‘法学大家’”。② 由此可见，具备较强的法律专业知识，是一名适格的执行员应有的必要条件，但不是充分必要条件。法官的知识体系必须是全方位的、立体的，因为培根曾经告诉我们，对法官而言，应当学问多于机智。③ 执行工作是一门实践性很强的司法工作，而法律学又与其他学科具有千丝万缕的联系。正如有学者指出，“法律乃是整个社会生活的一部分，它绝不存在于真空之中。法学并不是社会科学中一个自足的独立领域，能够被封闭起来或者可与人类努力的其他分支学科相脱离”。④ 因此，丰富的社会知识及完备的实践经验对一名从事执行工作的法官而言是至关重要的。换言之，一名从事执行工作的法

① ［美］E. 博登海默著：《法理学、法律哲学与法律方法》，邓正来译，中国政法大学出版社 1999 年版，第 505 页。

② 参见胡旭晟：《“法学”的层次分析》，载《法学》1997 年第 7 期。

③ ［英］培根：《培根论说文集》，水天同译，商务印书馆 1983 年版，第 193 页。

④ ［美］E. 博登海默著：《法理学、法律哲学与法律方法》，邓正来译，中国政法大学出版社 1999 年版，第 506 页。

官，仅有法律知识是远远不够的，他必须同时具备解决案件执行所需要的政治学、历史学、经济学、哲学、社会学乃至文学等方面的渊博知识。“研读法律的学生如果对其本国的历史相当陌生，那么他就不可能理解该国法律制度的演变过程，也不可能理解该国法律制度对其周遭的历史条件的依赖关系。如果他对世界历史和文明的文化贡献不了解，那么他也就很难理解那些可能对法律产生影响的重大国际事件。如果他不精通一般政治理论、不能洞见政府的结构与作用，那么他在领悟和处理宪法和公法等问题时就会遇到障碍。如果他缺乏经济学方面的训练，那么他就无法认识在许多法律领域中都存在的法律问题与经济问题的紧密关系。如果他没有受过哲学方面的基础训练，那么他在解决法理学和法学理论的一般问题时就会感到棘手，而这些问题往往会对司法和其他法律过程产生决定性的影响。”① 法官是否博学多才，关乎司法公正，也是判断一名法官是否适格的重要标准。“一个只懂法律的人，只是一个十足的傻汉而已。”② 因此，要胜任执行工作，必须经过严格的专业训练和社会实践经验积累，才能具备驾驭执行的渊博知识。“如果法律工作者记不起一些实在法规则或条文，那么他们随时可以从教科书、法规汇编或百科全书中查到他们。但是，有关政治、社会、经济及道德等力量——他们在法律秩序中发挥着作用并决定着法律秩序的进程——的知识，就不那么容易获得了，而且必须通过对社会现实进行长期且敏锐的考察才能逐渐获得。为使自己成为一个真正有用的公仆，法律工作者就必须首先是一个具有文化修养和广博知识的人士。”③

当然，谈到执法主体的素质，少不了主体应当具备的职业道德素质即执法者的良好品行。法官的品行是影响法官公正行使职权的

---

① ［美］E. 博登海默著：《法理学、法律哲学与法律方法》，邓正来译，中国政法大学出版社 1999 年版，第 506 页。

② ［美］E. 博登海默著：《法理学、法律哲学与法律方法》，邓正来译，中国政法大学出版社 1999 年版，第 507 页。

③ ［美］E. 博登海默著：《法理学、法律哲学与法律方法》，邓正来译，中国政法大学出版社 1999 年版，第 507 页。

重要因素。“理想的法官就是公正的化身”，而缺乏公正意识的法官根本不是真正的法官。① 法官的职业道德素质是指法官在行使审判权和强制执行权过程中应当遵守行为准则及道德要求。

为了规范和统一我国法官在从事法官工作及扮演法官角色过程中的道德操守，最高人民法院于 2001 年 10 月 18 日制定了《中华人民共和国法官职业道德基本准则》，对法官职业道德提出六项具体要求：

（1）保障司法公正。法官在履行职责时，应当坚持和维护审判独立的原则，不得私自单独会见一方当事人及其代理人，抵制当事人及其代理人、辩护人或者案外人利用各种社会关系的说情，独立思考、自主判断，敢于坚持正确的意见，避免受到新闻媒体和公众舆论的不当影响。切实做到实体公正和程序公正，并通过自己在法庭内外的言行，避免公众对司法公正产生合理的怀疑。

（2）提高司法效率。遵守法律规定的诉讼期限，杜绝粗心大意、无故拖延、贻误工作的行为，对于各项司法职责的履行都给予足够的重视，对于所承办的案件都给予同样审慎的关注，避免因各种原因导致不合理或者不必要的延误。

（3）保持清正廉洁。在履行职责时，不得直接或者间接地利用职务和地位谋取任何不当利益，不得参与可能导致公众对其廉洁形象产生不信任感的商业活动或者其他经济活动，不得兼任律师、企事业单位或者个人的法律顾问等职务，并按照国家有关规定如实申报财产。

（4）遵守司法礼仪。保持良好的仪表和文明的举止，尊重当事人和其他诉讼参与人的人格尊严，不得对当事人或其他诉讼参与人有任何不公的训诫和不恰当的言辞，维护人民法院的尊严和法官的良好形象。

（5）加强自身修养。具有丰富的社会经验和对社会现实的深刻理解，具备忠于职守、秉公办案、刚正不阿、不徇私情的理念，

① ［美］约翰·小努南著：《法官的教育，才智和品质》，载《法学译丛》1989 年第 2 期。

惩恶扬善、弘扬正义的良知，正直善良、谦虚谨慎的品格，享有良好的个人声誉，忠实地执行宪法和法律，全心全意为人民服务。

（6）约束业外活动。谨慎出入社交场合，谨慎交友，慎重对待与当事人、律师以及可能影响法官形象的人员的接触和交往，杜绝与公共利益、公共秩序、社会公德和良好习惯相违背的，可能影响法官形象和公正履行职责的不良嗜好和行为，避免因不当言行而使公众对司法公正产生合理的怀疑。

执行人员的行为必须符合法官的上述职业道德要求，这是执行公正的必要条件，虽然一个道德良好的法官不一定能作出公正的裁决，但行为不道德的法官一定不可能作出公正的裁决。法官职业道德是法官在行使职权过程中的道德底线，要求执行人员在办案过程中秉公执法，不为金钱所动，不为权势所屈，不为人情所困，不为美色所扰，只有这样，才能体现和保障执行的公正性。①

主体的适格性还包括主体须依法定程序任命。执法主体是否依法定程序任职，关系到该主体权力来源的合法性及其执法行为的公信力。如前所述，《人民法院组织法》规定人民法院设执行员办理执行事项，《法官法》也规定执行员参照法官管理。由于这两部法律均未规定执行员的任免程序，实践中，许多人民法院把执行员与审判员的资格等同看待，即：原是审判员的，可任执行员；原是助理审判员的，可任助理执行员，原是书记员、代理书记员的，则不能作为执行员。也有的法院认为执行员的资格应较审判员的条件低，只要身强力壮即可，随意设执行员。② 然而，不论实践中对执行员的任职条件是否存在争论，执行员作为行使国家强制执行权力的直接主体，必须由有权机关依照相关程序进行任命应当成为一个共识。这就要求执行员必须先经所在法院或与所在法院同级的国家权力机关常设机构予以任命，然后才能依法行使职权。否则，当事

---

① 参见李龙主编：《依法治国——邓小平法制思想研究》，江西人民出版社1998年版，第316页。

② 参见孙加瑞：《中国强制执行制度概论》，中国民主法制出版社1999年版，第103页。

人可以以执行权主体资格不合法为由进行抗辩，进而寻求相关法律救济。

（二）自由裁量权干预制度

系指通过对强制执行权运行过程中自由裁量权的干预与规制，防止司法执行权的恣意和任性，使其符合理性及公正的原理。

“法院是法律帝国的首都，法官是帝国的王侯。”① 与审判活动中存在的自由裁量权一样，执行活动中的自由裁量权是执行权运行过程中不可避免的一种基本事实。

第一，成文法由于社会的客观发展及法律制定者自身能力的限制，始终不能穷尽法律所调整对象的全部关系，“没有任何法律可以得到如此精确的限定，以致于避免了任何解释问题；同时没有任何法律能够得到如此精确的限定，以致于明确地包含了一切可能出现的情况”,② 从而给自由裁量权留下了空间和余地。第二，成文法与社会现实相比存在一定的滞后性，基于法律稳定的考量以及法律修订的程序性要求，总有一些动态变化的新型社会关系暂时处于成文法规范的调整之外。“立法过程往往是缓慢而棘手的，而且立法者也往往倾向于对即时性政治利益做出快速反应，而对修正过时的法典或使充满传统因素的司法法律现代化等问题反应迟钝。”③ 第三，成文法是以文字为载体的法律，由于文字的多义性及语言的模糊性，加之社会主体自身的差异性，可能造成对同一规范文义理解上的分歧。第四，执行活动的重要内容是实现申请执行人的债权，由于债权实现方式的多样性，客观上为法官在选择实现债权的实现方式及顺序上提供了余地。大致来讲，自由裁量权可以归于一种酌情作出决定的权力，涉及司法的思维状态、处理问题的谨慎态度、对多种可行法律解决方案的选择、司法的自由心证、终局裁量

① ［美］德沃金著：《法律帝国》，李常青译，中国大百科全书出版社 1996 年版，第 361 页。

② ［美］密尔顿·弗里德曼著：《费里德曼文萃》，胡雪峰等译，北京经济学院出版社 1991 年版，第 558 页。

③ ［美］E. 博登海默著：《法理学，法哲学与法律方法》，邓正来译，中国政法大学出版社 1999 年版，第 403 页。

和无需裁量以及司法在解释或发展中的可否性等方面的因素。①

有学者将自由裁量权归纳为以下六种基本涵义：（1）自由裁量权是描述一种思维状态，指一种谨慎的态度；（2）自由裁量权是指在无法律明确规定时，法官处理一个问题，可以在可能的数种合法的解决方案中进行选择；（3）自由裁量权指如果满足一些特定规则的要求时，法官当然有义务为某种行为；（4）自由裁量权是指法官认定事实时，决定证人是否有资格作证，以及如何判断证据的证明力等问题上所达到的内心确信；（5）自由裁量权是与裁决的终局性相联系的，有的经由先例自由裁量权而作出的判决是不可以上诉的，即表明结论具有终局性，不容质疑；（6）自由裁量权是指在规则的边际和法律的开放地带，法官能否作用。②

在执行权的运行过程中，人民法院行使自由裁量权的情形较为普遍，主要包括以下几个方面：

一是在执行启动阶段，人民法院享有是否先通知被执行人进入执行程序然后再采取执行强制措施的权力。修订后的《民事诉讼法》第216条规定，“执行员接到申请执行书或者移交执行书，应当向被执行人发出执行通知，责令其在指定的期间履行，逾期不履行的，强制执行。被执行人不履行法律文书确定的义务，并有可能隐匿、转移财产的，执行员可以立即采取强制执行措施”。根据该项规定，执行员在启动执行程序时，应当先向被执行人发出执行通知，以保障被执行人的知情权及自动履行权。然而，当被执行人拒不履行且“有可能隐匿、转移财产的”，执行员亦可不经向被执行人发出执行通知，而迳行对被执行人财产采取强制执行措施。对于哪些情形属于“有可能隐匿、转移财产的”，则由执行员依自由裁量权予以判定。

二是人民法院享有对被执行人财产采取强制措施的选择权。修订后的《民事诉讼法》第218条至第220条分别规定当被执行人拒

① 参见汪习根主编：《司法权论》，武汉大学出版社2006年版，第485页。

② 参见井涛：《法律适用的和谐与归一——谈法官的自由裁量权》，中国方正出版社2001年版，第11～13页。

不履行法律文书确定的义务时，人民法院有权对被执行人的存款、应当履行义务部分的收入以及应当履行义务部分的财产采取冻结、划拨、查封、扣押、拍卖、变卖等执行强制措施。根据该规定，在被执行人同时拥有法律规定的上述财产时，人民法院享有决定对不同性质的财产以及同一性质的不同财产，选择适用强制措施的对象以及选择适用强制措施的顺序的自由裁量权。

三是对被执行人应当履行义务部分的财产采取查封、扣押措施后，人民法院对已查封、扣押的财产，在依法采取拍卖、变卖措施予以变现以前，人民法院享有是否允许被执行人使用、租赁标的物以及将标的物交由谁负责保管的自由裁量权。

四是在被执行人不履行法律文书确定的义务并隐匿财产的情况下，人民法院享有依照《民事诉讼法》第 224 条规定，是否对被执行人及其住所地或者财产隐匿地进行搜查、何时进行搜查、选择搜查对象以及搜查顺序等自由裁量权。

五是在当事人、执行参与人、协助执行义务人出现妨碍执行的情形时，人民法院享有依照《民事诉讼法》第 100 条至第 106 条规定决定行为人的行为是否达到受处罚的情节程度，选择适用拘传、罚款、拘留、追究刑事责任等强制措施的种类、数额或期限以及是否移送侦查的自由裁量权。

六是对在执行程序中，被执行人向人民法院提供担保，人民法院享有依照《民事诉讼法》第 208 条规定对被执行人提供的担保进行审查，并决定是否暂缓执行以及暂缓执行的期限等自由裁量权。

七是人民法院在依法向被执行人发出执行通知、限期履行义务通知、强制迁出房屋或强制退出土地的执行公告时，享有在不违背法定期限条件下决定相关期限的自由裁量权。

八是在被执行人未按执行通知履行生效法律文书指定的行为时，享有决定对被执行人强制执行还是委托有关单位或其他人完成，以及责令被执行人支付迟延履行金的数额的自由裁量权。

九是对被执行人不履行法律文书确定的义务的，人民法院享有是否适用、选择适用或者叠加适用对被执行人及其法定代表人、主要负责人、直接责任人限制出境、在征信系统记录、通过媒体公布不履行义务信息以及法律规定的其他措施等自由裁量权。

十是对《民事诉讼法》第232条第1款第（五）项、第233条第1款第（六）项中“人民法院认为应当”中止执行、终结执行的其他情形，人民法院享有自由裁量权。

当然，人民法院在执行程序中的自由裁量权并不仅仅限于上述方面，因为自由裁量权的适用是一个复杂的过程，涉及司法思维、司法心理、自由心证等诸方面。特别是执行裁决权从执行实施权分离后，人民法院在行使执行裁决权的过程中，在认定事实、核实证据、适用法律等环节上享有与民事审判程序相类似的自由裁量权，在此不一一列举。

执行自由裁量权的普遍存在以及其“自由”的属性，使人们对该权力的滥用以及侵害人权、威胁法律安定存在合理的担心与戒备。弗兰克·福特曾经说过，“自由裁量权，如果不设定行使这种权力的标准，即是对专制的认可”。因此，在法治国家，为了监督和控制自由裁量权的行使，通常会依据正义原理及理性精神确立自由裁量权行使的标准，从而对该项权力进行干预和规制，以防止其偏离法治的状态成为异态和恣意。一般而言，自由裁量权的行使包括两大原则。

首先，自由裁量权的行使应当符合正义原则。主要有以下要求：第一，自由裁量权的行使必须符合立法的目的和基本精神。在成文法有明文规定的情况下，首先必须严格适用成文法的规定，不得对现行法律规范非法逾越。在法律规定不足或不详时，则应当遵循法律制定时的基本精神、基本原则和追求正义的目标。不得从规避宪法和法律的目的出发，违背宪法和法治精神，刻意曲解法律规范。第二，自由裁量权的行使必须符合分权要求。“在社会的现实中，权力与法律都极少以纯粹的形式出现。如果出现一种完全不受规范限制的社会权力，那么这往往是一种暂时的现象，它表明政府正处于一种极度危机或严重痼疾的状况。当这一意外情形发生时，那也极少会出现毫无预兆、毫无理性计划的到处施虐的安全专制的统治……在权力和自由裁量方面，始终会存在一些法律所不能或只能部分渗透于其间的开放领域。"① 这表明，任何权力的行使必须符合分权制约机制的要求，否则就会导致权力的滥用或专制。而自由裁量权一旦失去分权机制的制约与监督，就会变成自由裁量权的专横与暴政。正如马克思所言："自由的每一种形式都制约着另一种形式，正像身体的这一部分制约着另一部分一样。只要某一种自由成了问题，那么，整个自由都成了问题。只要自由的某一种形式受到指责，那么，整个自由都受到指责，自由就只能形同虚设，而此后不自由究竟在什么领域内占统治地位，将取决于纯粹的偶然性。不自由成为常规，而自由成为偶然和任性的例外。"② 第三，自由裁量权的行使必须符合执行公开等正当程序的基本要求。执行公开是确保执行公正、预防执行司法腐败的一剂良药。其他执行程序也是确保自由裁量权不偏离公正及法治轨道、防止法官借行使自由裁量权之机进行暗箱操作的重要保证。因此，执行人员必须严格遵守执行公开及其他执行正当程序的各项运作规程，以当事人及社会公众看得见的方式实现执行公正，切实维护当事人等的合法权益。

其次，自由裁量权的行使必须符合理性原则。正如有的学者所言，"一方面，审判自由对于法官而言，即是为其作出合理判断提供的一种保障，使其可以不受制度和同僚的压力而作出违背自己良心的判决；另一方面，这种自由又预设法官为理性的主体，是一个不受个人好恶而能超脱'小我'、维护社会公共利益的公职人员"。③ 自由裁量权的理性原则要求：第一，自由裁量权必须建立在法官对案件事实的客观判断上。"法官在作出决定时所看到的是具体的案件，并且参照了一些绝对实在的问题，他应当遵循我们的现代组织的精神，并且，为了摆脱危险的恣意行为，他应当尽可能

① ［美］E. 博登海默著：《法理学，法律哲学与法律方法》，邓正来译，中国政法大学出版社 1999 年版，第 359 页。

② 《马克思恩格斯全集》第 1 卷，人民出版社 1995 年版，第 201 页。

③ 参见胡玉鸿：《司法公正的理论根基》，社会科学文献出版社 2006 年版，第 283 页。

地使自己从每一种个体性或其他产生于他面临的特殊情况的影响中解脱出来，并将他的司法决定基于具有一种客观性质的某些因素之上。"① 这表明，法官在行使自由裁量权时，仅仅考虑与执行案件相关的法律客观因素，而不应当受到政治、伦理道德、经济因素等法律客观因素以外的其他因素干扰。第二，自由裁量权应当做到同等情况同等对待。即在一定时期内，人民法院在对待不同执行案件、同一执行案件的不同当事人，其自由裁量行为须具有连续性和一致性，对待相同情况给予相同处理，不歧视或偏袒任何一方当事人，不让当事人及社会公众对执行过程自由裁量任何环节的公正性表现出质疑或担心，并可根据自由裁量行为的连续一致对同等情形下的执行行为进行合理预判。第三，自由裁量权的行使应当符合社会公众的一般认知。法官作为行使自由裁量权的主体，必然会受到其所处社会群体认识、判断及行为的规范和价值观念的影响。法官的每一个行为无一例外地不能脱离其所处的社会生活实际并打上该社会群体的烙印。因此，自由裁量权是否符合法官所处社会群体的一般认知，是判断自由裁量权是否超出合理范围的重要标准。法官在行使自由裁量权时，"他们所关注的并不是任何权力机构要求人们在一特定情势中所采取的行动，而是私人有'合法'理由所预期的东西。所谓'合法'，在这里所指的乃是私人在该社会中采取的大多数行动所依凭的那种预期"。② 美国大法官卡多佐对此也有精辟论述，"法院的标准必须是一种客观的标准。在这些问题上，真正作数的并不是那些我认为是正确的东西，而是那些我有理由认为其他正常智力和良心的人都可能会合乎情理地认为是正确的东西"。③ 当然，需要强调的是，自由裁量权必须符合法官所处社会群体的一般认知，绝非要求法官应当屈从于社会公众对于司法活动

---

① ［美］本杰明·卡多佐著：《司法过程的性质》，苏力译，法律出版社1998年版，第75页。

② ［英］费里德里希·冯·哈耶克著：《法律、立法与自由》，邓正来等译，中国大百科全书出版社2000年版，第157页。

③ ［美］本杰明·卡多佐著：《司法过程的性质》，苏力译，法律出版社1998年版，第54页。

的评价。这是因为社会公众对于司法的评价具有自身的特殊性:①（1）结论多重性。由于主体多元，各自具有的经验、知识水平、感受以及所处地位、与案件的利害关系等方面的差异，对同一司法活动可能产生截然不同的评价。（2）标准模糊性。社会公众多凭一种随意而不确定的直觉标准甚至是想当然地对司法活动作出评价，因而不可能有一个统一、明确的标准。（3）主观色彩性。由于缺乏科学而明晰的标准，社会公众对司法的评价多以情感满足为价值需求，因而带有强烈的主观色彩，且极易为情感因素所操纵和左右。（4）盲目从众性。社会公众由于对司法活动的过程缺乏细致、准确的了解，加之缺乏统一、理性的评价标准，因此其评价容易产生从众现象，具有一定的盲目性。

（三）执行的程序公正制度

针对实体公正而言，执行权的设置及运行必须遵循法律规范关于公平正义的程序规则。

法谚云：正义必须实现，而且必须以看得见的方式实现(Justice must not only be done but be seen to be done)。这便是程序公正的价值所在。“当自然正义与法律规则的具体运用相联系时，自然正义就是指形式公正（formal justice），与实体公正（substantive justice）相对应，因为即便是一个公正的实体规则，如果不能类似案件相同对待，不同案件区别对待，也会导致不公正。”② 曾有学者在认真总结程序公正的标准后，将其归纳为以下几项原则：第一，中立原则。包括三项具体规则：一是任何人不能作为自己案件的法官；二是冲突的解决结果中不含有解决者个人的利益；三是冲突的解决者不应有对一方当事人的好恶偏见。第二，劝导冲突原则。包括四项具体规则：一是平等地告知每一方当事人有关程序的事项；二是冲突的解决者应听取双方的辩论和证据；三是冲突的解

① 参见吴秋余、李岩峰：《法官自由裁量权的副作用控制》，载《人民司法》2008 年第 5 期。

② 哈特语，转引自徐亚文：《程序正义论》，山东人民出版社 2004 年版，第 9 页。

决者只应在另一方当事人在场的情况下听取对方意见；四是每一当事人都应有公平的机会回答另一方提出的辩论和对其证据进行质证。第三，裁判原则。包括两项具体规则：一是解决诸项内容需应以理性推演为依据；二是分析推理应建立在当事人作出的辩论和提出的证据之上。①

根据上述原则及规则，执行公正程序主要包括以下三个方面内容：

首先，执行权的行使者应当保持独立、中立和理性。执行程序的独立性是指应当排斥没有法律决定或授权的主体参与执行程序和执行过程，即应当排除行政机关、社会团体和个人的干涉。执行程序的中立性是指“任何人不能作为自己案件的法官”。执行法官不能是参与执行程序的一方当事人，对任何一方当事人不存在主观上的好恶与偏见，并且执行法官本人及其亲属与案件的执行结果及一方当事人没有利益牵连或其他方面的联系，否则应当回避。执行程序理性则是指执行权主体不应享有不合理的自由裁量权，所遵循的程序有明确的法律依据及合理的事由。

其次，参与执行程序的当事人等应当具有平等机会及意思自治。平等原则本指地位平等，即主体享有无差别对待的权利，以及主体的一方不得享有特权或受到歧视。然而，由于执行程序的重要内容是实现生效法律文书确定的权利义务，因而，从双方当事人的权利义务关系看，申请执行人主要是享有权利的一方，被执行人则主要是履行义务的一方。但双方当事人在执行程序中均不受歧视且任何一方不享有超越法律的特权。同时，参与执行程序的当事人等均具有意思自治性，执行法官应当平等地听取程序参与各方的意见，且不得违背当事人意愿，将一方的意见强加于另一方。

再次，执行程序应当公开。执行程序的全部过程及各个环节必须以合理方式使当事人及社会公众所知晓，不应当以秘密的方式进

---

① See Martin P. Golding, Philosophy of Law (1975) in Robart M. Cover & Owen M. Fiss, The Structure of Procedure. Mineola, New York. The Foundation Press, Inc, 1979, p. 113。

行。为此，最高人民法院于2006年12月23日专门印发了《关于人民法院执行公开的若干规定》，对人民法院执行案件立案标准、启动程序、执行进展、财产调查、执行措施、强制措施、款项分配、执行听证、执行期限、执行结案、档案管理等各个环节，详细规定了向当事人及社会公开的具体操作规则，从而把执行程序置于社会的监督之下。这在我国的司法制度上，无疑迈出了程序公开的重要一步。正如伯尔曼所言，"没有公开则无所谓正义"。实行执行公开与保守执行工作秘密并不相矛盾，执行过程及结果的公开，并不排斥法院评议案件的秘密进行，以及对涉及的国家秘密、商业秘密和个人隐私的保护。实行执行公开，对于防止暗箱操作及执行专断，消除司法腐败，强化社会监督，维护执行案件当事人的合法权益，进而实现执行公正无疑具有促进作用。具体而言，执行机关的下列执行行为除涉及国家秘密、商业秘密等法律禁止公开的信息外，应当予以公开：①（1）执行案件的立案标准和启动程序，对当事人强制执行申请立案受理后的有关情况、当事人在执行程序中的权利义务、可能存在的执行风险，不予立案的法律依据和理由；（2）执行费用的收费标准和依据，执行费减、缓、免交的基本条件和程序；（3）执行案件承办人或合议庭成员及联系方式；（4）执行案件进展情况；（5）人民法院对申请执行人提供的财产线索或依职权对被执行人财产状况和被执行人申报的财产状况进行调查后的调查结果；（6）人民法院采取查封、扣押、冻结等执行措施的情况；（7）人民法院采取拘留、罚款、拘传等强制措施的，依法向被采取强制措施的人出示有关手续，并说明对其采取强制措施的理由和法律依据，采取强制措施后，应当将情况告知其他当事人，同时，采取拘留或罚款措施的，应当在决定书中告知被拘留或者被罚款的人享有向上级人民法院申请复议的权利；（8）人民法院拟委托评估、拍卖、变卖被执行人财产的，应当及时告知当事人及其他利害关系人，并严格按照《民事诉讼法》和最高人民法院《关于人民法院民事执行中拍卖、变卖财产的规定》等相关规定选

① 参见最高人民法院《关于人民法院执行公开的若干规定》。

定评估机构和拍卖机构，依法公开拍卖、变卖，同时，评估结束后，应当及时向当事人及其他利害关系人送达评估报告，拍卖、变卖结束后，应当及时将结果告知当事人及其他利害关系人；(9)人民法院在办理参与分配的执行案件时，应当将被执行人财产的处理方案、分配原则和分配方案以及相关法律规定告知申请参与分配的债权人，必要时应当组织各方举行听证会；(10)人民法院对案外人异议、不予执行的申请以及变更、追加被执行主体等重大执行事项，一般应当公开听证进行审查，案情简单、事实清楚的可以直接审查，审查结果应当依法制作裁定书送达各方当事人；(11)人民法院依职权对案件中止执行的，应当制作裁定书并送达当事人，裁定书应当说明中止执行的理由及法律依据，对已中止执行的案件，则应当告知当事人中止执行案件的管理制度、申请恢复执行或者人民法院依职权恢复执行的条件和程序；(12)人民法院依职权对据以执行的生效法律文书终结执行的，应当公开听证（申请执行人没有异议的除外），终结执行应当制作裁定书并送达当事人，裁定书应当充分说明理由并明确援引相应的法律依据；(13)人民法院未能按照最高人民法院《关于办理执行案件若干期限的规定》中规定的期限完成执行行为的，应当及时向申请执行人说明原因；人民法院对执行过程中形成的各种法律文书和相关材料，除涉及国家秘密、商业秘密等不宜公开的文书材料外，其他一般应当予以公开，当事人及其委托代理人申请查阅执行卷宗的，经人民法院许可，可以按照有关规定查阅、抄录、复制执行卷宗中的有关材料。

(四) 执行效率制度

公正与效率都是法治社会所追求的重要价值。① 有学者认为，效率，也称为效益，是指从一个给定的投入量中获得最大的产出，即以最少的资源消耗取得同样多的效果，或以同样的资源消耗取得

① 参见中共中央政法委员会：《社会主义法治理念教育读本（简编版）》，中国长安出版社 2006 年版，第 30 页。

最大的效果。① 据此，国内学者给法律效率作出这样的定义：法律效率是指法律作用于社会生活所产生的实际结果同颁布该法律时所要达到的社会目的之间的比。② 也有学者从经济学资源配置的角度，认为司法效率是解决司法资源如何配置的问题，即司法效率的核心应当理解为司法资源的节约或对司法资源有效利用的程度，司法效率是指向于包含效益内涵的对司法活动更全面更高级的评述。③

笔者认为，上述观点都有合理的因素。执行效率，既包括执行资源的合理配置，也包括执行投入与产出的比率，还包括在执行权运行过程中不同主体的程序性期限的严格遵循。许多学者以切蛋糕作比方试图说明公正与效率是一对矛盾。假定一个团体的人们要分配一块蛋糕，这一分配有两个标准或目标，即公平标准和效益标准。如果蛋糕可以按照任何合意的方式分割，那就根本不存在公平与效率的冲突——因为蛋糕越大，每人所得的份额越大。然而，如果为了制作一个较大的蛋糕必须采用相当不平等的分配办法（例如分配给有制作能力和经营方法的较大份额）的话，效益和公平之间就会出现冲突。④ 然而，也有学者认为，公平与效率历来就不是矛盾的双方，而是相互促进的，尤其在市场经济条件下，甚至可以说公平是效率的前提和基础。因为社会公平直接关系一个制度的维护费用与运行费用，并直接影响到效率。⑤ 这种见解是非常有道

---

① 参见张文显：《法学基本范畴》，中国政法大学出版社 1993 年版，第 273 页。

② 参见孙国华：《法律的效率》，载《法律社会学》，山西人民出版社 1988 年版，第 293 页。

③ 参见钱鸿道：《论司法效率》，载《改革司法》，社会科学文献出版社 2005 年版，第 155 页。

④ 参见张文显：《二十世纪西方法哲学思潮研究》，法律出版社 1996 年版，第 603 页。

⑤ 参见李龙：《公平正义的法理学解读》，载《法治与社会公平》，山东人民出版社 2007 年版，第 6 页。

理的，因为在司法过程中，效率的价值本身就体现了公正的要求，① 公正是评价法律效率的基本尺度。②

在执行公正的框架中，执行效率主要包括如下制度：

1. 执行资源配置制度

包括三个方面：一是执行权力资源应当在立法、行政、司法机关之间合理配置，即应当由司法机关独立行使执行权，立法机关、行政机关和其他社会团体、政党对此必须尊重，既不得干扰司法执行的权力，也不应承担司法执行机关的责任。执行案件当事人启动执行程序、监督权力运行和救济权利只应通过司法机关，而非求助于政党、立法机关、行政机关、新闻媒体或社会公众，并且司法机关行使执行权力的结果与相应责任也不应由上述政党、机关、组织承担。二是执行权资源应在司法机关内部合理配置。执行权力资源应当在上下级法院之间，同级法院院长、庭长、执行员之间合理配置，负责案件执行的法官应当掌握主要的执行权力资源，而不能异化为上级法院或本院领导及部门领导的傀儡。同样，执行权力行使的责任及后果也相应由执行法官承担而非别的主体承担。执行权力资源的内部配置还包括这样的涵义，就同一机关的司法人员群体而言，权力资源不应均匀分配在素质参差不齐的个体间，而应向法律文化素养高和办案业务能力强的个体倾斜。因为个体的素质往往对公正起决定性影响，“一个没有学过法律的人从事法律职业，比一个没有学过医的人上手术台给病人开刀更加危险”。③ 三是执行资源应当在执行案件当事人之间合理配置。主要是让当事人及其他执行参与人熟悉执行程序中的监督及救济途径，加强当事人对司法机关行使执行权力的直接监督，从而避免外来监督或其他超越法律之上的各种监督对保障执行公正的法院独立性及法官中立性的可能伤

---

① 参见王利明：《司法改革研究》，法律出版社 2001 年版，第 12 页。

② 参见中共中央政法委员会：《社会主义法治理念教育读本（简编版）》，中国长安出版社 2006 年版，第 30 页。

③ 参见贺卫方：《中国法律教育之路》，中国政法大学出版社 1997 年版，第 31 页。

害。由于利益的关联性，执行案件当事人对执行法院和执行法官的监督是最直接、最有效的，因而也是最经济的。

2. 避免过于拖延的执行期限制度

法谚云：迟来的正义等于不正义（Justice delayed is justice denied)。裁决过慢会导致执行结束期限的任意延长，被执行人获得宝贵的喘息机会规避执行、对抗法律或挑动外力干预执行权力的运行；而债权人也因正义迟迟不能实现、债务人长期“逍遥法外”而受到伤害，从而对法律的尊严和权威产生轻视和忽略心理，而这反过来会伤及公正本身。同时，执行期限的不确定也会给不端的执法者提供损害当事人权益的可乘之机。故此，立法者一般会对执行权运行的相关环节设置严格的期限规定。在我国，执行权运行除应严格遵循民事诉讼法等基本法律关于执行案件的办案期限外，最高人民法院还于2006年制定了《关于人民法院办理执行案件若干期限的规定》，统一规定了执行案件办案期限及延期制度、立案期限制度、被执行人财产申报期限制度、采取执行强制措施期限制度、案外人异议审查期限制度、执行听证期限制度、执行法律文书审批与制作期限制度，大大提高了执行案件相关环节对于时间期限的可操作性，减少了当事人因期限不明导致拖延而产生的不必要经济消耗。根据上述司法解释、《最高人民法院关于严格执行案件审理期限制度的若干规定》及其他相关规定，执行机关办理执行事项应当遵循以下期限限制：（1）被执行人有财产可供执行的案件，一般应当在立案之日起6个月内执结；非诉执行案件一般应当在立案之日起3个月内执结。因特殊情况需要延长执行期限的，应当于期限届满前5日内报请本院院长或副院长审批，可以延长3个月；还需延长的，应当层报高级法院备案；委托执行的案件，委托的人民法院应当在立案后1个月内办理完委托执行手续，受委托的人民法院应当在收到委托函件后30日内执行完毕，未执行完毕，应当在期限届满后15日内将执行情况函告委托人民法院。（2）应当在立案后7日内确定案件承办人。立案机构应当在决定立案的3日内将案卷材料向执行机构移送。（3）案件承办人应当在收到案件材料后3日内向被执行人发出执行通知书，通知被执行人申报财产，责令被执行人履行生效法律文书确定的义务。(4) 案件承办人应当在收到案件材料后 3 日内通知申请执行人提供被执行人财产状况或财产线索;申请执行人提供了明确、具体的被执行人财产状况或财产线索的,案件承办人应当于申请执行人提供财产状况或财产线索后 5 日内进行查证、核实,情况紧急的,应当立即予以核查;申请执行人无法提供被执行人财产状况或财产线索,或者提供财产状况、财产线索确有困难,需要人民法院进行调查的,承办人应当于申请执行人提出调查申请后 10 日内启动调查程序;根据案件具体情况,承办人一般应当在 1 个月内完成对被执行人收入、银行存款、有价证券、不动产、车辆、机器设备、知识产权、对外投资权益及收益、到期债权等资产状况的调查。(5) 执行中采取评估、拍卖措施的,承办人应当在 10 日内完成对评估、拍卖机构的遴选。(6) 执行中涉及不动产、特定动产以及其他财产需要办理过户登记手续的,承办人应当在 5 日内向有关登记机关送达协助执行通知书。(7) 对执行异议的审查,承办人应当在收到异议材料及执行案卷后 15 日内提出审查处理意见;对执行异议的审查需要进行听证的,合议庭应当在决定听证后 10 日内组织异议人、申请执行人、被执行人以及其他利害关系人进行听证;承办人应当在听证结束后 5 日内提出审查处理意见;对执行异议的审查,一般应当在 1 个月内办理完毕,需要延长期限的,承办人应当在期限届满前 3 日内提出申请。(8) 执行措施的实施及执行法律文书的制作需要报经审批的,相关负责人应当在 7 日内完成审批程序。①

3. 防止不合理制度造成的物质损耗

① 根据现行司法解释的规定,下列期间不计入办案期限:1. 公告送达执行法律文书的期间;2. 暂缓执行的期间;3. 中止执行的期间;4. 就法律适用向上级法院请示的期间;5. 与其他法院发生执行争议报请共同的上级法院协调处理的期间;6. 执行案件中由有关专业机构进行审计、评估、资产清理的期间;7. 当事人达成执行和解或者提供执行担保后,执行法院决定暂缓执行的期间;8. 上级法院通知暂缓执行的期间;9. 执行中拍卖、变卖被查封、扣押的财产的期间。参见《最高人民法院关于严格执行案件审理期限制度的若干规定》及《最高人民法院关于人民法院办理执行案件若干期限的规定》的相关规定。

在执行程序中，当事人及其他执行参与人为了满足执行程序的要求，需要付出一定的人力、物力，支出一定的费用和成本，而这些物质方面损耗是否合理是评价执行程序是否公正的一项重要标准。制度是否科学则起着至关重要的作用，不合理的制度设计往往意味着当事人权利受损害。例如，过去曾长期存在的在执行案件立案时由执行法院向案件当事人收取实际支出费，就极大地增加了当事人的经济负担。特别是对于一些回收债权无希望或无把握的债权人而言，在执行无果时往往还要承担司法机关乱收费的“二次伤害”。因此，而执行程序中，科学设计并严格执行诸如告知、督促、风险承担等合理的制度，对降低当事人不必要的成本支出，实现执行公正大有裨益。例如，在将被执行人财产查封、扣押、冻结后，应当责令被执行人在指定的合理期限内自动履行，避免因评估及强制拍卖被执行人财产而产生的相应经济损失。又如，标的物的评估费用不应由债权人先行垫付，而应将该费用的支付时间迟延至标的物变现环节，由被执行人与中介机构共担个中风险。

第三节 设置强制执行权对构建和谐社会的作用

美国著名法官卡多佐曾经说过，法律作为社会控制的一种工具，最重要的是司法作用。社会主义法律的重要作用是通过法律的普遍适用或建立法律至高无上的权威，而在全社会实现法治，使法律平等地约束全体社会成员，并成为规制和裁决人们行为的惟一准绳。而强制执行权的运行又是社会主义法治不可或缺的重要组成部分，对于构建社会主义和谐社会具有重要作用，强制执行权的公正运行是构建和谐社会的必要手段和重要保障。

一、强制执行权只有公正运行才能维护法治的统一、尊严与权威

和谐社会是民主法治的社会。法治意味着法的统治，包含法的至高无上的权威，但这种权威并非与生俱来，而是通过司法渠道及执行途径的公正运行来彰显法律的正义价值，从而赢得人们对法律

权威的尊重与服从。

从1959年德里世界法学家大会通过的《德里宣言》可以看出其对法治的内容作了如下概括：一是立法机关的职能在于创设和维护以使每个人保持“人格尊严”的种种条件；二是不仅要对制止行政权的滥用提供法律保障，而且要使政府有效地维护法律秩序，借以保证人们具有充分的社会和经济生活条件；三是司法独立和律师职业自由。① 上述三项基本内容充分说明司法权在法治建设过程中的重要作用，这种作用是不可或缺的。

同时，法治也意味着秩序，秩序是法治的基础性价值之一。正如庞德所指出：“法学家曾经设想一种以神圣秩序为典范的法律秩序，因而要求权威者提供一个准则。他们曾经考虑使法律秩序符合一种道德秩序，这种道德秩序或者是从物质自然界秩序的类似情况中被启示出来，或者是部分地从启示中得到证明和部分地通过理性被发现。有时，他们曾经设想法律秩序是一种理性的秩序，因而设想一种来自纯粹理性的价值准则。在这种思想方式中，理性被认为是能够启示一种具有普遍的和颠扑不破的效力的自然或理想法律的东西，它甚至是，如同我们现在所了解的，一种在某一时间和地点的实在社会规则制度的理想说明。有时，他们还曾经认为法律秩序是以经验为依据的，因而曾经认为它是一种代表文明社会生活经验的价值准则。在那种思想方式中，生活经验被设想为通过各种政治和法律制度在调整关系和安排行为时的经验所发展而来的，这种经验由立法、法官和学者们制定为各种公式，并由法学家们加以批判和系统化。因而，他们曾经设想法律秩序乃是一种历史秩序。有时，他们还曾经以为法律秩序是一种自由的秩序，一种保障每个人（所有其他人也都一样）在最大限度上自由运用其意志的制度。在这个观点中，就有一种为形而上学所论证的价值准则。更近一些时候，有人企图创造一种以经济学为基础的价值准则或企图从阶级斗争理论中推论出一种价值准则来。他们把价值归因于一个阶级而不

---

① 参见胡玉鸿：《司法公正的理论根基》，社会科学文献出版社2006年版，第30页。

归因于个人，归因于以一个阶级的地位所提出的要求，而不归因于以个人生活或社会生活的地位所提出的要求（社会生活地位把社会看做一个整体）。"①

一般而言，司法权通过以下三个方面维护法治的秩序性作用：第一，通过司法权的运行使统治阶级制定的宪法和法律在社会生活中得到实施，从而使宪法和法律确立的民主制度得到确立和完善；第二，根据宪法和法律对社会生活中的各种违法行为进行审查和制裁，捍卫统治阶级的统治制度；第三，监督国家公权力机关尤其是国家行政机关及其工作人员合法正确行使公权力，避免公权力对私权利的侵犯，并且以法律程序及国家强制力为后盾保障社会主体各项权利的实现。对此，有学者作出了精辟论述："法律在本质上是对专断权力之行使的一种限制，因此它同无政府状态和专制政治都是敌对的。为了防止为数众多的意志相互抵制的无政府状态，法律限制了私人的权力。为了防止一个专制政府的暴政，法律控制了统治当局的权力。法律试图通过把秩序与规则性引入私人交往和政府机构运作之中……一个完善且充分发达的法律制度，对于无政府状态和专制政治这两种截然相对的形式来讲，处于居间的位置。通过一个行之有效的私法制度，它可以界定出私人或私人群体的行动领域，以防止或反对相互侵犯的行为，避免或阻止严重妨碍他人的自由或所有权的行为和社会冲突。通过一个行之有效的公法制度，它可以努力限定和约束政府官员的权力，以防止或救济这种权利对确获保障的私人权益领域的不恰当侵损，以预防任意的暴政统治。"②对于司法权而言，强制执行权又是最后的"关口"或"防线"。执行权的公正运行，因直接关乎人们诉争利益的具体实现，成为活生生、看得见、摸得着的实际利益，意味着判决、裁定、仲裁裁决、公证文书等"写在纸上的正义"能否转化为实际生活中的正义，

---

① 转引自陈福胜：《法治：自由与秩序的动态平衡》，法律出版社 2006 年版，第 129～130 页。

② ［美］E. 博登海默著：《法理学，法律哲学与法律方法》，邓正来译，中国政法大学出版社 1999 年版，第 233 页。

因而更加强烈地吸引着人们对于法治权威的期待。执行人员的依法、严格、公正执行，不仅在个案当事人之间维护法的至高无上权威，而且通过个案的“放大效应”培育和强化人们对于法治的信心、信念和信仰，从而为法治奠定良好基础。反之，执行不公必然使判决、裁定等“写满正义的纸张”成为“空调白判”或“法律白条”，并导致社会公众对法治权威的疑虑、抵制乃至蔑视，这必将从基础层面对法治造成严重破坏。

二、执行公正是社会公平正义的重要内容

和谐社会是公平正义的社会。公平正义是人类政治法律思想的核心价值，社会主义制度比以往任何社会制度更加重视在全社会实现公平正义。①“正义有着一张普洛透斯似的脸（a Protean face），变幻无常、随时可以呈不同形状并具有极不相同的面貌。当我们仔细查看这张脸并试图解开隐藏其表面背后的秘密时，我们往往会深感迷惑。”②

公平正义既是一种理性原则和道义要求，也是一种现实的社会关系。“法哲学家们通常认为公正在解决冲突这一特殊过程中具有更高的价值。”③“正是正义观念，把我们的注意力转到了作为规范大厦组成部分的规则、原则和标准的公正性与合理性之上。秩序，一如我们所见，所侧重的乃是社会制度和法律制度的形式结构，而正义所关注的却是法律规范和制度性安排的内容、它们对人类的影响以及它们在增进人类幸福与文明建设方面的价值。从最为广泛的和最为一般的意义上讲，正义的关注点可以被认为是一个群体的秩序或一个社会的制度是否适合于实现其基本的目标。如果我们并不试图给出一个全面的定义，那么我们就有可能指出，满足个人的合

---

① 参见王胜俊：《努力建设公正高效权威的社会主义司法制度》，载2008年3月20日《人民法院报》第1版。

② ［美］E. 博登海默著：《法理学，法律哲学与法律方法》，邓正来译，中国政法大学出版社1999年版，第252页。

③ ［美］马丁·P·戈尔丁著：《法律哲学》，齐海滨译，三联书店1987年版，第232页。

理需要和主张，并与此同时促进生产进步和提高社会内聚性的程度——这是维系文明的社会生活所必须的——就是正义的目标。"①由于和谐社会强调以人为本，强调国家公权力的行使应当尊重个体在社会中的核心地位进而保障个体的幸福为目标，这与法治所追究的价值不谋而合。由此可见，公平正义既是法律所追求的目标，也是和谐社会所追求的目标。从内容上看，公平正义包括"权利公平、机会公平、规则公平、分配公平"等方面，具体体现在人们从事各项活动的起点、机会、过程和结果之中。②

从形式上看，公平正义则包括实体的公正和程序的公正。实体的公正是指裁判在认定事实和适用法律方面都是正确的；程序的公正则是指程序必须符合公正、公开、民主，对权利充分保护以及充分体现效率原则。③ 胡锦涛总书记在党的十七大报告中明确指出，"实现社会公平正义是中国共产党人的一贯主张，是发展中国特色社会主义的重大任务。要按照民主法治、公平正义、诚信友爱、充满活力、安定有序、人与自然和谐相处的总要求和共同建设、共同享有的原则，着力解决人民最关心、最直接、最现实的利益问题，努力形成全体人民各尽所能、各得其所而又和谐相处的局面，为发展提供良好的社会环境"。④ 执行公正作为一项程序的公正，直接指涉着人们在执行程序中的权利实现，并且是人们在权利受到侵犯时行使救济的保障手段，因而是社会公平正义不可缺少的内容。

强制执行权的运行，主要通过以下途径保障公平正义的实现：第一，通过在执行程序中对以财产权为主要内容的公民基本人权的保护，使宪法确定的保护人权原则及公民的基本权利落到实处，并

① ［美］E. 博登海默著：《法理学，法律哲学与法律方法》，邓正来译，中国政法大学出版社 1999 年版，第 252 页。

② 参见杨青山编著：《社会主义和谐社会研究》，大连出版社 2007 年版，第 117 页。

③ 参见王利明：《司法改革研究》，法律出版社 2001 年版，第 11 页。

④ 胡锦涛：《高举中国特色社会主义伟大旗帜，为夺取全面建设小康社会新胜利而奋斗》，载《中国共产党第十七次全国代表大会文件汇编》，人民出版社 2007 年版，第 17 页。

通过执行程序所彰显的正义进一步唤起人们的人权保护意识，从而切实尊重和保障人权。第二，通过执行程序对正义的保障价值及示范作用确保公正的实现。程序对于公平正义的实现具有至关重要的作用，曾有学者对此作过总结，即，一方面，由于程序本身具有超越个人具体案件的处理，在制度层次上得到结构化、一般化的性质，使因程序进行蒙受不利后果，都已被赋予表达自己的观点和提出证据的充分机会的当事人，不得不接受该结果的作用。另一方面，则是对社会整体产生的正当化效果，如果法院在制度性的正当程序方面得到了公众的信赖，自己的决定也就获得了极大的权威。① 第三，通过对执行案件当事人的平等保护在执行主体之间实现公平。这种平等既体现在申请执行人与被执行人之间，也体现在符合条件的全部申请执行人之间。第四，通过有效率的执行活动体现公正。法谚云：迟来的正义等于不正义（Justice delayed is justice denied）。高效的执行活动则避免正义以过于迟缓的方式在当事人之间到来。正是因为执行权的运行对于社会公平正义的实现具有如此重要的作用及影响，因此，缺少执行公正的社会公平正义是不完整的或是有重大缺陷的。

三、执行公正是对社会诚信友爱观念的教化与规制

和谐社会是诚实友爱的社会。诚实信用是一项极其重要的法律原则。有学者对诚实信用的含义作过如下概括：第一，诚信原则含有“信”的因素，即法律关系的一方应顾及他方利益，衡量对方对自己一方有何期待，并使其正当期待不致落空。第二，诚信原则含有“诚”的因素，“诚”即“成”，包括成己、成人和成其事物。第三，诚信原则含有遵从交易习惯之意，但不包括不利于当事人正

---

① ［日］谷口安平：《程序的正义与诉讼》，转引自周兴宥、陈建军：《民事执行的基本理念》，载张启楣主编：《执行改革理论与实证》，人民法院出版社2002年版，第150页。

当期待之保护的交易习惯。① 也有学者对诚信原则作出如下归纳：② 诚信原则，系以同一时空下人类社会中多数众人，超乎条文规范之秩序，所共同认同，期相遵循之社会生活规范；人类社会中多数人所共同认同者，必须多数人感受上认为符合正义公平或分配合理之理念；诚信原则之内容，可以以其特有之表征表示如下：(1) 超乎条文规范之秩序；(2) 影射正义公平或分配合理之理念；(3) 是一种社会生活规范。

心理学研究表明，共同的价值取向会产生认同感，这种认同感是真正维系整个群体的纽带，没有这种认同感就不能形成坚强的群体。诚信的价值取向使群体成员变得十分接近，产生共同奋斗的目标凝聚力。③ 诚实、信用、友爱、互助法制观念的形成，不仅有赖于道德的宣教，更仰仗于法律的教化与规制。首先，诚信友爱是道德的核心。正如有学者指出，"人与社会、人与自然的关系，最终都是由人与人的关系所决定。人与人之间诚信友爱，就会形成发展社会、发展自然的共识，就会齐心协力解决来自社会与自然的挑战，因此说，诚信友爱是社会的凝聚剂。在一个平等友爱、融洽和谐的人际环境里，人们相互间就容易消除隔阂，开展正常交往，人与人之间就会相互尊重、相互关心、相互帮助。在人们和睦相处的情况下，就能保持社会公共生活的安定有序，并维护人民大众的整体利益。因此，诚信友爱是和谐社会里做人的准则，也是做事的准则。当前，在全体人民中倡导诚信友爱，既是道德建设的突破口，也是构建和谐社会的精神支柱"。④ 当然，维系社会和谐及诚信友爱，仅靠道德的宣教是远远不够的，还必须依靠包括强制执行权在

---

① 参见史尚宽：《债法总论》，转引自李双元、温世扬主编：《比较民法学》，武汉大学出版社 1998 年版，第 55 页。

② 参见曾世雄：《民法总则之现在与未来》，中国政法大学出版社 2001 年版，第 40 页。

③ 参见魏长领：《和谐社会与道德信仰》，载《郑州大学学报》（哲学社会科学版）2005 年第 2 期。

④ 参见杨青山编：《社会主义和谐社会研究》，大连出版社 2007 年版，第 42 页。

内的司法的干预与规制。强制执行权以其公正运行，使社会公众熟悉法律规定的具体内容，从而使人们对自己行为的法律后果具有明确的预判性，即人们对自己不法行为可能导致的法律后果的合理预测以及人们对自己合法权益得到法律保护的合理期待。公正的执行活动通过对违反诚信友爱行为的制裁达到保障诚信友爱合法权益的目的，引导人们自觉形成诚信友爱的法制观念。

强制执行权对于诚信友爱观念的干预及规制主要通过以下方面体现出来：第一，为了维系个人利益与社会利益的平衡，禁止权利滥用。“如果一个社会为发挥个人的积极性和自我肯定留有空间（也许有人会怀疑，历史上是否有过这样一种社会，即它能够长时期内完全压制人们的这些自然冲动），那么在相互矛盾的个人利益之间肯定会有冲突和碰撞。两个人可能会想占有同一件财产而且也都会采取措施去得到它，而这会使他们卷入一场严重的纠纷之中。几个人可能会从事一项合伙事业，然而他们在管理该企业或计算个人得失份额时却可能意见不一。一个人可能伤害另一个人并被要求对受伤害人进行损害赔偿，而他却可能拒绝承担赔偿他人损失的义务或责任。”① 此时，仅靠道德教化是不可能解决主体之间存在的冲突的，必须依靠国家强制力为后盾的法律进行干预，使任何个人的权利不被滥用的同时，使他人的合法权利及社会利益得到保护而不致受到损害。第二，通过对违反诚信友爱行为的制裁，对于少数教化无效的主体强制进行行为矫正。强制执行权的运行过程，实际上是对被执行人投机钻营、尔虞我诈等不诚信行为的惩罚与法律否定评价，并使被执行人违反诚信原则的行为及时得到有效制裁，而使社会公众正确认识违背诚信应当付出的代价而不敢放任违法，并对诚信原则发自内心地尊重和信赖。同时，大量生效法律文书得到执行，使当事人之间的纠纷得到有效化解，有利于消除隔阂，建立平等友爱、融洽和谐的人际关系。诚信原则的树立，将从基础层面建立起法治的权威。在一个诚信的社会里，如果一个债务人不履行

① ［美］E. 博登海默著：《法理学，法律哲学与法律方法》，邓正来译，中国政法大学出版社 1999 年版，第 398 页。

生效法律文书确定的义务，那么他就会在市场选择和市场竞争中处于极其不利的地位，所付出的代价远远大于不履行债务所得到的利益，他将在这个诚信的社会里寸步难行。

四、执行公正为充满活力的社会主义市场经济提供法律保障

和谐社会是充满活力的社会。发展充满活力的社会主义市场经济，法治环境起着至关重要的作用。建设良好的法治环境，是营造良好的政策环境和市场环境的前提性基础，而司法公正以及执行公正又是建设良好法治环境的关键环节。

执行公正对社会主义市场经济的保障作用主要体现在以下方面：

第一，保障与社会主义市场经济相适应的经济秩序的建立。公正的执行活动通过具体案件表现的司法职能作用，能够从制度上消除影响市场经济有序高效运行的种种障碍，保障经济健康快速协调持续地发展；同时，司法活动提供了制度规则，并进而在这些制度规则的引导和约束下形成经济秩序，从而有力地保障社会主义市场经济健康有序运行。①

第二，执行公正通过对地方保护主义的否定，并通过执行程序的定争止纷，一方面保护社会主义市场经济秩序必须具备的市场统一性、自由性、公正性、竞争性和可控性等条件；另一方面依法保障各种经济成分平等竞争、共同发展，使从事市场交易各主体享有公平竞争的机会，享受正当的利益的法治环境，有效调动其积极性、主动性、创造性。

第三，社会主义市场经济是以市场主体的交易为基础的，而交易必须以主体的财产权明晰与安全为前提。包括执行活动在内的司法活动，通过其公正运行，一方面明确和保护市场主体合法的财产权利；另一方面强制执行权以其具体运行，对违反自由竞争和侵害市场主体合法权益的行为予以制裁，保护从事市场交易各主体的财

---

① 参见《构建社会主义和谐社会学习问答》，新华出版社 2006 年版，第 181～182 页。

产自由和投资自由，从而使市场充满活力，经济得到繁荣与发展。

第四，司法权、强制执行权具有制约、监督行政权公正运行的功能，司法权、强制执行权的正常运行，有助于政府职能朝经济调节、市场监管、社会管理和公共服务方向转变，有效防止行政权对于经济活动市场化运作的不当干预。市场经济三百余年发展史证明：现代发达的市场经济国家，如英、法、美三国对市场经济的选择，走的是一条顺其自然、水到渠成的路。这种渐进的、缓慢的市场经济确立过程，给人们树立与市场经济相适应的思想观念、道德伦理、人文思想，特别是法律意识、宪法权威，留下了漫长的时间与空间。① 我国的情况则恰好相反，由于长期以来实行计划经济，政府习惯于对经济事务大包大揽，因此，需要切实转变职能，建设服务型政府。司法权及强制执行权通过对行政案件的裁判与执行，对行政权力的运行进行制约与监督，促使其依法行使。

第五，司法公正与执行公正是良好投资环境的重要组成部分。随着经济的发展、财富的增加，相关的法律纠纷必然也会随之增加，法官对于纠纷如何作出裁判，以及对发生法律效力的文书如何执行，决定着市场主体合法权益的保障。法官的一纸判决，有时要直接决定一个企业和公司的存亡，决定经营者一生心血的成败，②这充分明，公正执行与公正司法一样，对于维护投资者利益具有重要作用。因此，执行公正实现的程度越高，市场的安全保障亦越高，市场亦越发充满活力。

五、执行公正是形成安定有序的社会秩序的重要条件

和谐社会是安定有序的社会。胡锦涛同志在党的十七大报告中指出，“社会稳定是人民群众的共同心愿，是改革发展的重要

① 参见李龙：《宪法基础理论》，武汉大学出版社 1999 年版，第 104 页。

② 参见王利明：《司法改革研究》，法律出版社 2001 年版，第 25 页。

前提”。①

然而，我国现实社会仍然存在一些影响稳定与和谐的深层次隐患：② 一是部分社会成员的分配差别、区域差别、城乡差别等社会差别持续拉大，贫富差距持续拉开，社会贫困、社会公平问题凸显；二是城市失业率较高，农村富裕劳动力庞大，就业压力很大，对社会稳定与和谐构成较大影响；三是经济和社会及人的全面发展“一条腿长一条腿短”，特别是农村更为突出；四是阶级、阶层发生分化与组合，一些新的阶层和群体产生，社会成员流动性加大，呈多元化利益格局，利益关系复杂，社会各阶级、阶层和利益群体关系与矛盾复杂；五是在市场经济运行过程中存在一系列复杂的突出问题，人与社会，人与自然的矛盾突出；六是合理的利益均衡结构、合理的社会成员构成结构尚未建立，市场经济和民主政治体制尚不完善，存在体制性的漏洞和弊端；七是执政党的自身建设和执政方式还不完全适应新形势、新任务发展的需要。上述隐患一旦遇到合适的土壤，随时都有可能演变成群体性事件，从而危及社会稳定大局；而社会稳定又是我们进行各项工作的前提和基础。“从最低限度来讲，人之幸福要求有足够的秩序以确保诸如粮食生产、住房以及孩子扶养等基本需要得到满足；这一要求只有在日常生活达至一定程度的安全、和平及有序的基础上才能加以实现，而无法在持续的动乱和冲突状况中予以实现。”③ 正如邓小平所言，“中国的问题，压倒一切的是需要稳定。没有稳定的环境，什么都搞不成，已经取得的成果也会失掉”。④

社会安定有序是以限制权力和保障权利为基础而建立起来的，

---

① 胡锦涛：《高举中国特色社会主义伟大旗帜，为全面夺取建设小康社会新胜利而奋斗》，载《中国共产党第十七次全国代表大会文件汇编》，人民出版社2007年版，第39页。

② 参见王伟光：《构建社会主义和谐社会的理论与实践》，中共中央党校出版社2006年版，第179～180页。

③ ［美］E. 博登海默著：《法理学、法律哲学与法律方法》，邓正来译，中国政法大学出版社1999年版，第293～294页。

④ 《邓小平文选》第3卷，人民出版社1993年版，第284页。

一个充满恣意权力行为和忽视人权保护的社会是不可能奢望什么安定有序的。强制执行权作为对政府行政权力进行监督制衡的重要权力，其公正行使在于保障政府依法行政，并在公民的权利受到侵害时提供可靠的公力救济途径，使权利受损者在执行法院伸张正义，并把法院视为当然的和最后的屏障。正如富勒所言，“法治的实质必然是在对公民发生作用时，政府应踏实地运用曾公布是应由公民遵守并决定其权利和义务的规则，如果不是指这个意思，那就什么意思也没有”。① 而假如社会公众普遍把寻求法律途径的公力救济作为限制权力和保护权利的方式，进而抛弃传统伦理中厌讼、息讼和不争讼状态以及非法的私力救济方式，则社会必然在法律的规制及保护下形成安定有序的状态。

六、执行公正是保障人与自然和谐相处的积极因素

和谐社会是人与自然和谐相处的社会。社会主义和谐社会包括人与自然的和谐及人与人的和谐，两者之中，人与自然的和谐相处又是促进人与人和谐相处的基础，因为人的生存与发展都离不开自然环境，离不开环境保护和环境利益的平衡。正如有学者指出：如果人与自然始终处于紧张和对立的状态，人类将要用极大的精力、智力和时间去应对自己生存条件的改善，哪还有多余的能力和资力去实现人类社会的发展？这还是往有利的方面去想，如果再往坏处想，由于人类自身无节制的开发、利用，破坏了自然环境和生态平衡，极可能甚至必然地会造成生态灾难。人类真的走到了那一步，人类自身的生存都难以为继，更别奢谈人类社会的和谐发展了。②

人与自然和谐相处的主要内容包括生态建设、落后工艺技术和生产能力淘汰、加快科技创新、加强污染防治和资源节约等工作，是一个涵盖科学发展观、环境民主、环境法治、环境公平、环境正义、环境道德、环境秩序、环境文化和公民环境权益等建设资源节约型、环境友好型社会和平衡环境利益所需的现代环境管理和环境

① 转引自王利明：《司法改革研究》，法律出版社 2001 年版，第 22 页。

② 参见陈云生：《和谐宪政》，中国法制出版社 2006 年版，第 204 页。

法治理念。① 环境保护、维护生态利益平衡，是决定宏观经济和社会建设决策过程的首要因素，有关经济社会发展的重大决策和重大举措，都要首先、充分考虑到环境因素。② 对重大开发、生产力布局、资源配置进行更为合理的战略安排，变过度开发为适度开发，变无序开发为有序开发，变短期开发为持久开发。环境因素不仅深刻影响国家经济抵御未来风险的潜在能力，而且通过各种国际绿色标准、资质、标志，日益延伸到国际贸易、国际投资乃至国际政治诸多领域。环境保护的具体实施，是建立在切实加强环境质量责任、实行严格的环保绩效考核、环境执法责任制和责任追究制基础之上的。这些制度既涉及行政执法的问题，也涉及司法的问题。换言之，人与自然和谐相处的具体行动必须在法治的轨道上进行，即必须在环境立法的体系和内容、环境执法的体制和机制、环境司法的体制和机制、环境守法和主动护法、环境保护的权力、行政、政党、司法和社会监督方面的体制安排、制度确立和机制设计等“环境法治的诸环节”③ 上花工夫、下气力。

当前，我国的环境纠纷呈现高涨的趋势，究其原因，一方面是我国的环境状况在不断恶化，另一方面是我国民众的环保意识和法治意识不断提高，故而在经济突飞猛进的同时，由于政府的土地使用规划不当、突发性的污染物排放事故、长期的污染事件、私人之间利用环境资源的冲突以及向自然界索取无度等，虽然在环保部门的大力整治下，重、特大环境事故有所减少，但环境污染仍不断加剧，环境纠纷与日俱增。④ 而强制执行权在处理环境纠纷的过程中正可发挥重要作用。强制执行权在具体运行过程中，通过环保案件

---

① 参见常纪文：《和谐社会与绿色法治》，载李林主编：《依法治国与和谐社会建设》，中国法制出版社 2007 年版，第 421 页。

② 参见《构建社会主义和谐社会学习问答》，新华出版社 2006 年版，第 57～58 页。

③ 参见常纪文：《和谐社会与绿色法治》，载李林主编：《依法治国与和谐社会建设》，中国法制出版社 2007 年版，第 422 页。

④ 参见齐树洁：《我国环境纠纷解决机制之重构》，载何兵主编：《和谐社会与纠纷解决机制》，北京大学出版社 2007 年版，第 251 页。

的及时办理，依法维护保护环境的原则、制度和机制，并通过对环保执法经验的总结，提出进一步完善环境立法的建议。因而，无论对于规范环境执法，打击地方保护主义，还是遏制环境领域的消极腐败现象，均具有不可忽视的作用。概言之，司法公正、执行公正，有利于从源头上消除影响人与自然和谐相处的负面因素，从而促进人与环境的和谐。

第四节 对强制执行权设置制度的剖析

民主法治、公平正义既是社会主义和谐社会的重要内容，也是强制执行权设置及运行的基本理念。由于价值理念之间无法进行必要对话，而需通过制度的设计实现其目标。按照民主法治和公平正义的基本要求，建立了强制执行权运行的一系列制度，这些制度对保障国家司法权力的顺利运行，构建社会主义和谐社会发挥了积极作用。然而，对照民主法治和公平正义的本质要求，现行制度仍然存在诸多弊端。

一、执行协商制度充斥着职权主义和违背协商主体意愿的情形

执行协商制度本意是通过协商主体之间的言辞对话与交流以及智力与实力的博弈达成一种合意或妥协，体现平等自愿原则。它不仅符合中国传统的“和文化”，也是法律上的和谐不可或缺的重要内容。① 无论是执行和解制度、消极协商制度还是执行听证制度，只要充分尊重主体的协商民主权利，其结果必然是既增加了主体的选择机会，又使当事人及社会公众满意程度上升，因为它在保障主体对执行过程积极参与的同时，也保障了执行结果更加符合社会公众的期待。

但是，现行执行协商制度大都建立在国家执行权力行使者积极介入与主导之下，不可避免地带有较为浓厚的职权主义色彩，平

---

① 有学者认为法律上的和谐分为立法和谐、司法和谐和执行和谐。参见马明亮：《协商性司法》，法律出版社 2007 年版，第 321～322 页。

等、自愿的原则并未得到有效保护，从而使民主协商的效果大打折扣。

第一，协商主体的平等地位及意思自治不能得到保障。在执行程序中，出于实现生效法律文书确定的权利义务内容之需要，各种主体如执行法官、书记员、申请执行人、被执行人、执行担保人、第三人等，都是具有非常确定的身份及相应权责的主体，他们由于权力、义务、责任的不同而在执行权力运行过程中实际上处于不尽平等或对等的地位。然而，执行协商的运行模式却始终体现着一种现代的契约精神，即通过平等主体之间真实自愿的意思表示达成合意以达至纠纷的解决。这就要求主体须有意思自治的独立性和自主性，并最大限度地降低主体在诉讼程序中的“身份”对其个性及自主性的压制。在司法实践中，协商能力或地位居优的一方常常利用自身的地位或能力优势，迫使另一方在并非完全自愿的情形下进行协商并达成协议，特别是一些执行机关直接介入当事人之间的协商把执行机关结案的压力变成压抑协商主体自主意愿的不当因素，搞“强制和解”、“强制听证”等。更有甚者，一些主管机关以建设和谐社会为借口，把执行和解结案率作为考评执行工作优劣的一项硬性指标，逼迫法官违逆协商主体意愿进行所谓“和解”，极大地损害了当事人的合法权益。

第二，诚实信用的协商环境得不到保障。当事人意思自治和地位平等是协商的核心内容，而诚实信用则是保障协商结果得以落实的必然要求。协商的本质是通过主体的平等对话与交涉以达到解决争议或纠纷的双赢效果，并期望通过主体之间对协议内容的诚实履行实现争议的最终化解，否则，协商就失去了存在的价值和意义。然而，在司法实践中，一些主体根本缺乏诚信的品质，尤其是被执行人通常把协商作为拖延、逃避执行的手段或规避执行机关采取强制措施的权宜之计，恶意磋商，对通过协商达成的协议完全不履行或大部分不履行，致使债权人反复受到不良协商的伤害。还有一些当事人不当利用自身地位或能力优势，对另一方当事人采取胁迫、欺诈手段，利用协商谋取不正当利益并损害对方当事人合法权益。例如，有的被执行人以困难企业职工相要挟，胁迫作为债权人的国有银行接受不合理偿债协议；有的债权人在被执行人履行协议后不兑现协议承诺，等等。这些违背诚信原则的行为严重损害了司法的权威和公信力。然而，现行制度却缺乏对违背诚信原则的反制设计，不能不说是一个重大失误。

二、司法执行权地方化，人民法院司法独立地位得不到完全保障

司法独立是人民法院公正行使强制执行权的前提和基础。前已述及，我国宪法虽然明文规定人民法院审理案件不受行政机关、社会团体和个人的干涉，但在实践中由于缺乏制度的支撑，使人民法院依法行使强制执行权的独立地位得不到完全保障。

第一，司法权力相对于行政权力显得过于弱势，常屈从于行政权力，不能起到制约行政权力的作用。我国受数千年来强势行政的影响，司法权与行政权做到形式上的平等都比较困难，更不用说实质上的制约与抗衡了。在这种情况下，缺少了司法权的制约，行政权的恣意与专横更加明显，成为一种压倒性力量，在这种环境下，要做到独立行使执行权或司法独立困难重重。

第二，法院的人、财、物权力受制于地方行政机关，使司法机关异化为“地方的”司法机关。实践中，由于政府首脑通常又是党的主要领导之一，不仅掌握着法院领导层的推荐与任免建议权，地方政府还掌握着法院人事编制权，导致国家司法权和强制执行权权力行使者的命运牢牢控制在同级政府官员手中，因此，往往只能听命于地方行政机关的决定。而且，更有甚者，法院的财政经济权力也被政府把持着，司法执行人员的工资待遇、奖金福利、办公经费都由同级政府财政掌控，从而使法院与政府之间形成了一种依附与被依附的关系，处处听命于政府而成为政府手中的工具。于是，在现实生活中，一种司空见惯但独特的现象出现了：掌握国家司法执行权力的司法官员为了顾忌自己的前途及利益，听命或服从于外来干预，而把公正司法置于一边。

第三，对人民法院执行人员依法独立行使执行职权鲜有制度保障。由于我国对于人民法院执行法官的任职终身制、调动制、薪俸制等缺乏有机的、制度化的保护，法官要维护执行公平与正义往往要付出沉重的代价。因为对于那些敢于冒犯权势人物、秉公办案的法官，在有关机关随意性较强的免职、撤职、停职、降职、降薪、调动、更换案件承办人和重新分配工作等手段的制约下，法官有时甚至会有丢掉饭碗的危险，更不用说有什么发展了。如此一来，司法执行机关异化为地方保护主义的工具，从而使社会公众对司法这道正义的最后防线失去信心与耐心，进而“损害了人民法院应有的司法权威，影响了党和国家在人民群众中的威信，动摇了人民群众对依法治国、建设社会主义法治国家的信念，而且引发了一些严重的社会问题”。①

三、强制执行对债权人的权利保护较多，对被执行人的人权保护不够

强制执行权是由人民法院代表国家行使的一种国家强制权力，该权力的启动一般是由债权人的申请引起的（特定情况下由一定的国家机关移送启动），且主要针对被执行人的财产采取强制措施，以强制被执行人履行义务，从而实现生效法律文书确定的权利。强制执行的过程是使生效法律文书宣示的权利自应然状态转变为实然状态的过程。由于在执行启动以前当事人之间已经就争议的法律关系进行过诉讼、仲裁或公证等实体处理程序，因而，在强制执行过程中，当事人之间一般不对实体问题再行争议（否则应通过审判监督程序解决），执行机关也不对当事人在诉讼程序中争议的实体问题进行审查。在此情形下，衡量或判断执行公正与否的重要标准，是执行机关如何通过执行程序确保执行依据确认的实体权利或实体公正的实现。实际上，强调最大限度地实现债权人权利的同时，并不排斥对义务主体合法权益的保障，而权利主体与义务主体双方的最佳平衡向来都是各国强制执行制度追求的目标。②

---

① 引自《中共最高人民法院党组关于解决人民法院“执行难”问题的报告》。

② 参见童兆洪：《民事执行权研究》，法律出版社 2004 年版，第 35 页。

从执行立法及执行实践不难看出，执行机关往往注重对债权人的保护，这本无可厚非，毕竟保护了债权人的债权从一定意义上讲也是保护债权人的人权（主要是财产权），只是这种保护不能以损害被执行人的基本人权为代价。例如，一些执行机关开展“假日行动”、“零点行动”以侵犯被执行人住宅权、人身权为代价，把被执行人作为“人质”，滥用司法拘留措施，以求得债权人权利的实现。有的执行机关漠视被执行人生存发展权，不恰当适用自由裁量权，采取“杀鸡取卵”的办法，拍卖处分被执行人正在经营生产的设备、原材料，将原本好端端的企业执行垮，等等。这些通过野蛮执行而实现的债权人权利，或者以牺牲义务主体的人格、基本生活安宁和社会伦理道德等为代价而实现的权利，尽管有权利得到满足的结果，却因损害了被执行人的基本人权而最终有悖于执行公正。因为在保障债权人权利的同时，对被执行人及其他义务主体的基本人权给予法律限度内的保障，不仅是执行公正的应有之义，也是一个国家强制执行制度进步和文明的重要体现。① 我们认为，公正的执行制度所追求的目标始终是对申请执行人等权利主体以及被执行人等义务主体基本人权的平等保护与均衡。

四、执行法官成为一个“低门槛”的大众职业，不利于提高执行公信力

“法官是孤独的智慧者。”② 在法治发达的国家，无不采取“精英法官”的策略，规定极其严苛的任职条件和极其完备的遴选机制，以期把最具品德和才略的法学专家选拔到法官岗位上来，从而使法官成为最优秀的法律职业者所追求的理想。

与西方发达国家完全不同的是，我国所定的是一条“中国特色”的法官之路，法官是一个任职“门槛”很低的大众职业。

第一，法官是“干部”的组成部分之一，“年轻化”是“干

① 参见童兆洪：《民事执行权研究》，法律出版社2004年版，第35页。

② 转引自陈文兴：《司法公正与制度选择》，中国人民公安大学出版社2006年版，第91页。

部”任用的重要条件，但“年轻化”却恰恰违背了法官的职业规律。我国《法官法》虽然早已于1995年颁行，且对法官的任职年龄作出了较《公务员法》更为严格的规定，要求法官的任职年龄不得低于23周岁（公务员最低年龄为18周岁）。我们认为，这只能作为在我国法官队伍先天不足、在任法官学历条件普遍不高情况下的权宜之计，而不能作为一条长期坚持的策略。特别是不能把“年轻化”作为衡量法官队伍的一项指标，恰恰相反，由于法官是一项十分注重经验和阅历的职业，在满足较高专业条件的基础上，经验才应成为法官任职的重要条件。

第二，法官的学历层次要求太低。现行《法官法》经过2001年第九届全国人大常委会第二十二次会议修正，将法官任职的最低学历由原来的大学专科提高到大学本科，这仍然是不能满足法官职业要求的。一是未能坚持把高等院校法律专业毕业作为一项硬指标，而是把高等院校非法律专业毕业具有法律知识也纳入法官候备人选中，这无疑是对高等院校法律专业教育的一种否定，因为未经系统的法律专业训练而要具备法律从业素质是不太现实的。二是上述学历层次要求未穷尽法官的全部任职资格。对于人民法院院级领导及原已担任法官职务的，并未作出硬性达标的规定。三是未将学历限定在全日制高等院校毕业。考虑到我国广泛普及的非全日制高等教育体系，公民通过自学、业余大学、函授、电大、地方党校、成人高考等方式取得大学以上学历已是较为容易的事情，在一些经济发达城市或高等院校集中的城市，取得非全日制院校一纸文凭并非难事。此外，在把法官作为“干部”对待的情况下，国家出于政治需要，长期把安置军队转业干部进法院作为一项政治任务，使军转干部占用了法院大量编制员额，结果导致全日制院校法律专业毕业生不能从事国家最需要的司法工作，而未经正规专业训练的人员却源源不断补充进法院，不仅造成高校教育资源的极大浪费，也使得法官素质迟迟得不到改善。

第三，法官职业未能与从事的岗位紧密挂钩。法官是专司审判或执行的法律职业者，这本是一个浅显的道理。然而，在法院内部，不在审判或执行岗位从业甚至一天都未办理过案件的人担任法官的现象大量存在。一些地方甚至把“法官”职业作为一种福利待遇，把法院里从事后勤综合服务的人员如档案管理员、政工干部、党务工作者、办公文秘、司法鉴定人员、后勤工作人员也任命为法官，出现了一些打字法官、司机法官、炊事法官甚至烧锅炉的法官等奇特现象。个别地方还出现了“三盲院长”、“舞女法官”等极端现象。

第四，法官选任机制不健全。一是对现行法官的任用渠道不统一，有的是同级权力机关选任，有的是本院任命，很难用同一标准要求和把握。二是法官任职期限不一。法院院长一般有明确的任期，副院长任职达一定年限，一般也按“领导干部”要求进行轮岗交流，其他法官则一般未规定任职期限。三是缺乏固定化具有普遍公信力的法官遴选机构。而现有法官任职前的选拔机构一般是临时的，加上对法官的考核流于一般形式，多注重看材料，少重视实际业务能力考核，加上社会公众缺少监督及参与选拔法官的有效途径，导致一些根本不具备法官基本素质的人混进法官队伍，而一些优秀的人才不能被选调到法官岗位上来。

第五，法官队伍过于臃肿庞大，工作效率低下。由于法官任职门槛低，把关不严，与西方国家“精英”法官人数相比，我国法官队伍人数极为庞大。以20世纪90年代末的法官人数为例，1998年底我国法院在编人数达28万余人，其中法官21万余人，而同一时期英国1997年的法官为964名，美国联邦法官1999年为830名，澳大利亚共有889名法官，法国为7144名法官，日本约有2300名法官。① 不仅如此，西方发达国家都是呈法官人数少、辅助人员人数较多的金字塔式结构，法官是处于金字塔顶的法律职业精英，享有受人尊崇的地位和丰厚的待遇。而我国情况则恰好相反。

法官选任机制的上述缺陷，导致我国法官的队伍成为一个素质低、待遇差的大众化职业，使法官对其职业缺乏荣誉感，对待遇缺乏自豪感。特别是实现国家统一司法考试之后，不仅那些才拿到律

---

① 参见陈文兴：《司法公正与制度选择》，中国人民公安大学出版社2006年版，第128～130页。

师执业资格的人不愿意进法院工作，甚至一些法院在编人员在取得司法资格后也离开了法院走向律师工作岗位。法官职业对优秀人才缺乏吸引力，阻碍了法官精英化建设之路，严重制约了司法公正和执行公正的实现。

五、程序公正的价值理念得不到应有尊重

法谚云：正义不仅应当实现，而且应当以看得见的方式实现（Justice must not only be done but be seen to be done）。这便是程序公正的独立价值所在。尽管对法定程序的遵守并不等同于程序公正的实现，但只有在法定程序得到严格遵守的前提下，程序公正才有实现的可能。① 正当的执行程序对于限制执行人员履行职责的随意性、防止执行权力滥用、补救权利、化解矛盾、缓和冲突、提高执行公信力都具有十分重要的作用。“只有通过一定的公正合理的程序所实现的效益，才是具有正义性的效益，否则就是‘不法的权益’……在效益和社会正义之间的序列中，应当坚持社会正义优先原则。只有得到社会正义原则确认的效益，才具有合法性和合理性。”②

然而，现行制度过分注重对债权人债权实现的结果而轻视实现的过程，即以执行结果作为主要标准，个别地方甚至把案件标的额到位情况作为评判执行工作的惟一标准，还不恰当地比方说“黑猫白猫抓到老鼠就是好猫”，造成对执行公正评价尺度的偏离。从执行权运行的结果看，实现了标的所有权从一个主体（被执行人或担保人）向另一个主体（债权人或权利承受人）的转移，与民事主体商业行为中标的所有权转移的确有些类似。然而，两者的根本区别在于，执行权的运行必须遵循正当的程序，防止权力滥用和恣意行为。由于在执行案件公正性的评价标准方面存在片面认识，为了片面追求执行标的的高到位率，有的已经到了不择手段的地

① 参见童兆洪：《民事执行权研究》，法律出版社 2004 年版，第 36 页。

② 参见高执办：《“执行难”新议》，载《强制执行指导与参考》2002 年第 1 卷，法律出版社 2002 年版，第 359 页。

步：一些执行机关和人员无视正当程序，超标的查封、扣押、冻结被执行财产；有的擅自变更对到期债权的执行程序，对第三人财产滥施强制措施；有的未查明财产权属便对案外人财产予以强制执行；有的对执行异议采取不理不睬的态度；有的超越职权范围，以执代审。这些行为虽然从执行个案结果上看，实现了某一件案件或某几件案件的债权人权利，但其代价却是损害了保障执行公正的正当法律程序，助长了执行机关和执行人员的专断与恣意行为，损害了社会公众对执行权力运行的公正期待，从执行工作的大局而言，其结果是负面的。需要强调的是，从权力的特征及其运行一般规律来看，指望通过权力主体的自律来保障权力的公正行使往往是不切实际的，权力的公正行使需要程序和制度的约束，建立在对程序规则加以排斥基础上的正义是不可靠的，最终只会反过来损害正义本身。因此，有人认为，对于程序的正当价值而言，执行中严格地穷尽正当程序，即使执结率很低，也无人会指责执行法官；否则，违反正当程序，即使执行率达 90%，也会受到社会指责。①

① 参见《“执行难”新议》，载最高人民法院执行工作办公室编：《强制执行指导与参考》2002 年第 1 卷，法律出版社 2002 年版，第 359 ~ 360 页。

第三章 强制执行权基本要素与和谐社会目的契合

强制执行权运行的目的就是以国家强制力为后盾保障国家强制执行行为的顺利进行，并在维护执行当事人之间理性合法的债权债务关系基础上，保证作为国家司法机关的人民法院依法行使职权，进而维护法律的统一尊严以及司法的权威。强制执行权运行过程实际上是其基本要素相互协调、相互作用的过程。不可否认的是，由于执行机关固有的优势，强制执行行为在强制执行权运行过程中居于核心地位。强制执行权基本要素的运行，一方面通过债权的实现，鼓励新兴社会阶层依法成长及发展；另一方面则通过对债务人基本人权的保护为社会的底层人群提供保障，而使社会不致超越法律的基本框架。这些都与和谐社会的现实目的相契合。

胡锦涛同志在党的十七大报告中明确指出“科学发展观，第一要义是发展，核心是以人为本，基本要求是全面协调可持续，根本方法是统筹兼顾……必须坚持以人为本。全心全意为人民服务是党的根本宗旨，党的一切奋斗和工作都是为了造福人民。要始终把实现好、维护好、发展好最广大人民的根本利益作为党和国家一切工作的出发点和落脚点，尊重人民主体地位，发挥人民首创精神，保障人民各项权益，走共同富裕道路，促进人的全面发展，做到发展为了人民、发展依靠人民、发展成果由人民共享”。① 强制执行权正是通过构成该权力的各基本要素的协调运行达到执行和谐，进而在执行程序中实现“以人为本”的精神。人民作为一个整体，

---

① 胡锦涛：《高举中国特色社会主义伟大旗帜，为全面夺取建设小康社会新胜利而奋斗》，载《中国共产党第十七次全国代表大会文件汇编》，人民出版社2007年版，第14～15页。

是强制执行权权力的本源性主体，而当事人等作为个体的人民又具体参与强制执行权的运行过程。强制执行权客体关涉主体权利及其人文关怀的具体实现。由于强制执行权具有确定性、命令性、主动性和强制性的特点，因而执行机关及其工作人员的执行行为在全部执行权要素中居于核心地位，公正的执行行为是执行程序中保障人民权益的关键环节。总之，强制执行权的基本要素都关涉人民通过诉讼等法律程序确定的权利能否得到实现，是实现好、维护好、发展好人民根本利益在执行工作领域的具体检视标准。实现和谐社会在司法领域的目标，也同样是强制执行权基本要素运行的目标，是两者在执行环节上目的的契合一致。

第一节　强制执行权基本要素概述

执行和谐是司法和谐不可或缺的重要组成部分。执行和谐是强制执行权基本要素的协调运行。任何一项权力都必须由一定的要素构成并通过这些要素在社会法律生活中发生作用。强制执行权亦不例外。强制执行权作为一项重要国家权力，必须具备行使及参与的主体、作用的对象和运行的过程等方面。这是该权力构成的三个方面基本要素，其中前两个方面要素是静态的，后一种要素则是动态的。笔者分别将这三种要素归纳为强制执行权主体、强制执行权客体和执行行为。

一、强制执行权主体相关概念

强制执行权主体有广义和狭义之分，广义的强制执行权主体是指强制执行权的行使者、参加者及参与者。执行权的行使者包括执行法院及其执行工作人员；执行权的参加者包括当事人（申请执行人、被执行人）及其代理人；执行权的参与者则包括当事人及其代理人以外的其他主体如第三人、（有利害关系的）案外人、协助执行义务人等。而狭义的强制执行权主体则仅指该权力的行使者及参加者，不包括参与者。关于权力行使者应划入主体范围应该是没有争议的，但对于参加者及参与者是否应界定为权力主体的问题，有学者不同意将其划入主体范围，而将其作为强制执行权主体的相关主体。① 专门研究国家权力体系的宪法学家关于司法权主体的论述为我们澄清在这个问题上的模糊认识提供了有力的借鉴和理论支持。例如，有学者将司法权主体划分为本原性主体和执行性主体。②

根据这一理论，强制执行权也应包括本源性主体和执行性主体。具体而言，本源性主体主要包括当事人及其代理人、第三人、（有利害关系的）案外人、协助执行义务人等，亦即执行权参加者和参与者，他们作为个体的人参与强制执行权的具体运行，并且作为群体的人民监督强制执行权的运行。强制执行权的执行性主体则是指执行机关即强制执行权的实际行使者。而执行机关对强制执行权的行使又是通过执行工作人员和执行机构进行的。需要指出的是，在我国理论及实务界，经常将“执行机关”直接表述为“执行法院”。笔者认为，从我国现行强制执行权由人民法院行使的实际看，执行机关就是指执行法院，两者是具有同一性的概念。执行机构则是指执行机关或执行法院负责执行事务的内部组织如执行局、执行庭等。执行机关工作人员行使执行权主要是通过执行组织进行的。执行组织是指执行机关内部为行使执行权力为目的而建立的集体如合议庭等。

二、强制执行权客体相关概念

所谓强制执行权客体，是指强制执行权的作用对象或指向对象。要厘清强制执行权客体这一概念，必须从该权利运行全过程进行分析。从时间上看，强制执行权的运行始丁执行启动，终于执行结案。从强制执行权的结构看，强制执行权包括执行实施权和执行裁决权两个方面。在二元制结构中，强制执行权的运行必须通过执

① 参见童兆洪：《民事执行权研究》，法律出版社 2004 年版，第 178 ~ 182 页。

② 参见汪习根主编：《司法权论》，武汉大学出版社 2006 年版，第 87 ~ 91 页。

行机关的一系列行为表现出来，如执行启动、执行调查、执行措施、执行裁决、执行结案等，它们必然都会指向或作用于一定的对象。例如执行措施主要指向的对象是被执行人应当履行义务范围内的物（含金钱）、行为以及特定意义的人身。执行裁决指向的对象主要是权利，包括被执行人的抗辩权、案外人的异议权等。

通过以上分析，可以归纳出强制执行权客体大致包括以下四种类型：

1. 物（包括金钱）。这是最常见的客体，强制执行权大部分作用对象为被执行人应当履行义务范围的物及金钱，或执行担保人的担保物及担保范围的物和金钱。我国现行法律对此多有规定。例如，《民事诉讼法》第218条规定，“被执行人未按执行通知履行法律文书确定的义务，人民法院有权向银行、信用合作社和其他有储蓄业务的单位查询被执行人的存款情况，有权冻结、划拨被执行人的存款，但查询、冻结、划拨不得超出被执行人应当履行义务的范围”。依照该规定，强制执行权的指向对象是被执行人的存款。

2. 行为。即强制执行权的作用对象是被执行人的行为。例如：《民事诉讼法》第228条规定，“对判决、裁定和其他法律文书指定的行为，被执行人未按执行通知履行的，人民法院可以强制执行或者委托有关单位或者其他人完成，费用由被执行人承担”。可见，强制被执行人完成一定的行为亦在法律规定的作用对象之列。

3. 特殊情形下的人身。一是在被执行人或其他执行案件参与人出现《民事诉讼法》第101条、第102条、第103条规定妨碍执行的情形时，可以依法对该被执行人（含主要负责人、直接责任人）人身采取拘传、拘留措施。二是依照最高人民法院《关于适用〈中华人民共和国民事诉讼法〉若干问题的意见》第287条的规定，对被执行人的人身进行搜查。此外，在以未成年子女抚养权为执行内容的案件中，若以抱取未成年子女即可简化结束执行程序而又不会产生不利结果时，完全不必拘泥于“对人执行”而放弃执行时机。当然，我们认为，将人身作为强制执行权客体应当慎之又慎，严格适用案件，以保护被执行人的基本人权不受侵犯。

4. 权利。这主要是针对执行裁决而言。在执行权运行过程中，总会遇到需要对争议的事项进行审查并作出裁决的情形。例如，被执行人提出不予执行仲裁裁决的申请，案外人对执行标的提出所有权的异议，申请执行人提出变更或追加被执行主体的申请，等等，执行机关均要对提出的事项进行审查并裁决。此时，强制执行权总是以一定的权利为指向对象的。如，不予执行的指向对象是债务人对强制执行的豁免权，案外人异议是对执行标的的所有权，被执行主体的变更和追加则是申请执行人的债权清偿权。可见，权利亦可成为强制执行权的客体。

三、执行行为的特征

强制执行权的行使过程或强制执行权运行的过程，主要是通过执行机关的执行行为进行的，即执行机关从执行启动到执行结案过程中的一系列行为。自执行启动到结案的期间内，执行参加人和执行参与人在执行机关的主导下，以实现生效法律文书确定的权利为目的，遵从与配合执行机关施行的各种执行行为。在传统的执行理论中，强制执行权的运行过程主要是对被执行人的财产采取查询、查封、扣押、冻结、评估、拍卖、变卖等执行措施，以及对妨碍执行的被执行人等采取拘传、拘留、罚款等强制措施，这些都是强制执行权最典型和最基本的运行形式。随着执行理论的发展，学者把强制执行权的内容作了执行实施权和执行裁决权的分类。① 这些行为都被归于执行实施权范围。在现代社会中，随着程序性审判权的扩充，一个直接的结果就是执行程序中裁决权的扩大。而执行裁决权的范围几乎覆盖了从执行启动到执行结案的各个环节。例如，对申请执行人的立案申请作出予以立案或不予立案的决定，对生效法律文书作出中止执行或终结执行的裁定等。因此，执行机关的执行行为从总体上可以划分为执行实施行为和执行裁决行为。对强制执

---

① 参见《论执行机构内部的分权与制约》，载最高人民法院执行工作办公室编：《强制执行指导与参考》2002 年第 1 辑，法律出版社 2002 年版，第 374 页。原文为“执行实施权与执行裁判权”，笔者认为，执行机关并无作出判决的权力，故使用执行裁决权似更为准确。

行权从执行启动到执行结案运行过程的各个环节进行研究，可以有效探索执行机关职能行为的公正与效率程度，而这又是构建和谐社会的重要标准。

执行机关的执行行为是依据生效法律文书以强制被执行人履行义务为目的的，不仅涉及当事人的私权利能否得到实现，而且关乎国家的司法权威。执行行为必须具备如下特征：第一，符合法律规定。包括两层含义，一是执行机关的行为必须具有法律依据，不得超越法律规定行使职权，否则视为违法；二是必须依照法律规定的程序行使权力，不得违反法律规定的各项执行程序，否则应就违法行为向当事人或利害关系人承担责任。第二，一经作出即时生效。执行机关在执行程序中作出的各种裁定、决定及其他具体执行行为，一旦到达或送达当事人等对象即发生法律效力，现行法律一般均未赋予当事人上诉的权利。即使极少数特定情形下规定当事人可以申请复议的，在复议机关作出变更决定以前，也不影响执行行为对当事人的拘束力。第三，以强制性为通常表象。执行权被称为强制执行权的一个重要原因，是执行机关的行为一般由当事人强制接受，无需征得当事人尤其是被执行人的同意或认可。执行机关以国家强制力为后盾，运用国家公权力采取各种强制措施迫使被执行人履行义务，被执行人必须容忍或配合，否则即可能面临惩罚性的强制后果。

第二节　强制执行权基本要素各论

一、强制执行权主体

如上节所述，强制执行权主体包括强制执行权的行使者（即执法者）、参加者及参与者三个方面。他们在强制执行权的运行中居于不同的地位，现行法律规范针对各主体的不同特点分别进行了相关制度设计。

（一）执法者地位及执行机构

强制执行权作为一种国家权力，必然通过特定的组织机构行使，这就是强制执行权的权力配置问题。《人民法院组织法》第41条规定，“地方各级人民法院设执行员，办理民事案件判决和裁定的执行事项，办理刑事案件判决和裁定中关于财产部分的执行事项”。最高人民法院《关于人民法院执行工作若干问题的规定（试行）》第1条规定，“人民法院根据需要，依据有关法律的规定，设立执行机构，专门负责执行工作”。这些法律规定不仅明确把强制执行权配置在人民法院，从而使人民法院及人民法院设立的执行员成为依法行使强制执行权的主体，而且成为法律调整下的惟一主体。这些法律规定虽然未能平息关于强制执行权究竟由谁行使的争论，① 但从根本上解决了强制执行权在不同国家机关之间的配置问题。

1. 执法者地位

人民法院及其设立的执行员在行使强制执行权过程中与执行权参加者和参与者的关系如何，处于何种地位？为此，必须从两个方面进行考察。

首先，强制执行权涵盖了执法者与执行权参加者之间的多重法律关系，执行机关始终居于主导及中立地位。关于强制执行权究竟包含哪些方面的关系，学界存在不同认识。② 第一种观点认为，强制执行权是基于执行当事人之间在私法上的权利义务关系而存在的。在执行权运行过程中，执行机关虽然根据申请执行人之申请对被执行人采取强制执行措施，但执行机关在行使该权力过程中始终不与申请执行人或被执行人发生法律上的权利义务关系，其始终居于中立地位。第二种观点认为，强制执行权的启动虽然缘自申请执行人与被执行人之间存在私法上的权利义务关系，但在强制执行权

---

① 近年来我国学术界关于强制执行权的归属争论不绝于耳。大致可以归纳为以下几种：一是主张由人民法院行使。二是主张由行政机关行使，其中有主张应由公安机关行使的；有主张由司法行政机关行使的；也有主张在政府机关专门设立独立的大执行机构，把公安、法院、城管、环卫、海关、税务等所有行政及司法执行权全部纳入。三是主张设立跨地区的专门执行法院，专司强制执行权。

② 参见严军兴、管晓峰主编：《中外民事强制执行制度比较研究》，人民出版社2006年版，第114～115页。

启动之前，该私权关系业经判决等程序予以确认。在强制执行权运行过程中，仅存在申请执行人与执行机关对被执行人采取强制执行措施的执行实施法律关系。第三种观点认为，强制执行权运行既包含申请执行人与执行机关之间的申请执行法律关系和执行机关与被执行人之间的执行干预关系，也包括申请执行人与被执行人之间的执行关系。

针对以上争论，笔者认为，三种观点都存在一定的不足之处。第一种观点完全排除了执行机关及执行当事人在强制执行法的调整下相互之间所发生的法律关系。第二种观点则忽略了执行当事人之间依照生效法律文书或强制执行法形成的关系，例如，申请执行人在被执行人未自动履行义务的情形下，享有依靠执行机关强制被执行人履行义务的权利；被执行人则享有与申请执行人进行和解从而变更生效法律文书确定的债务种类、期限及范围的权利。在上述情形下，执行当事人必然会发生由强制执行法所调整的关系。第三种观点虽然较前两种观点更全面因而更具合理性，然而并未涵盖执行权运行的全部关系，例如，在强制执行权运行中，案外人对执行标的提出执行异议，必须与执行机关及执行当事人发生法律关系；协助执行义务人在履行协助执行义务过程中，因出现违反法定义务的情形而被执行机关追加为被执行主体，亦会与执行机关及执行当事人发生法律关系，等等。因此，在强制执行权的运行过程中不仅存在着申请执行人与执行机关、执行机关与被执行人、申请执行人与被执行人之间的法律关系，而且存在着有利害关系的案外人、第三人、协助执行义务机关等与执行机关以及执行当事人之间的法律关系。在这样众多的法律关系中，执行机关始终居于主导地位，即执行机关依照强制执行法和其他相关法律规定，判断、引导、校正执行当事人等主体的行为并使之在法律规范调整的范围内活动，从而使生效法律文书确定的权利义务得到落实。在这个过程中，执行机关及其工作人员始终且必须居于第三者的中立地位，即执行机关及其工作人员不得与案件执行结果发生利益牵连或其他利害关系。

其次，强制执行权是由执行机关代表国家行使的一种公权力，主要表现为一种单向性强制权力。强制执行权的启动主要是依申请执行人的申请发生的，而对于申请执行人与执行机关之间法律关系的性质归属，学术界同样没有统一的看法。我国台湾地区学者将其概括为以下三种观点:① 第一种观点认为，债权人是强制执行权的实际主体，在法治社会里因国家禁止私力救济，债权人转而寻求公力救济，由于债权人不能自己行使该公权力而委托执行机关代为行使，故债权人与执行机关之间是委托与被委托的关系。第二种观点认为，强制执行权作为国家统治权不可分割的重要组成部分，是一种典型的公权力，该权力的主体只能是国家，国家将该项权力授予执行机关行使，债权人为了实现权利救济，只得请求执行机关代表国家对债务人实施强制措施，此时债权人与执行机关之间是请求与被请求的关系。第三种观点则对前两种观点进行了综合，认为强制执行权是一种公权力，国家是该权力的主体，但国家将该权力让与了债权人，债权人受让后又委托执行机关行使，故债权人与执行机关之间是委任关系。

对于上述观点，我国大陆学者大多赞同第二种观点，认为第一种观点和第三种观点都将强制执行权的主体用“委托”的说法在国家和债权人之间进行连接，然而委托并不存在，既没有委托的形式，也没有委托的事实。并据此认为，强制执行权是国家权力的组成部分，强制执行权的主体只能是国家，债权人享有的只是请求权。② 笔者同意这种观点，在一个法治的国度里，强制执行权作为一种公权力只能由国家行使，债权人不得自行行使之，国家是强制执行权的主体，执行机关则具体代表国家行使这种公权力。并且，如前所述，强制执行权划分为执行实施权和执行裁判权两种权能，除在执行机关行使执行裁决权时当事人等主体的法律地位平等外，执行机关在行使执行实施权时，主要表现为以被执行人的容忍和配合执行机关执行实施权的行使为内容，这是强制执行权性质最为集中的表现。执行实施权所具有的单向性也是从这一意义上展开的，

---

① 参见杨与龄编:《强制执行法论》，台湾三民书局 1997 年版，第 3 页。

② 参见《论执行局设置的理论基础》，载最高人民法院执行工作办公室编:《强制执行指导与参考》2002 年第 2 辑，法律出版社 2002 年版，第 197 页。

这种单向性表现为执行机关单方强制被执行人履行义务，被执行人只有容忍和配合，这种义务不是私法上平等主体之间的关系，而是体现为对执行机关公法上的义务。①

2. 执行机构

"国家只能通过其机关而行为。"② 任何国家权力的行使，通常都是通过一定的载体进行的，强制执行权亦是如此。执行机关及其工作人员代表国家行使强制执行权，须通过专门的载体或职能机构进行，这些专门的载体或职能机构就是指在人民法院专门设立的执行机构。

人民法院设立执行机构，在《民事诉讼法》于2007年修改之前，法律规定并不一致。修改前的《民事诉讼法》第209条规定，"基层人民法院、中级人民法院根据需要，可以设立执行机构"。根据这一法律规定，可以设立执行机构的人民法院仅限于基层法院和中级法院。然而，最高人民法院于1998年颁行的《关于人民法院执行工作若干问题的规定（试行）》第1条即明文规定，"人民法院根据需要，依据有关法律的规定，设立执行机构，专门负责执行工作"。突破了民事诉讼法的上述限定。2007年10月28日第十届全国人大常委会第三十次会议对民事诉讼法进行了修改，修改后的该法第205条规定，"人民法院根据需要可以设立执行机构"，从而使我国四级人民法院均可依照该法律规定设立执行机构。但在20世纪90年代末以前，人民法院设立的执行机构仍然与其他机构被命名为庭一样，称为执行庭。③ 随着理论界对强制执行权性质的论证，强制执行权具有司法权和行政权的双重属性，并在执行工作中有机结合构成复合的、相对独立的、完整的强制执行权，这一理论逐渐为多数学者特别是司法实务界所接受。

从有利于改革的稳步推进和我国目前被执行人现状和经济运行

---

① 参见童兆洪：《民事执行权研究》，法律出版社2004年版，第180页。

② ［奥］凯尔森著：《法与国家的一般理论》，沈宗灵译，中国大百科全书出版社1996年版，第219页。

③ 最高人民法院设立的执行机构称为执行工作办公室。

的实际状况以及执行公正和效率的考量，司法界倾向主张将执行机构设立在人民法院并且考虑到强制执行权的双重属性，执行机构的设置要区别于审判庭的设置。① 该理论进一步认为，执行机构设置为执行庭既不符合强制执行权具有司法权和行政权双重属性，又不适应执行工作统一管理的现实需要。因此，执行机构的设置必须改革，并遵循以下原则：第一，审执分立原则。民事审判权主要是确认当事人的权利义务关系，判断性是其基本属性；强制执行权主要是强制义务人履行义务并确保权利人实现权利，强制性是其基本属性。据此，实现审执分立，使执行机构能集中精力从事执行工作，确保生效法律文书及时执行。第二，权力制约原则。按照强制执行权实行执行实施权与执行裁决权分立并互相制约与监督的设计，改变传统执行权运行机制中执行员权力过度集中的弊端。第三，执行实效原则。按照节约执行成本，优化执行机构的设想，强化上下级法院执行机构之间统一管理，增强执行资源有效利用和执行工作的合力。②

主管执行工作的权威部门还对执行机构的具体设置进行了论证。为了体现执行机构要为行使执行中的司法裁判权服务，因此在执行机构中必须有办理裁决的部门，称为执行庭或执行裁判庭；为了体现执行机构要为行使执行中的行政实施权服务，因此在执行机构中必须有办理具体行为的实施部门，叫执行工作部；执行机构的两个或三个部门合在一起构成完整的执行机构，这个完整的执行机构称为执行局。③ 当然，必须承认，自 20 世纪 90 年代末开始，全国法院执行机构经过一系列改革，大部分已经按照上述理论进行了重新设置，改革后的法院执行机构有的地方叫“执行工作局”，有的叫“执行工作总局（分局）”，有的叫“执行事务局”，但大多数

① 参见《论执行局设置的理论基础》，载最高人民法院执行工作办公室编：《强制执行指导与参考》2002 年第 2 辑，法律出版社 2002 年版，第 200 页。

② 参见童兆洪：《民事执行权研究》，法律出版社 2004 年版，第 184 ~ 185 页。

③ 参见《论执行局设置的理论基础》，载最高人民法院执行工作办公室编：《强制执行指导与参考》2002 年第 2 辑，法律出版社 2002 年版，第 200 ~ 201 页。

法院的执行机构叫“执行局”,① 并在执行局内设执行庭或执行裁判庭（执行裁决庭）、执行处（科）或执行大队（执行组）等机构，分别行使执行裁决权和执行实施权。

（二）强制执行参加人

强制执行参加人是在执行程序中，执行依据确定的实体权利享有者和实体义务的承担者，以及该权利义务的承受者和他们的代理人。其中，执行依据确定的实体权利享有者和实体义务承担者即执行当事人；但执行当事人并不限于执行依据确定的实体权利享有者和实体义务承担者,② 还包括该权利义务的承受者——这是因为执行依据自发生法律效力至执行程序的启动之间有一个法定期间。在《民事诉讼法》于 2007 年修订前，第 220 条规定，申请执行的期限，当事人双方或一方是公民的为 1 年，双方是法人或其他组织的为 6 个月。《民事诉讼法》于 2007 年修订后，已经将申请执行的期限统一规定为 2 年，而不论当事人是公民、法人或其他组织。这就意味着，在上述法定期间内，生效法律文书或执行依据确定的权利义务主体可能发生变化，而使执行依据确定的权利义务由其他主体合法承受，该权利继承者或权利承受者依照法律的规定向人民法院申请执行并被执行机关所认可即取得执行当事人中的申请执行人地位；而执行依据确定的义务承担者在执行机关依法作出变更被执行主体的裁定后，亦即取得执行当事人中的被执行人地位。事实上，现行法律对于此类情形已作出明文规定。最高人民法院《关于人民法院执行工作若干问题的规定（试行）》第 18 条即规定，“申请执行人是生效法律文书确定的权利人或其继承人、权利承受人”。修订后的《民事诉讼法》第 209 条规定，“作为被执行人的公民死亡的，以其遗产偿还债务。作为被执行人的法人或者其他组织终止

① 其实世界各国和地区的执行机构并无统一名称，有的称执行事务局（瑞士），有的称“执行处”（我国台湾），也有的称“执行局”（瑞典等国），但在一国或地区范围内执行机构名称则应当统一。

② 我国理论界一般将执行当事人限定在执行依据确定的实体权利享有者和实体义务承担者。参见谭秋桂：《民事执行原理研究》，中国法制出版社 2001 年版，第 99 页。笔者认为是不完全准确的。

的，由其权利义务承受人履行义务”。两者略有区别的是，生效法律文书确定的权利继承人或权利承受人依法提交继承或承受权利的证明文件后，可以迳行向人民法院申请执行从而取得执行当事人地位，而执行依据确定的义务人的义务承受人取得执行当事人地位则必须由执行机关先行作出裁定。需要指出的是，强制执行权参加人亦不限于执行当事人，还包括当事人的代理人。其中，法定代理人是当然的参加人；而委托代理人在受当事人委托参加强制执行过程中，因委托事项及权限的不同，具有不同的法律地位。一般授权的委托代理人，仅拥有接受执行调查、签收法律文书、为当事人提供法律咨询意见等权限；而特别授权的委托代理人，则享有代为放弃、变更民事权利，代为进行执行和解，代为收取执行款项等权限。尽管如此，特别授权的委托代理人亦不可能完全取代当事人地位，特别是在执行机关对被执行人采取搜查、拘传、拘留、罚款等强制措施时，作为当事人的被执行人仍需自行直接承担该措施的强制力。

对于执行当事人的称谓，各国及地区在立法上不尽相同，事实上理论界对此亦颇多争议，特别是我国大陆立法上将执行当事人界定为“申请执行人”与“被执行人”更广受诟病。大陆研究强制执行问题的一些早期著作主张，应从权利义务的角度将执行当事人分别称为“权利人”和“义务人”，或“执行权利人”和“执行义务人”。① 近年来，许多学者从我国台湾地区将执行当事人分为“债权人”和“债务人”的观点中受到启发，并且借鉴英美法一些国家把判决或裁定确定的债权债务人称为“判决债权人（Judgment creditor）”和“判决债务人（Judgment debtor）”的做法，主张将执行当事人称为“执行债权人（Execution creditor）”和“执行债务人（Execution debtor）”。② 该观点认为，首先，以“债权人”与

① 参见常怡主编：《强制执行的理论与实务》，重庆出版社 1990 年版，第 48 页。

② 参见谭秋桂：《民事执行原理研究》，中国法制出版社 2001 年版，第 100 页。

“债务人”称谓执行当事人最为恰当，反映了执行当事人的本质特点；其次，该称谓不会引起歧义和误解，而其他称谓则有引起歧义、误解以致发生混乱的可能；再次，该称谓最为简明扼要。① 一些学者还进一步认为，将执行当事人称谓为“申请执行人”和“被执行人”过多地考虑了该主体的程序地位，而忽略了其实体地位，导致将申请执行人等同于民事诉讼中的原告，将被执行人等同于民事诉讼中的被告，忽略了他们之间由执行依据确定的实体权利义务关系，使得通过审判获得的执行依据变得毫无意义，并使得执行法官担任了重新进行审体实查和进行程序执行的双重任务，因此对执行当事人的称谓还是以“债权人”和“债务人”为佳。②

笔者认为，上述观点有失偏颇，甚至有夸大其辞之嫌，在现实情形下仍然把执行当事人称为“申请执行人”与“被执行人”较为恰当。理由如下：首先，该称谓不仅准确反映了执行当事人的程序地位，而且反映了执行当事人的本质特点。如前所述，执行当事人并不局限于执行依据确定的“债权人”和“债务人”，还包括债权债务的承受人，它们显然有别于民事诉讼程序中的原告与被告；并且，只有债权人及其权利继承人、权利承受人才有权依法向人民法院申请强制执行，被执行人则是处于被人民法院强制执行地位的债务人及其债务承担人，因此，“申请执行人”和“被执行人”不仅包含了债权人及其权利承受人和债务人及其债务承担人的本质特点，还反映了两者的主动与被动地位，而这种地位显然包含“不对等”的含义。这种“不对等”的含义是其他任何称谓都难以准确表达的。其次，“债权人”和“债务人”的称谓并不能消除歧义与误解。众所周知，债权债务法律关系一经成立，该法律关系的当事人之债权人、债务人地位即告成立。将执行当事人称为“债权人”和“债务人”不仅难以与诉讼前、诉讼中以及诉讼后（执行

---

① 参见谭秋桂：《民事执行原理研究》，中国法制出版社2001年版，第100页。

② 参见严军兴、管晓峰主编：《中外民事强制执行制度比较研究》，人民出版社2006年版，第119页。

前）的“债权人”和“债务人”相区别，更是容易与申请执行人、被执行人的其他“债权人”和“债务人”相混淆。再次，“申请执行人”和“被执行人”不仅昭示了双方地位的不对等，而且为执行机关行使强制权力提供了明确的对象指向。执行机关及执行法官根本无需任何实体审查即可确定被执行的主体对象——被执行人，并依法对该主体对象的财产采取强制措施。最后，该称谓不仅是执行程序中对当事人的特定称谓，相对于“执行债权人”和“执行债务人”等称谓，亦无任何繁琐之处。因此，笔者认为，我国现行立法对执行当事人称谓为“申请执行人”和“被执行人”并无不妥，而要在该问题上论证出所谓正确与错误的想法是不明智的。

（三）强制执行参与人

强制执行参与人是指参与执行程序中享有权利、承担义务除执法者和执行参加人以外的其他主体。主要包括（有利害关系的）案外人、第三人和协助执行义务人。

1. 案外人

案外人是指在强制执行程序中，除执行参加人之外而与执行标的存在法律上利害关系的人。《民事诉讼法》第 204 条规定：“执行过程中，案外人对执行标的提出书面异议的，人民法院应当自收到书面异议之日起 15 日内审查……”从该法律规定以及执行司法实践看，案外人在执行程序启动时并不参与其中，也不享有实体权利或承担实体义务。当执行程序启动以后，对于执行标的提出所有权异议或认为执行标的与其有其他利害关系，并因此认为执行机关的执行行为损害了其合法权益从而参与执行程序之中的公民、法人或其他组织才以法律规定的方式参与执行程序中。案外人介入执行程序的基本途径或方法，是向执行机关提出执行异议。因此，可以这样认为，执行程序中的案外人是一个有特定含义的概念，在执行程序启动之前，该主体与执行依据确定的权利义务并无法律上的关联；执行程序开始后，该主体认为执行标的与其存在法律上的利害关系而实际参与执行程序中，并享有一定的权利（异议成立时对标的物享有所有权等权利）和承担一定的义务（举证的义务）；该主体完全区别于与案件执行标的无任何利害关系的“纯粹案外人”，只是为了与执行当事人、第三人等区别，人们使用了“案外人”这样一个约定俗成的概念。

2. 第三人

第三人是指在执行程序中，因被执行人对其享有到期债权而参与执行程序并享有权利、承担义务的主体。最高人民法院《关于人民法院执行工作若干问题的规定（试行）》第61条至第69条规定了当被执行人不能清偿债务，但对本案以外的第三人享有到期债权时的执行程序。这一法律规定，把当事人、案外人、协助执行义务人具体区分开来。

在执行程序中，成立第三人必须符合以下条件：第一，被执行人不能清偿债务。这是成立第三人在时间顺序方面的条件。由于到期债权的执行涉及被执行人与第三人之间的实体权利义务，为了避免因执行导致不必要的纠纷，法律规定只有在被执行人缺乏清偿债务能力的时候才能执行第三人到期债权。因此，不能放弃对被执行人财产先行执行，迳行执行第三人到期债权。第二，被执行人的债权已届清偿期限。被执行人对第三人的债权必须已到期，即第三人对被执行人负有及时清偿债务的义务，否则也不能执行，因为一旦执行即损害了第三人的合法权益。第三，第三人对该到期债权无异议，即第三人不以明示的方式否认其对被执行人负有清偿到期债权的义务或者其与被执行人之间债权债务关系的存在，而不是否认该第三人的履行能力或其与案件申请执行人之间法律关系的存在。不论第三人以任何方式提出异议，否认其与被执行人之间债权债务关系的存在或否认已届债务的清偿期，执行机关均不得对第三人异议进行审查，更不得强制执行。因为第三人与被执行人之间的到期债权异议是民事主体对执行案件以外的另案实体权利义务之争，必须另行通过其他法律途径解决，执行机关一旦介入该异议审查，就是明显的“以执代审”违法行为。第四，被执行人的债权未经法院判决或仲裁机关裁决。对第三人到期债权进行执行的目的，乃是在不损害第三人对债务合法抗辩权的基础上强制债务人对债权处分权进行移转。一旦将业经法院判决或仲裁机关裁决的债权作为到期债权予以执行，就会导致当事人的申请执行权、执行和解权和法院的执行管辖权及执行实施权发生冲突。最高人民法院于2000年9月22日在《关于石狮德辉开发建设有限公司对江苏省高级人民法院执行异议案的复函》中，认为：江苏省高级人民法院在执行江苏省针棉织品进出口（集团）公司（以下简称针棉公司）诉中国天衡国际贸易合作公司（以下简称天衡公司）四被告合同纠纷一案生效判决的过程中，针棉公司以被执行人石狮市德辉开发建设有限公司（以下简称德辉公司）享有到期债权，且经最高人民法院［1997］民终字第38号民事判决书确认为由向江苏省高级人民法院提出申请，请求执行天衡公司的此笔到期债权。江苏省高级人民法院即依据最高人民法院《关于适用〈中华人民共和国民事诉讼法〉若干问题的意见》第300条（以下简称“第300条”）的规定，向德辉公司发出执行通知书，此后又作出［1998］苏执字第9号民事裁定书裁定德辉公司将应偿还给天衡公司的5 359万元人民币直接支付给针棉公司，并查封了德辉公司部分土地及建筑物。对此，德辉公司向江苏省高级人民法院提出异议并向最高人民法院申诉，请求最高人民法院监督处理。最高人民法院经审查后认为，法院判决的债权不适用“第300条”的规定。“第300条”规定的到期债权是指未经法院判决的债权，如果把经法院判决的债权视为“第300条”规定的到期债权去执行，就会使当事人的申请执行权、执行和解权和法院的执行实施权发生冲突。因此，江苏省高级人民法院依据“第300条”的规定执行德辉公司的财产属于适用法律错误，应当予以纠正。最高人民法院［1997］民终字第38号民事判决书判决德辉公司应返还天衡公司垫资及利息等。由于天衡公司怠于行使该判决书确认的其对德辉公司享有的债权，未向福建省高级人民法院申请执行，损害了债权人针棉公司的利益，故针棉公司可代位向福建省高级人民法院申请执行天衡公司对德辉公司享有的债权。代位申请执行的标的范围以针棉公司对天衡公司的债权为限，并不得超过天衡公司对德辉公司享有的债权数额。代位申请执行的期限与《中华人民共和国民事诉讼法》第219条规定的申请执行期限一致。鉴于针棉公司已在法定的期限内向江苏省高级人民法院提出了执行天衡公司对德辉公司的债权的请求，而且江苏省高级人民法院已采取了执行措施，故该案作为特殊情况可视为针棉公司已在法定期限内提出了代位申请执行的请求。请江苏省高级人民法院将本案有关对德辉公司财产的查封手续移送福建省高级人民法院，由该院依法执行最高人民法院[1997]民终字第38号民事判决书，以偿还天衡公司欠付针棉公司的债务。① 因此，对于已经判决或仲裁裁决确认的债权，当被执行人怠于申请执行而损害本案申请执行人合法权益时，申请执行人可向人民法院代位申请执行；当被执行人在法定期间内已向人民法院申请执行，本案申请执行人则可请求执行机关向被执行人申请执行的人民法院发出协助执行的相关法律文书，协助将已执行的被执行人债权强制扣划以清偿债务。

3. 协助执行义务人

协助执行义务人又称协助执行人、协助执行机关或执行辅助机关，是指在强制执行过程中，被强制执行机关通知参与强制执行程序，协助实施强制执行行为的单位或个人。之所以称该主体为协助执行义务人，是为了突出其在强制执行权运行过程中所处的地位，并非该主体只有义务没有权利。强制执行权的运行过程在很大程度上是一个将国家强制力施加于被执行人或被执行人财产的过程，强制性是其突出特点。而国家强制力的实施仅靠执行机关的力量是难以支撑的，因此，强制执行权常常需要执行机关以外的其他国家机关、有关单位或个人的协助与配合才能顺利运行。从理论上讲，只要执行机关因强制执行需要，向有关机关、单位或个人下达协助执行通知，受通知的该机关、单位或个人均有义务协助执行机关实施强制执行行为。

在司法实践中，经常充当协助执行义务人的大致有以下六类：(1) 协助办理权证登记等手续的国家机关，包括国土资源、房地产、工商、车辆交通管理等行政机关。(2) 协助办理存款查询、冻结、扣划的银行等金融机构，包括有储蓄业务的各商业银行、信用合作社、储蓄所等。(3) 协助完成一定行为的国家机关、单位

---

① 参见高树敏主编：《民事强制执行实用手册》，人民法院出版社2004年版，第215页。

或个人，如协助限制出入境的公安边防机关，协助拆除违章建筑物的城市管理机关，协助交付执行依据确定的特定物的单位或个人，等等。（4）协助办理股票、债券等有价证券查询、冻结、扣划的非银行金融机构，包括证券公司及其营业部等。（5）协助办理被执行人收入、股权或投资权益提取、扣留的单位或个人。（6）协助办理执行标的物保管、评估、鉴定、审计、拍卖、变卖工作的单位或个人。①（7）履行其他协助执行义务的机关、单位或个人，如协助维持执行现场秩序的公安警察、武装警察，协助限制被执行人进行高消费的餐饮、文艺、体育、娱乐机构，协助执行机关在执行现场履行见证义务的单位或个人，等等。

协助执行义务人参与执行程序的方式是依执行机关的通知，协助执行义务人的协助对象是国家强制执行机关，一般并不直接向执行当事人承担义务和享有权利。但在司法实践中，由于协助执行义务人往往与当事人具有这样或那样的联系，例如作为协助执行义务人的商业银行与作为被执行人的自然人或法人之间存在的商业存储关系，为了保住在竞争中的客户资源特别是那些重要客户资源，商业银行可能会出于自身利益需要而向被执行人通风报信等。因此在一定条件下，协助执行义务人在履行协助义务过程中的某些行为也可能导致该协助执行义务人转化为案件被执行人或连带责任人。依照最高人民法院《关于人民法院执行工作若干问题的规定（试行）》第33条、第37条、第44条、第56条的规定，作为协助执行义务人的银行、有关单位或个人，在收到人民法院协助查封、扣押、冻结存款、收入、股权或投资权益的法律文书后，擅自向被执行人支付的，人民法院有权责令协助执行义务人限期追回或在擅自支付的范围内向申请执行人承担责任。在此情形下，一旦经过执行机关依法作出裁定，协助执行义务人即转化为案件被执行人或连带

① 有学者主张将此类协助执行义务人划入受托执行人或代执行人范围。参见常怡主编：《强制执行的理论与实务》，重庆出版社1990年版，第49页。笔者认为，执行机关司法委托行为不同于一般民事委托行为，受托单位或个人的行为仍具有协助执行的性质与特征。

责任人。

二、强制执行权客体

本文对强制执行权客体进行的论述，是建立在强制执行权包括执行实施权和执行裁决权两项权能的基础上。具体而言，执行实施权的客体包括财产、行为和特殊情形下的人身，执行裁决权的客体则是权利。

（一）财产

作为强制执行权客体的“财产”，也有学者称之为“物”。如果对“物”作广义上的理解，应当与“财产”具有相同的含义，主要形式是金钱、物品、股权、投资权益、有价证券、智力成果。依照法律规定，财产成为强制执行权客体必须符合两大条件：

第一，必须是属被执行人所有或受被执行人支配的财产。

我国现行法律规定将执行程序启动的必备条件明确限定为生效法律文书必须具有给付内容。如最高人民法院《关于适用〈中华人民共和国民事诉讼法〉若干问题的意见》第254条和《关于人民法院执行工作若干问题的规定（试行）》第18条分别规定，“强制执行的标的应当是财物或者行为”。“申请执行的法律文书有给付内容。”因此，在执行程序中，人民法院施行执行实施行为的直接目的是为了实现生效法律文书确定的给付内容进而使申请执行人的债权得以满足或实现。与物权是一种对世权不同，债权是一种对人权——一种只能针对债务人或债务承受人为请求的权利。因此，为了避免对被执行人以外的其他主体之财产错误执行，通常成为强制执行权客体的财产必须且只能属被执行人所有或受被执行人支配，主要包括以下三种形式：

一是现时已属被执行人所有的财产，包括执行依据指定的特定财产和执行依据未指定的非特定财产。对于生效法律文书已载明执行财产或财产范围的，则执行依据载明的财产即成为执行的特定财产，完成对该财产的给付则实现了执行的目的。而对于执行依据未载明的非特定财产，判断其现时属被执行人所有的标准，则应依《物权法》的相关规定进行分析。对于属被执行人所有的不动产和飞机、轮船、车辆等特殊动产以及财产权，应当以登记为标准，只要该财产在现时产权登记簿上登记在被执行人名下，则可认定属被执行人所有；而对于属被执行人所有的动产，应当以占有为标准进行判断。一旦执行机关认定某财产现时属被执行人所有，即可依法对该财产采取执行措施。不仅《民事诉讼法》第218条至第223条明确规定了对被执行人财产采取的执行措施，最高人民法院《关于人民法院民事执行中查封、扣押、冻结财产的规定》第2条还进一步细化了这种执行措施，“人民法院可以查封、扣押、冻结被执行人占有的动产、登记在被执行人名下的不动产、特定动产及其他财产权”。同时，最高人民法院《关于人民法院民事执行中拍卖、变卖财产的规定》还详细规定了对已查封、扣押、冻结的被执行人财产采取拍卖、变卖等强制措施的具体程序。在司法实践中，被执行人的上述财产有现金、存款、土地使用权、房产（含厂房等附着物）、产品、原材料、机器设备、交通工具、股票、债券、投资权益、商标权、著作权及专利权中的财产权、金银饰品、邮票字画等收藏品、高档消费品、可变现的权证（如高尔夫俱乐部会员证），等等。

二是被执行人即将取得的财产。包括两种情况：一种是被执行人在未来某一时间即将取得的收入，如被执行人在未来一定期间的工资或劳动报酬，被执行人的承包收入等。《民事诉讼法》第219条规定，“被执行人未按执行通知履行法律文书确定的义务，人民法院有权提取、扣留被执行人应当履行义务部分的收入”。另一种情况是被执行人对第三人享有的到期债权。对于被执行人的到期债权，申请执行人可以通过多种途径行使权利：（1）对于被执行人怠于行使到期债权的，依照《中华人民共和国合同法》第73条行使代位权。（2）对未经法院判决或仲裁机构裁决确认的到期债权，在依法通知第三人履行，而第三人既不提出异议又不履行的情形下，申请执行机关依照最高人民法院《关于适用〈中华人民共和国民事诉讼法〉若干问题的意见》第300条和《关于人民法院执行工作若干问题的规定（试行）》第65条之规定，对该第三人依法强制执行。（3）在被执行人对第三人到期债权已经被法院判决或仲裁机构裁决确认的情形下，被执行人已申请执行的，请求受理被执行人申请的人民法院协助执行；被执行人怠于申请执行的，由申请执行人代位申请执行。

三是暂由案外人占有，实质属被执行人所有的财产。包括三种情况：第一种是因被执行人非法处分而由案外人占有但应依法追回或申请执行人享有撤销权的财产。例如，对于人民法院依法查封、扣押、冻结而交由被执行人保管的财产，被执行人未经执行机关许可而擅自处分因而为案外人占有的财产，应当限期追回；对于被执行人以逃避债务为目的，放弃到期债权，低价或无偿转让自己的财产因而对申请执行人的债权造成损害的，申请执行人亦可依照《中华人民共和国合同法》第 74 条之规定，依法行使撤销权。第二种是被执行人已取得所有权但尚未办理过户因而暂时登记在案外人名下的财产。最高人民法院、国土资源部、建设部 2004 年 2 月 10 日联合下发的《关于依法规范人民法院执行和国土资源房地产管理部门协助执行若干问题的通知》第 8 条规定，对被执行人因继承、判决或强制执行取得，但尚未办理过户登记的土地使用权、房屋，人民法院可以依法查封。该通知第 13 条及第 15 条同时规定，对于符合条件的登记在案外人名下的土地使用权或房产，可以作为被执行人财产进行预查封。第三种是虽然为案外人占有的动产或登记在案外人名下的不动产、特定动产及其他财产，该案外人书面确认财产实际属被执行人所有的，可以依照最高人民法院《关于人民法院民事执行中查封、扣押、冻结财产的规定》第 2 条依法查封、扣押、冻结。

第二，必须是适于执行机关强制执行的被执行人财产。

不适于执行机关采取强制措施的财产不能成强制执行权客体。为了保障被执行人的人权和社会公习良俗，以下两类财产不适于采取强制执行措施：

一类是依性质不适用于强制执行的财产。包括：（1）不融通物，如毒品、赃物、淫秽物品等；（2）专属于被执行人的权利，如生命权、健康权、姓名权、肖像权等；（3）基于公权力或行政权的作用而为的给付，如纳税人应向国家缴纳的税款等;[①]（4）影响社会安定的金融资产，如金融机构在人民银行的存款准备金和备付金，证券机构的股民保证金，人民银行及其分支机构的办公楼、运钞车、营业场所,[②] 商业银行的营业场所、运钞车,[③] 等等。

另一类是法律禁止强制执行的财产。包括实体法禁止执行的财产，外交、国防财产以及专属国家所有的财产。如土地、矿藏、水资源的所有权（只能查封上述标的物的使用权），也包括诉讼法禁止执行的财产。依照最高人民法院有关司法解释的规定，司法实践中下列八类财产不得查封、扣押、冻结：（1）被执行人及其所扶养家属所必需的衣服、家具、炊具、餐具及其他家庭生活必需的物品；（2）被执行人及其所扶养家属所必需的生活费用，当地有最低生活保障标准的，必需的生活费用依照该标准确定；（3）被执行人及其所扶养家属完成义务教育所必需的物品；（4）未公开的发明或者未发表的著作；（5）被执行人及其所扶养家属用于身体缺陷所必需的辅助工具、医疗物品；（6）被执行人所得的勋章及其他荣誉表彰的物品；（7）根据《中华人民共和国缔结条约程序法》，以中华人民共和国、中华人民共和国政府或者中华人民共和国政府部门名义同外国、国际组织缔结的条约、协定和其他具有条约、协定性质的文件中规定免于查封、扣押、冻结的财产；（8）法律或者司法解释规定的其他不得查封、扣押、冻结的财产。

（二）行为

行为是受行为主体意识支配的外在表现与活动，与行为主体有着密切的人身关联性。由于强制执行程序的启动必须满足执行依据

① 参见江伟主编：《民事诉讼法学原理》，中国人民大学出版社 1999 年版，第 814 页。

② 参见《法院执行工作手册》，中国法制出版社 2002 年版，第 385～386 页。

③ 参见最高人民法院《关于人民法院执行工作若干问题的规定（试行）》第 34 条。

具有给付内容这一条件，因此，某一行为若能够通过执行机关的强制执行而满足生效法律文书确定的给付要求，则该行为即可成为强制执行权的客体。反之，某一行为无论执行机关采取何种强制措施，始终无法实现执行依据的给付要求，则该行为不能成为强制执行权客体。

作为强制执行权客体的行为，本应由被执行人按照生效法律文书要求自动完成从而实现给付，在被执行人拒不履行的情况下由执行机关采取强制措施，从而通过被执行人以外的其他主体替代被执行人完成行为。根据替代主体的不同，可以分为两种情况：

一种是由执行机关替代完成的行为。我国《民事诉讼法》第226条规定："强制迁出房屋或者强制退出土地，由院长签发公告，责令被执行人在指定期间履行。被执行人逾期不履行的，由执行员强制执行……强制迁出房屋被搬出的财物，由人民法院派人运至指定处所，交给被执行人。被执行人是公民的，也可以交给他的成年家属。因拒绝接收而造成的损失，由被执行人承担。"最高人民法院《关于人民法院执行工作若干问题的规定（试行）》第60条第1款进一步规定，"被执行人拒不履行生效法律文书中指定的行为的，人民法院可以强制其履行"。由此可见，对于诸如强制腾退房屋或强制迁出土地的行为，在被执行人拒绝腾退或迁出的，执行机关可以以强制方式替代被执行人完成上述行为。

第二种是由第三人代替完成的行为。《民事诉讼法》第228条规定，"对判决、裁定和其他法律文书指定的行为，被执行人未按执行通知履行的，人民法院可以强制执行或者委托有关单位或者其他人完成，费用由被执行人承担"。最高人民法院《关于人民法院执行工作若干问题的规定（试行）》第60条第2款进一步规定，"对于可以替代履行的行为，可以委托有关单位或他人完成，因完成上述行为发生的费用由被执行人承担"。执行机关委托有关单位或个人替代被执行人完成的行为，不是专属于被执行人本人才能完成的行为，被执行人拒不履行时第三人完全能够替代履行，由此产生的费用由被执行人承担，且被执行人还应当依照《民事诉讼法》

第229条之规定，承担迟延履行金。[①] 需要指出的是，在作为强制执行权客体的行为由第三人替代履行时，则会发生由执行机关向被执行人强制执行替代履行所发生的费用以及由被执行人支付迟延履行金的情形，似乎实现了执行客体由行为向财产的转化。实际情况并非如此，判断某一对象是否为执行客体，关键看该对象是否为强制执行权直接指向。在上述情形下，行为一旦实现给付，执行依据确定的义务即已完成，强制执行权指向的对象仍然是行为而非财产，强制执行被执行人相应数额的金钱仅是为了保障执行程序得以顺利进行的一种手段。同样地，在强制执行过程中，被执行人与申请执行人经协商达成以被执行人劳务抵偿债务的协议，则被执行人提供劳务的行为是否构成执行客体呢？答案是否定的，因为此时强制执行权并非指向被执行人的行为，而是指向被执行人的劳动收入或报酬，因此，其客体是财产。

对于与被执行人的身份存在密切联系的不可替代行为，例如要求被执行人完成一部著作或美术作品，或者要求被执行人参加一场文艺演出，或者要求被执行人完成某项设计等，案件的执行完全取决于被执行人是否配合。若被执行人拒不履行，则申请执行的权利即不可能实现，除被执行人外其他任何主体均不能替代完成，多数学者主张此类行为不能成为强制执行权客体。[②] 对于此种情况，法律亦作出了具体规定。最高人民法院《关于适用〈中华人民共和国民事诉讼法〉若干问题的意见》第283条以及《关于人民法院执行工作若干问题的规定（试行）》第60条第3款分别规定，“当事人不履行法律文书确定的行为义务，如果该项行为义务只能由被执行人完成的，人民法院可以依照民事诉讼法第102条第1款第（六）项的规定处理”。“对于只能由被执行人完成的行为，经教育，被执行人仍拒不履行的，人民法院应当按照妨害执行行为的有

---

① 《民事诉讼法》第229条规定，“被执行人未按判决、裁定和其他法律文书指定的期间履行其他义务的，应当支付迟延履行金”。笔者认为，其他义务包括给付行为的义务。

② 参见童兆洪：《民事执行权研究》，法律出版社2004年版，第212页。

关规定处理。”根据《民事诉讼法》第 102 条第 2 款的相关规定，对于拒不执行判决、裁定的，可以采取罚款、拘留等强制措施，情节严重构成犯罪的，依法追究刑事责任。尽管如此，执行机关通过采取强制措施迫使被执行人履行执行依据确定的行为义务，仍然只是一种可能性而非必然性。① 与此同时，由于行为与被执行人具有密切的人身关联性，其他主体无法替代完成，因此，将不可替代行为排除在执行权客体之外的观点是有道理的。

（三）特殊情形下的人身

对于人身是否可以作为强制执行权的客体，学界意见存在较大分歧。有学者认为，执行客体只能是财产或行为，不能以对人身的执行来折抵或代替对财产的执行，而且对人身的执行只能作为一种例外，为促使债务人履行债务而采取，但最终还是要以执行其财产为目的。② 最高人民法院于 1999 年 10 月 15 日就武汉市青山区法院执行刘满枝请求解除其子王斌与赖烟煌、陈月娥等非法收养关系一案的复函中，明确指出不得采取以对申请执行人刘满枝之子王斌人身进行强制执行的方式使王斌回到生母身边。③ 许多学者根据最高人民法院就该案执行的答复意见，认为人身不能成为强制执行权的客体。

然而，也有学者提出不同看法，认为我国台湾地区在两种情况下可以执行人身：一是当执行依据规定债务人交出子女或被诱人的，可以将子女、被诱人取交债权人；二是允许以人的自由权为执行标的，但其方法以拘提、管收及处过怠金为限。并且进一步提出，在我国大陆关于未成年子女案件的执行中，若明确能够执行人身可以简化执行程序，执行人员可以直接将未成年子女抱走或领走交付给申请执行人，从而结束执行程序，无须因顾忌“对人执行”

① 并不能排除被执行人无视执行机关的罚款、拘留乃至移送追究刑事责任等措施，仍然拒不履行义务这一可能性。

② 参见严军兴、管晓峰主编：《中外民事强制执行制度比较研究》，人民出版社 2006 年版，第 26 页，第 166 页。

③ 载最高人民法院执行工作办公室编：《强制执行指导与参考》2002 年第 3 辑，法律出版社 2003 年版，第 232 ~ 233 页，第 240 页。

而无从下手，也可以避免长期说服教育久拖不决或妨碍执行采取强制措施这两种极端、无益的情况。① 对于一方当事人不按照法律文书确定的内容交付未成年子女的，有学者主张向拒不履行义务的被执行人采取罚款、拘留等强制措施，迫使其履行义务；但是在被执行人缺乏经济能力，对其采取间接强制执行措施后，债权人的权利仍不能实现时，在特殊情形下可以采取将未成年子女从被执行人处强行领走或抱走的方式，其理由是：（1）该类案件的未成年人年龄较小，缺乏判断识别力，直接抱走并不违背其意志；（2）直接将子女领走是为了实现法律文书确定的给付内容，随着年龄增长，未成年子女会正确认识；（3）如果不将子女直接领走，会放纵被执行人的违法行为，给权利人造成更大损失；（4）强制抱领既可以及时实现债权人的权利，提高案件的执行效力和质量，又可以避免案件久拖不执带来的负面影响。② 还有学者在强制执行权二分法基础上，把执行实施权划分为执行措施施行权和执行强制措施施行权，并把人身分为人的身体和人的自由，认为人的身体一般不能作为强制执行权客体，但人的自由则可成为执行实施权客体。③

我们认为，与那些将人身绝对排除在强制执行权客体之外的观点相比，主张将特殊情形下的人身纳入强制执行权客体的观点更加贴近执行工作实际，因而也更为可取。在一定的条件下，不仅人的自由包括人的身体、人的信誉均可成为强制执行权的客体。

1. 人的身体

在执行未成年子女案件中，若直接抱领可以立即结束执行程序，在特殊情形下不应当排除该强制方法。更不能因顾忌“对人执行”而放弃执行时机，放纵被执行人的违法行为，人为把一件

① 参见孙加瑞：《中国强制执行制度概论》，中国民主法制出版社 1999 年版，第 164 ~ 165 页。

② 参见董志强供稿：《人身可否强制执行问题请示案》，载最高人民法院执行工作办公室编：《强制执行指导与参考》2002 年第 3 辑，法律出版社 2003 年版，第 238 ~ 239 页。

③ 参见童兆洪：《民事执行权研究》，法律出版社 2004 年版，第 213 ~ 216 页。

简单案件复杂化。只是在执行时需要慎之又慎，避免产生负面后果。同时，执行机关在采取搜查措施时，被执行人的身体可以成为直接强制的对象。《民事诉讼法》第 224 条规定，“被执行人不履行法律文书确定的义务，并隐匿财产的，人民法院有权发出搜查令，对被执行人及其住所或者财产隐匿地进行搜查”。最高人民法院《关于适用〈中华人民共和国民事诉讼法〉若干问题的意见》第 287 条进一步明确规定，“人民法院搜查时……搜查对象是公民的……搜查妇女身体，应由女执行人员进行”。上述法律规定明白无误地将被执行人的身体纳入强制执行行为指向的对象。

2. 人的自由

在被执行人或其他执行参与人达到一定条件时，执行机关可以对上述主体的人身自由采取限制的强制措施。具体包括下列几种情形：(1) 依照《民事诉讼法》第 100 条及最高人民法院《关于人民法院执行工作若干问题的规定（试行）》第 97 条的规定，对必须到人民法院接受询问的被执行人或被执行人的法定代表人或负责人，经合法传唤拒不到场的，人民法院可以拘传；(2) 依照《民事诉讼法》第 101 条、第 102 条、第 103 条及最高人民法院《关于人民法院执行工作若干问题的规定（试行）》第 100 条的规定，对被执行人或被执行人的法定代表人或负责人以及协助执行义务人等具有妨害执行行为的情形，人民法院有权依法对其采取司法拘留措施；(3) 依照《民事诉讼法》第 231 条的规定，人民法院对拒不履行义务的被执行人，可以采取并通知有关单位协助采取限制出境措施。上述关于对被执行人等相关主体采取拘传、拘留、限制出境等强制措施，其指向的对象并非该主体的身体，而是主体的自由。对主体的人身自由加以限制，并非生效法律文书确定的给付内容，而是为了向被执行人等施加一定的执行压力并使其慑于该压力从而自动履行执行依据确定的义务。在此情形下，除非被执行人履行义务，否则无论对其人身自由采取何等种类或程序的强制均不能抵偿或消除其所负的债务。因此，从这种意义上讲，对人的自由的强制是一种手段，是对被执行人的间接强制。

3. 人的信誉

指被执行人的信用与名誉。被执行人的信用与名誉因与被执行人的人身具有密切的关联性，因而也是其人身权的重要组成部分。《民事诉讼法》第231条规定，“被执行人不履行法律文书确定的义务的，人民法院可以对其采取……在征信系统记录，通过媒体公布不履行义务信息以及法律规定的其他措施”。执行机关无论对被执行人采取在征信系统记录或在新闻媒体曝光措施，均会对被执行人的信誉造成负面影响，使社会公众对被执行人产生否定评价，从而降低被执行人的社会信誉度。对被执行人的人格而言，这无疑是一种强制措施，因为在一个法制健全的社会里，一个信誉度低的主体是无法取得公众的信任与认可，从而在市场参与和市场竞争中处于不利地位。

(四) 权利

强制执行权除执行实施权外，还包括执行裁决权，执行机关在法定的职权范围内，有依照法定程序对当事人、利害关系人、案外人提出的执行异议进行审查并作出裁决的权力，同时拥有对执行事项进行审查裁决的权力。从现行法律规定和司法实践看，执行裁决权大致包括三个方面。

1. 执行审查权

依照《民事诉讼法》第202条和第204条之规定，在当事人、利害关系人认为执行行为违反法律规定而提出执行异议或者案外人对执行标的提出书面异议的，执行机关应当依法进行审查并作出裁定；依照《民事诉讼法》第213条和第214条之规定，对作为执行依据的仲裁裁决和公证债权文书不予执行进行审查裁决；依照最高人民法院《关于人民法院执行工作若干问题的规定（试行）》第76条至第83条之规定，审查并裁定变更或追加被执行主体；依照《民事诉讼法》第232条和第233条的规定，对执行依据中止执行或终结执行进行审查裁决；对其他执行事项进行审查裁决，如对多个债权人参与执行分配的审查、共有权或优先权的审查认定、执行标的物承包租赁权的保护，等等。总之，执行审查权是执行机关在行使强制执行权力过程中对有关执行事项进行判断的权力，其主要职能是解决执行案件当事人、利害关系人、案外人之间的相关权利争议，执行审查权直接指向的对象便是当事人等所争议的这些权利。一般而言，这些权利的范围较为广泛，即包括物权中的所有权、担保物权或其他物权如承包经营权、土地使用权，债权如租赁权、买回权、借用权，执行标的物交付权，① 以及足以阻却标的物继续执行的其他相关权利。可见，权利是此类执行裁决权的客体。

2. 执行复议权

此类权力主要是上级执行机关对下级执行机关作出的决定和裁定行使的权力。执行复议权主要包括两个方面：一是依照《民事诉讼法》第 105 条之规定，当事人等对执行机关罚款、拘留决定不服的，可以向上一级人民法院申请复议，由该上级执行机关作出复议决定；二是依照《民事诉讼法》第 202 条之规定，当事人、利害关系人对执行机关针对执行异议作出的裁定不服的，可以向上一级人民法院申请复议，由该上级执行机关作出复议决定。这是民事诉讼法在 2007 年修订时作出的重大调整，不仅扩大了复议主体的范围，而且扩大了申请复议的内容，这对于执行程序中当事人等合法权益的保护无疑具有重要意义。

3. 执行监督权

执行监督权有广义、狭义之分。广义上的监督权包括执行机关外部的其他主体行使的监督权以及执行机关内部体系行使的监督权。执行裁决权中的执行监督权属于狭义监督权的一方面内容，是指上级法院依照最高人民法院《关于人民法院执行工作若干问题的规定（试行）》第 129 条至第 136 条之规定，对下级法院执行工作依法进行监督的权力。不仅涉及下级法院在执行中作出的裁定、决定、通知或具体执行行为的纠正，而且涉及执行案件的指导与协调，还包括对执行责任的追究。不管何种情形，与执行审查权总是指向一定的权利一样，执行复议权与监督权同样也是作用或指向一定的权利，其中主要是当事人等的救济权和申诉控告权。上级执行机关通过对执行复议与监督权力的行使，基本职能在于保护当事人

① 参见黄金龙：《〈关于人民法院执行工作若干问题的规定〉实用解析》，中国法制出版社 2000 年版，第 218 页。

等的救济权利得以实现，从而使强制执行权顺利且公正运行。

特别需要指出的是，构成执行裁决权客体一个非常重要的方面还包括案外人对执行标的享有的权利。从本质上讲，案外人对执行标的提出的异议属于案外人与本案申请执行人或被执行人之间实体权利义务关系之争议，由执行机关对该异议进行裁决，不仅涉及执行机关的职能问题，也涉及当事人的诉权和执行裁决的既判力问题，曾经广受“以执代审”、“剥夺诉权”等诟病。2007 年全国人大常委会对《民事诉讼法》修订后，已经明确赋予案外人、当事人诉讼的权利。该法第 204 条明文规定：“执行过程中，案外人对执行标的提出书面异议的，人民法院应当自收到书面异议之日起 15 日内审查，理由成立的，裁定中止对该标的的执行；理由不成立的，裁定驳回。案外人、当事人对裁定不服，认为原判决、裁定错误的，依照审判监督程序办理；与原判决、裁定无关的，可以自裁定送达之日起 15 日内向人民法院提起诉讼。”这一规定对于纠正执行机关在执行程序中对当事人、案外人之间针对执行标的出现的实体权利义务之争进行审查并作出裁决，不恰当地行使了审判职能并剥夺了当事人、案外人依法享有的起诉权及上诉权的“以执代审”偏差意义十分重大，案外人“异议之诉”亦符合世界立法趋势。①

三、执行行为

前已述及，强制执行权的运行过程是执行机关在执行参加人和执行参与人的参与下，作出一系列执行行为的过程。该过程既复杂又具体，从性质上分析，大致可以把执行行为划分为执行实施行为和执行裁决行为；从阶段上分析，执行行为可分为执行启动行为、执行进行行为、执行结案行为和执行裁决行为，其中执行裁决行为不是独立的阶段，它贯穿在其他三个阶段之中。

---

① 例如德国、瑞士、日本等国以及我国台湾地区的民事诉讼法或强制执行法均规定了案外人对执行标的的“异议之诉”，以暂时性或永久性地阻却执行的相关制度。

（一）执行启动

执行启动行为是执行机关在执行依据确定的权利不能得到自动实现时，基于法定的原因提起强制执行程序的行为，因此，执行启动又称提起执行程序或执行开始。①

《民事诉讼法》第212条规定："发生法律效力的民事判决裁定，当事人必须履行。一方拒绝履行的，对方当事人可以向人民法院申请执行，也可以由审判员移送执行员执行。"根据最高人民法院有关司法解释的规定，② 人民法院受理执行案件一般应当符合下列条件：(1) 申请或移送执行的法律文书已经生效；(2) 申请执行人是生效法律文书确定的权利人或其继承人、权利承受人；(3) 申请执行人在法定期限内提出申请；(4) 申请执行的法律文书有给付内容，且执行标的和被执行人明确；(5) 义务人在生效法律文书确定的期限内未履行义务；(6) 属于申请执行的人民法院管辖。依照上述法律规定，执行机关实施执行启动行为必须符合以下条件：

1. 须有执行依据

强制执行权的核心内容是执行机关依靠国家强制力迫使被执行人履行生效法律文书确定的义务，必须要以生效法律文书作为执行依据。执行依据既是权利人相关权利存在的凭证，又是执行机关采取执行行为的法律根据。没有执行依据，权利人无从申请执行机关启动执行程序以保护自己的私权，执行机关则不得行使强制执行权，更不得采取执行措施。因此，执行依据是使执行机关与当事人等发生联系的惟一纽带。

执行依据是生效法律文书，但并非所有生效法律文书都是执行依据。生效法律文书成为执行依据应当同时满足以下基本条件：第

---

① 参见黄金龙：《〈关于人民法院执行工作若干问题的规定〉实用解析》，中国法制出版社2000年版，第38页，该书使用了"提起执行程序"的术语，而"执行开始"则是一种通俗表述。

② 参见最高人民法院《关于人民法院执行工作若干问题的规定（试行）》第18条之规定。

一，须是公文书且已生效。所谓公文书是指有权机关依照法定权限和程序制作的文书。只有公文书才具有强制执行力，私文书、非有权机关制作的文书以及有权机关制作的非文书均不能成为执行依据。依照法律规定，可以成为执行依据的公文书包括六大类:①（1）人民法院制作的民事、行政判决、裁定、调解书，民事制裁决定、支付令，以及刑事附带民事判决、裁定、调解书；（2）依法应由人民法院执行的行政处罚决定、行政处理决定；（3）我国仲裁机构作出的仲裁裁决和调解书以及人民法院依据《仲裁法》有关规定作出的财产保全和证据保全裁定；（4）公证机关依法赋予强制执行效力的关于追偿债款、物品的债权文书；（5）经人民法院裁定承认其效力的外国法院作出的判决、裁定，以及国外仲裁机构作出的仲裁裁决；（6）法律规定由人民法院执行的其他法律文书。只有上述六类公文书才能成为执行依据。与此同时，公文书还须发生法律效力，只有发生法律效力的文书才能确定当事人之间的权利义务关系，执行机关才能据此强制义务人履行义务；未生效的法律文书因对当事人之间争议的权利义务关系尚未进行最后确认，执行机关无从执行。第二，具有执行力且适于强制执行。执行力是指在一定条件下，权利人可以请求享有强制执行权的国家机关采取强制执行措施，迫使拒不履行生效法律文书确定义务的债务人履行义务的效力。② 具体而言，只有载明债权人与债务人并确定债务人应为特定给付义务的生效公文书才具有执行力，变更或确认某一权利义务关系的公文书则不具有执行力。之所以出现判决的执行力只适用于给付判决，而确认判决及变更判决均无执行力的问题，是因为在确认之诉和变更之诉中作出的确认判决和变更判决，是自我执行的判决（self-enforcing judgment），判决一旦发生法律效力，则判决确定的权利义务关系依生效法律文书自行得到确认或变更，

① 参见最高人民法院《关于人民法院执行工作若干问题的规定（试行）》第2条之规定。

② 参见谭秋桂:《民事执行原理研究》，中国法制出版社2001年版，第162页。

不存在强制执行的问题。① 同时，生效法律文书确定的给付内容还必须适于执行机关采取强制措施迫使债务人履行义务，若生效法律文书在性质上不适于强制执行，也不能成为执行依据。例如，国外一些国家法院判决夫妻履行同居义务即属于此种情形。

2. 债务人未自动履行义务

执行启动的根本原因在于债务人不能自动履行生效法律文书确定的义务，从而使债权人通过法律途径明确的实体权利不能得到及时救济，进而损害了国家法制的统一、尊严、权威。债务人拒不履行生效法律文书确定的义务，表象上侵犯了债权人的合法权利，本质上则是对法律权威的藐视和挑战，反映了债务人对司法权力的对抗。只有在债务人未自动履行义务的情况下执行机关才能强制执行，如果债务人已自动履行生效法律文书确定的义务，执行机关根本无需启动执行程序，否则就会侵犯债务人合法权益。债务人未自动履行债务是指债务人在法定期限内未履行或未完全履行。即债务人在生效法律文书确定的自动履行期限届满时仍然没有完全或完全没有实现生效法律文书确定的给付。

3. 须基于法定的方式启动

从《民事诉讼法》第 212 条的规定可以看出，启动执行程序的法定方式有两种：一种是由当事人申请执行而启动，另一种是由有权机关移送执行而启动。最高人民法院《关于人民法院执行工作若干问题的规定（试行）》第 19 条第 1 款规定，“生效法律文书的执行，一般应当由当事人依法提出申请”。这表明，在上述两种法定启动方式中，当事人申请执行启动是最基本的方式。需要指出的是，申请执行权是一种从属于主债权的从权利，在法律文书生效以后、申请强制执行以前，债权人享有依法转让自己债权的权利。一旦债权合法转让，申请执行权作为债权的一种从权利亦为受让人相应取得。同时，依照现行法律规定，由有权机关移送执行而启动执行程序的包括两种情形：（1）发生法律效力的具有给付赡养费、

① 参见黄金龙：《〈关于人民法院执行工作若干问题的规定〉实用解析》，中国法制出版社 2000 年版，第 48 页。

扶养费、抚育费内容的法律文书，民事制裁决定书；（2）发生法律效力的刑事附带民事判决、裁定、调解书。① 而对于人民法院在审理民事、行政案件中作出的财产保全和先予执行裁定，最高人民法院《关于人民法院执行工作若干问题的规定（试行）》第3条则明确规定由审理案件的审判庭负责执行。

4. 申请或移送的主体适格且在法定期限内提出

无论以何种方式请求人民法院对生效法律文书立案执行，必须是具备法律规定条件的适格主体才能进行。对移送执行而言，现行法律规定要求由“审判员移送执行员执行”。笔者认为应当作如下理解：第一，由负责审理案件的审判庭负责移送执行；第二，代表审判庭办理移送执行事项的人员必须具备审判职称；第三，移送执行前应由审判庭对拟移送的对象进行必要的审查。对于申请执行而言，适格的主体则意味着：第一，申请执行人是生效法律文书确定的权利人或其继承人、权利承受人，除此之外的其他主体无权申请执行；第二，被执行人是生效法律文书确定的负有履行义务的债务人或其债务承受人。

不仅如此，移送或申请执行还必须在法定的期限内提出。《民事诉讼法》于2007年修订之前，将申请执行的期限规定为，双方或一方当事人是公民的为1年，双方是法人或其他组织的为6个月。且未规定时效中止、中断的制度。不仅未能体现对同为民事主体的自然人与法人的平等保护原则，还存在申请期限过短，与实体上的时效制度相矛盾的弊端，招致广泛的批评。修订后的《民事诉讼法》改正了这一不当规定，该法第215条规定：“申请执行的期间为2年。申请执行时效的中止、中断，适用法律有关诉讼时效中止、中断的规定。”从而使申请执行的期限规定趋向合理，并与诉讼时效制度相衔接。

5. 启动执行程序的执行机关对案件有管辖权

执行依据生效后，当债务人未自动履行义务时，适格的主体应

① 参见最高人民法院《关于人民法院执行工作若干问题的规定（试行）》第19条第2款。

当向有管辖权的执行机关申请执行。我国现行法律规定对于执行案件的管辖明确了以下制度：

（1）级别管辖制度。根据《民事诉讼法》第 201 条第 1 款的规定，执行案件由第一审人民法院或者与第一审人民法院同级的被执行人财产所在地人民法院管辖。同时，最高人民法院《关于人民法院执行工作若干问题的规定（试行）》第 10 条至第 14 条对《民事诉讼法》关于执行案件级别管辖的规定进行了补充。规定国内仲裁过程中当事人申请财产保全的，由被执行人住所地或被保全的财产所在地基层法院管辖；对于涉外仲裁的财产保全、专利纠纷案件，国务院各部门，各省、自治区、直辖市人民政府和海关作出的处理决定和处罚决定的执行，则由中级人民法院管辖。

（2）地域管辖制度。《民事诉讼法》第 201 条规定，发生法律效力的民事判决、裁定，以及刑事判决、裁定中的财产部分的执行，除由第一审人民法院管辖外，也可由被执行的财产所在地人民法院管辖；其他法律文书的执行，由被执行人住所地或者被执行的财产所在地人民法院管辖。这一法律规定除了规定地域管辖原则外，还把执行依据的制作主体即执行依据是否为人民法院制作作为划分管辖的基本标准。

（3）特殊管辖制度。根据最高人民法院《关于人民法院执行工作若干问题的规定（试行）》第 15 条至第 17 条的规定，特别管辖制度包括三种情形：第一，两个以上人民法院都有管辖权的，当事人可以向其中一个人民法院申请执行；当事人向两个以上人民法院申请执行的，由最先立案的人民法院管辖。第二，人民法院之间因执行管辖权发生争议的，由双方协商解决；协商不成的，报请双方共同的上级人民法院指定管辖。第三，基层人民法院和中级人民法院管辖的执行案件，因特殊情况需要上级人民法院执行的，可以报请上级人民法院管辖。除了上述规定的三大类执行管辖制度外，《民事诉讼法》第 206 条还规定了委托执行制度，作为执行管辖制度的重要补充。

需要指出的是，依据我国现行法律规定，对于当事人的执行申请，有管辖权的人民法院均要对申请进行审查。审查的内容大致包括两个方面：一是对申请执行人是否具有主体资格以及是否存在生效法律文书，是否属于受申请的执行机关管辖等进行审查，此类审查属于形式上的审查；二是对执行依据的内容即权利人实体法上的权利义务是否成立、权利范围、是否已过执行时效等进行审查，此类审查属于实体审查。只有当受申请的执行机关认为当事人的申请既符合形式要件又符合实质要件时，才予以立案执行从而正式启动强制执行程序。

（二）执行进行

执行程序提起以后，执行机关应当积极履行职权行为，采取各种执行措施，迫使被执行人履行执行依据确定的义务，直至结束执行程序。大致可以分为执行调查、执行措施和执行分配三个方面。

1. 执行调查

执行调查的主要任务是查明被执行人财产状况或被执行人下落，是执行进行的关键环节，对保证执行依据的顺利执行具有重要意义。我国现行法律规定对被执行财产的调查主要通过以下三种途径进行：

（1）被执行人申报。《民事诉讼法》第217条规定："被执行人未按执行通知履行法律文书确定的义务，应当报告当前及收到执行通知之日前1年的财产情况。被执行人拒绝报告或虚假报告的，人民法院可以根据情节轻重对被执行人或者其法定代理人、有关单位的主要负责人或者直接责任人员予以罚款、拘留。"明确将被执行人如实申报财产作为法定义务，并规定了拒绝申报、虚假申报的不利后果。《民事诉讼法》作出的这项新规定对于遏制被执行人隐匿、转移财产、对抗执行具有积极意义。在执行参加人中，对被执行人的财产状况最了解、最熟悉的主体应该是被执行人自己，从证据的角度而言，被执行人是最接近证据的主体，应当承担举证责任。如实申报财产不仅符合诚实信用原则，也是执行机关迅速查明被执行的财产状况的最便捷途径。

（2）执行机关依职权查询。《民事诉讼法》第218条、第219条、第220条分别规定了执行机关依照职权对被执行人存款、收入及应当履行义务部分的财产进行查询的职责。① 强制执行的本质特征之一是债权人的权利得不到实现时寻求国家机关的公力救济，受申请的执行机关有义务利用各种职权行为查询并强制执行被执行人的财产，况且执行机关拥有较当事人更为有效的执行手段和显然的强制力。因此，对被执行人财产情况的调查应当以执行机关职权行为为主。

（3）申请执行人提供。最高人民法院《关于人民法院执行工作若干问题的规定（试行）》第28条规定，“申请执行人应当向人民法院提供其所了解的被执行人的财产状况或线索”。这应当视做“谁主张，谁举证”原则在执行程序中的体现，以避免申请执行人消极坐等或将执行调查的责任全部转移至执行机关的不利局面。当然，申请执行人提供被执行人的财产状况或线索只能视为执行机关依职权调查的一种补充。有学者甚至认为，债权人提供债务人财产状况或财产线索的行为，在性质上，可以视为债权人行使权利的行为，也就是说，提供债务人的财产状况或线索，是债权人的一项权利而不是义务。②

2. 执行措施

执行措施是执行机关依法强制被执行人履行义务，实现申请执行人权益的方法和手段。③ 在执行进行程序中，执行机关必须采取一定的执行措施才能迫使被执行人完成或容忍特定行为或者实现被执行的财产所有权发生移转，进而实现申请执行人的债权。执行机关针对执行依据给付内容的不同，通常采取不同的执行措施。例如对金钱债权通常采取冻结、扣划存款和收入，查封、扣押、冻结、

---

① 其中《民事诉讼法》第220条规定对被执行人应当履行义务部分的财产进行调查时，未直接使用查询一词，而是查封、扣押、冻结。但最高人民法院、国土资源部、建设部《关于依法规范人民法院执行和国土资源房地产管理部门协助执行若干问题的通知》第2条规定，人民法院在查封和实体处分前，应当查询财产权属。因此查封、扣押、冻结已包含查询的前置程序和含义。

② 参见谭秋桂：《民事执行原理研究》，中国法制出版社2001年版，第302页。

③ 参见童兆洪：《民事执行权研究》，法律出版社2004年版，第276页。

拍卖、变卖应当履行义务的财产；对可替代的行为由他人替代完成，费用由被执行人承担；对不可替代的行为则采取拘留、罚款、强制被执行人支付迟延履行金等方式，迫使被执行人履行，等等。不同的执行内容决定执行机关采取的执行措施亦不相同。

根据我国现行法律规定，执行机关经常实施的执行措施大致包括以下几类：（1）执行保全措施。该类措施一般不转移标的物的占有权或使用权，或者不改变所有权，而是限制被申请人对标的物的处分权。典型的措施是查封、扣押、冻结、扣留等。①（2）变价措施。该类措施是以转移已保全的标的物的所有权为代价换取相应价金的处分，并以价金清偿债务。包括拍卖、变卖等措施。（3）交付措施。以强制手段转移标的物的所有权或所有权凭证并交付债权人的措施，如扣划、提取、强制点交、腾退房产、迁出土地等。（4）妨害执行的强制措施。对被执行人等的人身或财产采取一定的限制或处罚的措施，包括拘传、拘留、罚款、搜查等。（5）其他执行措施。例如对被执行人采取限制出境、在征信系统记录。又如在不改变不动产的所有权的前提下，选任第三人对不动产进行管理并以所得收益抵债的执行强制管理措施。②

执行机关针对不同的执行对象选择适用不同的执行措施，一个重要目标是希望选择尽可能恰当的执行方法或手段迅速实现执行依

① 司法实践中对不动产的保全一般称为查封，因不转移标的物，也称就地查封；对动产的保全一般称为扣押，因通常需要转移标的物，又叫异地扣押；对金钱、股权等财产权的查封，使用专门的术语“冻结”，是约定俗成的概念；扣留则专指收入而言。

② 笔者认为，执行强制管理有广义和狭义之分，广义的执行强制管理之对象及于被执行人的不动产、动产以及股权，而狭义的执行强制管理之对象仅及于被执行人的不动产，尤其是房屋不动产。与一般意义上的经济管理相比，执行强制管理具有他权性、主体的特殊性、内容的限定性、期限性、强制性等特点。执行强制管理的适用要件是：第一，强制管理须发生在金钱债权的执行过程中；第二，必须是在被执行人无金钱履行能力，且被执行的财产无法拍卖或变卖时才适用；第三，被执行财产须有产生一定数额收益的可能性。强制管理的适用程序包括：提出申请、选任管理人、下达裁定、清偿债权、撤销管理等方面。参见拙文：《执行强制管理的法律问题》，载《人民司法》2001年第12期。

据确定的给付。据此，有学者将执行措施的特征概括为法定性、多样性、单向性、强制性和程序性，① 执行机关采取执行措施是否科学合理，将直接影响执行行为的效果。

3. 执行分配

从广义上讲，在债务人为同一人的情况下，只要债权人超过两个，就可能发生执行分配的问题。但是，本文所指的执行分配具有特定的含义，它是指依照最高人民法院《关于人民法院执行工作若干问题的规定（试行）》第88条至第96条的规定，被执行人为公民、法人或其他组织，其全部或主要财产已被一个人民法院因执行确定金钱给付的生效法律文书而查封、扣押或冻结时，已取得执行依据的多个债权人在采取执行措施的执行机关主持下，按照法定原则公平清偿债权的一种制度。

参与分配是一个十分复杂的问题，依照我国现行法律规定，应当把握以下原则：（1）被执行人为法人的，多份执行依据确定的债权均为金钱债权且无担保的，资不抵债的，可以申请破产；破产足以清偿的，按采取执行措施的先后顺序清偿；财产不足又不破产的，按债权比例分配。对于同一份执行依据确定的债权，种类均为金钱债权的，按比例清偿；种类不同的，按生存权、优先权、担保物权、普通债权的顺序清偿。（2）被执行人为公民或其他组织的，执行依据确定的债权种类不同的，按生存权、优先权、担保物权、普通债权的顺序受偿；债权种类相同的，有担保的债权优先；债权种类相同且无担保权的，财产足以清偿的，按采取执行措施的先后顺序受偿，财产不足的按比例分配。

执行分配直接涉及对已执行到位的财产在申请执行人和其他债权人之间进行处分，在保障债权人合法权益的同时，还应当注意对被执行人的人权进行保护。对于被执行人为企业法人或其他组织，其主要财产或全部财产因执行而被查封、扣押、冻结的，假如涉及被执行人职工的劳动报酬、社会保险费用尚未支付的，尤其是作为

① 参见谭秋桂：《民事执行原理研究》，中国法制出版社2001年版，第219页。

被执行人的企业法人资不抵债而又未启动破产程序的，因上述劳动报酬、社会保险等费用关乎职工的生存权这一基本人权，尽管现行法律尚未明确规定这些费用的清偿顺序，生存权优于物权或债权的原则应与和谐的执行理念相契合。因为强制执行归根结底是要实现申请执行人的债权，而债权的实现不能以剥夺其他主体的生存权这一基本人权为代价。因为“生存权的问题比各种自由的问题更基本，因而生存权优先于其他各种人权，是首要的人权”。①

（三）执行阻却与结案

强制执行权运行的基本目标是实现生效法律文书确定的给付内容。因此，执行程序一旦启动，非因法定事由，非经法定程序，不得随意停止执行程序的持续运行，直至执行程序完全结束。然而，强制执行权的运行过程是一个复杂的过程，总会出现一些法定的情形暂时中断或完全终止执行程序，理论上称为执行阻却和执行结案。

1. 执行阻却

执行阻却是指在执行程序启动以后、终结以前，由于出现法定的事由致使执行程序不能或不必要继续进行，执行机关依照法定程序裁定暂停执行程序，待法定事由消除后再恢复执行的状态。根据现行法律规定，引起执行阻却的法定事由多种多样，表现形式亦各不相同。执行阻却包括暂缓执行、执行和解和中止执行三种形式。②

（1）暂缓执行。指执行启动后、终止前，因出现法定事由，执行机关延缓执行程序或暂停执行措施。据此可以推断，暂缓执行

① 参见李云龙：《人权问题概论》，四川人民出版社 1999 年版，第 74 页。

② 有学者将执行担保和终结执行也纳入执行阻却的范围。参见童兆洪：《民事执行权研究》，法律出版社 2004 年版，第 280 ~ 287 页。还有学者甚至将执行异议、被执行主体的变更与追加、参与分配也归纳为执行阻却的形式。参见王国庆主编：《最高人民法院执行工作指导手册》，人民法院出版社 2006 年版，第 625 ~ 692 页。笔者认为，执行担保是引发暂缓执行的法定事由之一；执行异议是中止执行的原因之一；终结执行则是执行程序的完全停止，不能恢复执行；而被执行主体的变更与追加、参与分配或是暂缓执行、中止执行的原因，或根本不会导致执行程序的暂停。因此，这些都不宜归于执行阻却的范围内。

既包括执行程序的暂缓，也包括执行措施的暂缓。主要有以下几种情况：

第一，因执行担保而暂缓执行。依照《民事诉讼法》第208条的规定，“在执行中，被执行人向人民法院提供担保，并经申请执行人同意的，人民法院可以决定暂缓执行”。根据最高人民法院《关于适用〈中华人民共和国民事诉讼法〉若干问题的意见》第268条至第270条的进一步规定，如果担保是有期限的，暂缓执行的期限应与担保期限一致，但最长不得超过1年。若被执行人或担保人对担保的财产在暂缓执行期间有转移、隐藏、变卖、毁损等行为的，或者在暂缓执行的期限届满后仍不履行义务的，人民法院可以恢复强制执行。

第二，因委托执行的事由而暂缓执行。根据最高人民法院《关于适用〈中华人民共和国民事诉讼法〉若干问题的意见》第263条和第264条的规定，在委托执行中，受委托人民法院遇有需要中止或者终结执行的情形，应当及时函告委托人民法院，由委托人民法院作出裁定，在此期间，可以暂缓执行；案外人对执行标的提出异议的，受委托人民法院应当函告委托人民法院，由委托人民法院通知驳回或者作出中止执行的裁定，在此期间，暂缓执行。

第三，因执行监督而暂缓执行。根据最高人民法院《关于人民法院执行工作若干问题的规定（试行）》第130条至第135条的规定，上级法院发现下级法院在执行中作出的裁定、决定、通知或具体执行行为不当或有错误的，应当及时指令下级法院纠正，并可以通知暂缓执行；上级法院在监督、指导、协调下级法院执行案件中，发现据以执行的生效法律文书确有错误的，应当书面通知下级法院暂缓执行，并按审判监督程序处理。上级法院通知暂缓执行的，应同时指定暂缓执行的期限。暂缓执行的期限一般不得超过3个月。有特殊情况需要延长的，应报经院长批准，并及时通知下级法院。对于因执行监督而暂缓执行的，暂缓执行的原因消除后，应当及时通知执行法院恢复执行。期满后上级法院未通知继续暂缓执行的，执行法院可以恢复执行。

第四，因当事人等申请而暂缓执行。根据现行规定，有下列情形之一的，经当事人或者其他利害关系人申请，人民法院可以决定暂缓执行:① ①执行措施或者执行程序违反法律规定的；②执行标的物存在权属争议的；③被执行人对申请执行人享有抵销权的。在此情形下，应责令提出暂缓申请的当事人一方提供担保。

第五，执行机关依职权决定暂缓执行。对于上级法院已经受理执行争议案件并正在处理的，或者发现执行依据确有错误，并正在按审判监督程序进行审查的，执行机关可以依职权决定暂缓执行。需要指出的是，由于暂缓执行会导致执行状态在一定期限内的停滞，若适用不当，可能对当事人及其他利害关系人的合法权益造成损害。最高人民法院为了规范人民法院适用暂缓执行措施的行为，确保该措施的正确适用，于2002年9月28日制定了《关于正确适用暂缓执行措施若干问题的规定》，对适用暂缓执行措施的主体及其职责、适用条件、审查处理期限、暂缓执行的期间、机构及程序等问题作出了明确的具体解释，防止由暂缓执行引起的执行不当或错误。

（2）执行和解。执行和解是指在执行过程中，双方当事人自愿达成关于履行执行依据所确定的义务的协议，从而结束执行程序的活动。② 根据意思自治原则和处分原则，只要出于当事人的真实意思表示，不违反法律规定，不损害其他主体的合法权益，申请执行人对于生效法律文书确定的实体权利享有处分权，自愿与被执行人达成和解协议，并对自己的权利进行处分。依照最高人民法院《关于人民法院执行工作若干问题的规定（试行）》第86条的规定，执行和解协议可以变更生效法律文书确定的履行义务主体、标的物及其数额、履行期限和履行方式，申请执行人可以放弃自己的部分甚至全部债权。执行和解必须出于双方当事人的完全自愿，任何机关、单位或个人不得强迫和解。和解协议达成后，出于不干预

① 参见最高人民法院《关于正确适用暂缓执行措施若干问题的规定》第3条的规定。

② 参见谭秋桂:《民事执行原理研究》，中国法制出版社2001年版，第311页。

当事人自治权和处分权的原则，执行机关若继续依职权采取执行措施，显然会导致公权力对私权的不当干预，从而与债权人申请公权力救济私权的目的相悖。因此，执行和解亦构成执行阻却的原因与形式。在当事人达成执行和解协议后，执行机关应当暂停执行措施，监督当事人将和解协议履行完毕直至最终完全终止执行程序。

（3）中止执行。中止执行是指在执行过程中，由于出现法定的事由，由执行机关作出裁定暂停执行程序。中止执行是执行阻却的常见形式。对于中止执行的事由，法律有明文规定，其适用条件也较严格，必须由执行机关依法进行审查并作出裁定。下文在论及执行裁决行为时有详细分析，在此不再赘述。

2. 执行结案

启动执行程序的目的是为了实现执行依据确定的给付，当出现法定的情形，权利人的权利已经实现或完全不可能实现时，执行程序必须完全停止或结束。对于一件具体执行案件而言，执行机关的强制执行行为自启动到终止必须在一定的期限内完成。根据《民事诉讼法》第203条和最高人民法院《关于办理执行案件若干期限的规定》第1条的规定，被执行人有财产可供执行的案件，一般应在立案之日起6个月内执结；非诉执行案件一般应当在立案之日起3个月内执结。有特殊情况须延长执行期限的，应当报请院长批准。人民法院自收到申请执行书之日起超过6个月未执行的，申请执行人可以向上一级人民法院申请执行。上一级人民法院经审查，可以责令原执行法院在一定期限内执行，也可以决定由本院执行或者指令其他人民法院执行。

根据现行法律规定，执行结案的方式有以下四种：①

（1）执行完毕。即生效法律文书确定的执行内容全部履行完毕，这是执行权运行结果最理想、最圆满的状态，也是司法实践中最难实现的状态。执行完毕对于金钱债权而言，就是清偿了执行依据确定的全部债权本金、利息及罚息；对于非金钱债权而言，或是

① 参见最高人民法院《关于人民法院执行工作若干问题的规定（试行）》第108条。

依执行依据完成了物的交付，或是完成了执行依据确定的作为或不作为，等等。根据被执行人的履行情况，执行完毕可以区分为被执行人自动履行完毕和被执行机关强制执行完毕两种情况。

（2）裁定终结执行。当出现法定的事由时，执行程序不能或无需继续进行，由执行机关作出裁定，终止执行状态的继续。根据执行机关作出终结执行裁定时生效法律文书确定的内容实现的程度，终结执行分为完全终结执行（债权人的权利完全没有实现）和部分终结执行（债权人的权利得到部分实现）。

（3）裁定不予执行。当仲裁裁决、公证债权文书等非诉法律文书出现法律或程序错误等法定事由时，执行机关依法作出不予执行的裁定，从而结束执行程序。裁定不予执行实际上是对执行依据执行力的一种否定，因而对当事人实体权利的救济程序产生重大影响，若要寻求强制执行权的保护，当事人必须另行通过法律途径重新取得执行依据。

（4）和解执行完毕。即当事人之间达成执行和解协议并已履行完毕。当事人之间达成的和解协议是否履行完毕，决定了执行和解行为在执行权运行过程中的性质。在执行和解协议履行完毕之前，执行和解是执行阻却的形式之一，和解协议履行完毕则是执行结案的形式之一。① 和解协议一旦履行完毕，则视为执行依据所确定的执行内容已完全实现，即使当事人反悔，亦不能恢复对原生效法律文书的执行。②

需要说明的是，当人民法院对某一标的物执行完毕，被执行人或其他人又将标的物恢复至执行前状态，假如案件已执行完毕，此时究竟是由人民法院继续执行，还是由权利人以新的侵权事由另行通过其他法律途径处理？实践中存在分歧。笔者认为，尽管被执行人或其他人在人民法院对标的物执行完毕后又将标的物恢复至执行

① 参见童兆洪：《民事执行权研究》，法律出版社2004年版，第287～288页。

② 参见王国庆主编：《最新人民法院执行工作指导手册》，人民法院出版社2006年版，第644～645页。

前状态的行为，确属新的侵权行为，但该侵权事实与执行依据认定的侵权事实并无区别。假如要求当事人据此另行诉讼，则又将取得与原执行依据完全相同的生效法律文书。而且，在新的执行中被执行人或其他人完全有可能再一次将标的物恢复至执行前状态，从而导致诉讼—执行—侵权—再诉讼—再执行—再侵权—新的诉讼的循环怪圈，这既增加了当事人不必要的诉讼负担，又严重损害执行机关的权威性。因此，对于该情形应当由人民法院继续执行，不得要求当事人另行通过其他法律途径处理。①

（四）执行裁决

从执行行为存在的阶段看，执行裁决并不是一个独立的阶段，而是贯穿于执行从启动至结案的全部过程之中。执行裁决权与执行实施权一起构成了强制执行权的二元制结构。相对执行实施权而言，执行裁决权是一种辅助性权力，② 因为执行裁决权并不直接导致执行依据确定的给付完成，而是要通过执行实施权对执行依据发生作用。前已述及，执行裁决权包括执行审查权、执行复议权和执行监督权三个方面。执行机关行使该权力的行为构成强制执行行为的重要内容。

1. 执行审查

我国现行法律赋予执行机关广泛的执行审查裁决权力，该权力涵盖了自执行启动至执行结案相关执行事项。对这些事项的审查不仅包括对程序问题的审查，而且包括对实体问题的审查。

对执行启动事项的裁决。主要是对作为执行依据的仲裁裁决和公证债权文书不予执行的审查裁决。依照《民事诉讼法》第 213 条第 2 款、第 3 款和第 214 条第 2 款的规定，被申请人提出证据证明仲裁裁决有下列情形之一的，经人民法院组成合议庭审查核实，裁定不予执行：（1）当事人在合同中没有订有仲裁条款或者事后

---

① 参见高树敏主编：《民事强制执行实用手册》，人民法院出版社 2004 年版，第 194 页。

② 有学者认为执行裁决权是执行实施权运行过程中的派生性权力。参见童兆洪：《民事执行权研究》，法律出版社 2004 年版，第 392 页。

没有达成书面仲裁协议的；（2）裁决的事项不属于仲裁协议的范围或者仲裁机构无权仲裁的；（3）仲裁庭的组成或者仲裁的程序违反法定程序的；（4）认定事实的主要证据不足的；（5）适用法律确有错误的；（6）仲裁员在仲裁该案时有贪污受贿，徇私舞弊，枉法裁判行为的。人民法院认为执行该裁决违背社会公共利益的，裁定不予执行。而对于公证债权文书确有错误的，人民法院亦应裁定不予执行，并将裁定书送达双方当事人和公证机关。由此可以看出，对作为执行依据的仲裁裁决和公证债权文书是否不予执行的审查主体是人民法院，审查的内容包括实体审查和程序审查，并根据审查结果作出执行裁决。

对执行进行程序相关事项的裁决。一是对执行异议的审查裁决。《民事诉讼法》于2007年修订之前，执行机关对执行异议的审查裁决仅限于案外人对执行标的所提出的异议进行审查，是一种实体审查。《民事诉讼法》修改后，执行机关既可以对案外人提出的书面异议进行实体审查，① 又可以依照《民事诉讼法》第202条的规定，对执行异议进行程序审查。该法条规定："当事人、利害关系人认为执行行为违反法律规定的，可以向负责执行的人民法院提出书面异议。当事人、利害关系人提出书面异议的，人民法院应当自收到书面异议之日起15日内审查，理由成立的，裁定撤销或者改正；理由不成立的，裁定驳回……"这项规定完善了《民事诉讼法》关于执行异议审查裁决的原规定。首先，扩大了提出执行异议的主体范围。将提出异议的主体由案外人扩大到利害关系人、当事人（即申请执行人与被执行人）；其次，将执行异议的内容由实体审查扩大为实体审查与程序审查并存。笔者认为，执行机关在行使强制执行权过程中，不仅可能损害案外人的合法权益，也有可能损害当事人的合法权益；不仅可能损害当事人等的实体权

① 《民事诉讼法》第204条规定，"执行过程中，案外人对执行标的提出书面异议的，人民法院应当自收到书面异议之日起15日内审查，理由成立的，裁定中止对该标的的执行；理由不成立的，裁定驳回……"执行机关对案外人的异议审查后作出的裁定，直接涉及案外人争议的实体权利义务关系。

益，也可能发生行为违反法定程序从而有失公允的现象。因此，《民事诉讼法》的修订是符合上述实际的。

二是对妨害执行强制措施的审查裁决。根据现行法律规定，执行程序中被执行人等有妨碍执行情形的，执行机关有权采取拘传、拘留、罚款强制措施。包括对以下方面内容的审查裁决：

第一，依照最高人民法院《关于人民法院执行工作若干问题的规定（试行）》第97条至第99条的规定，对必须到人民法院接受询问的被执行人或被执行人的法定代表人或负责人，经两次传票传唤，无正当理由拒不到场的，就是否拘传进行审查裁决。决定拘传的，拘传后调查询问不得超过24小时，不得限制被拘传人的人身自由，并且在执行机关辖区以外采取拘传措施时，还应当将被拘传人拘传到当地法院。

第二，根据《民事诉讼法》第102条和最高人民法院有关司法解释的规定，对于被执行人或其他人有下列拒不履行生效法律文书或者妨害执行行为之一的，执行机关有权对其情节进行审查，可以予以罚款、拘留，构成犯罪的，移送公安机关侦查后依法定程序追究刑事责任：（1）隐藏、转移、变卖、毁损向人民法院提供执行担保的财产；（2）案外人与被执行人恶意串通转移被执行人财产的；（3）故意撕毁人民法院执行公告、封条的；（4）伪造、隐藏、毁灭有关被执行人履行能力的重要证据，妨碍人民法院查明被执行人财产状况的；（5）指使、贿买、胁迫他人对被执行人的财产状况和履行义务的能力问题作伪证的；（6）妨碍人民法院依法搜查的；（7）以暴力、威胁或其他方法妨碍或抗拒执行的；（8）哄闹、冲击执行现场的；（9）对人民法院执行人员或协助执行人员进行侮辱、诽谤、诬陷、围攻、威胁、殴打或者打击报复的；（10）毁损、抢夺执行案件材料、执行公务车辆、其他执行器械、执行人员服装和执行公务证件的。

第三，依照《民事诉讼法》第103条的规定，执行机关对于有义务协助调查、执行的单位有下列行为之一的，除责令其履行协助义务外，可以罚款；仍不履行协助义务的，可以予以拘留，并可以向监察机关或者有关机关提出予以纪律处分的司法建议：（1）

有关单位拒绝或者妨碍人民法院调查取证的；（2）银行、信用合作社和其他有储蓄业务的单位接到人民法院协助执行通知书后，拒不协助查询、冻结或划拨存款；（3）有关单位接到人民法院协助执行通知书后，拒不协助扣留被执行人的收入，办理有关财产权证照转移手续，转交有关票证、证照或者其他财产的；（4）其他拒绝协助执行的。由此可见，执行机关在执行生效法律文书过程中，为了保证强制执行权的顺利运行，可以对被执行人或其他人员采取拘传、罚款、拘留等强制措施。上述措施因带有一定的惩罚性，涉及宪法关于公民人身权利和财产权利等基本权利的保护，由行使执行实施权的执行员进行审查并作出裁决不利于对公民权利的保护。因而必须由专司执行裁决权的机关主导对上述事项的裁决程序，以尊重和保护公民的人身和财产权利，避免执行组织或人员在强制执行过程中对公民人身和财产权利的侵犯。①

三是对执行进行程序的其他事项进行审查裁决。包括的内容十分广泛，例如对执行和解协议的效力进行审查确认、对参与分配的申请进行审查、对拍卖变卖效力的审查认定、执行回转的审查裁决等。其中最主要的事项是对被执行主体的变更与追加。变更和追加被执行主体的问题，实质上是执行依据既判力和执行力扩张的问题。执行依据的既判力，是指执行依据发生法律效力后具有实质性的确定力，当事人必须接受该依据的拘束力。既判力的对人范围原则上只能及于执行依据载明的当事人。但是，由于执行依据发生法律效力至执行程序结束存在一个持续的过程。在此过程中，一旦执行依据载明的当事人发生变更或出现法定的其他情形，既判力的对人范围则又依法及于当事人的继承人或其权利义务承受人。

具体而言，被执行主体的变更与追加是执行依据的既判力对义务主体的扩张。包括两种情形：一是被执行主体的变更，即执行依据载明的义务主体为其他主体所替代，该其他主体因而成为被执行人，执行依据载明的原义务主体不再为被执行人；二是被执行主体

① 参见严军兴、管晓峰主编：《中外民事强制执行制度比较研究》，人民出版社 2006 年版，第 303 页。

的追加，指执行依据载明的义务主体仍然为被执行人的情况下，又将其他主体列为被执行人。根据《民事诉讼法》第209条、最高人民法院《关于适用〈中华人民共和国民事诉讼法〉若干问题的意见》和《关于人民法院执行工作若干问题的规定（试行）》等相关司法解释的规定，执行机关对于下列情形可以裁定变更或追加被执行主体：（1）执行中作为被执行人的法人或者其他组织分立、合并的，由变更后的法人或其他组织为被执行人；（2）被执行人被撤销的，由其实体法上的权利义务承受人为被执行人；（3）其他组织在执行中不能履行义务的，可以裁定执行对该组织承担义务的法人或公民的财产；（4）在执行中，作为被执行人的法人或其他组织名称变更的，可以裁定变更后的法人或其他组织为被执行人；（5）作为被执行人的公民死亡，可以裁定变更未放弃继承的遗产继承人为被执行人，在遗产范围内偿还债务；（6）被执行人为无法人资格的私营独资企业，无力履行义务的，可以裁定执行该独资企业业主的其他财产；（7）被执行人为个人合伙组织或合伙型联营企业，无力履行义务的，可以裁定追加该合伙组织的合伙人或参加该联营企业的法人为被执行人；（8）被执行人为企业法人的分支机构不能履行债务时，可以裁定企业法人为被执行人，企业法人仍不能履行的，可以裁定执行该企业法人其他分支机构的财产；（9）被执行人按法定程序分立为两个或多个具有法人资格的企业，分立后存续的企业按分立协议确定的比例承担债务，不符合法定程序分立的，裁定分立后存续的企业按其从原企业所分得资产占总资产的比例承担责任；（10）被执行人无财产清偿债务，如果开办单位对其开办时投入的注册资金不实或抽逃注册资金，可以裁定变更或追加其开办单位为被执行人，在注册资金不实或抽逃注册资金的范围内承担责任；（11）被执行人被撤销、注销或歇业后，上级主管部门或开办单位无偿接受被执行人的财产，致使被执行人无力清偿的，可以裁定由上级主管部门或开办单位在接受的财产范围内承担责任。

对执行阻却和结案程序相关事项的审查裁决。一是对案件是否符合暂缓执行的条件进行审查并作出决定；二是对双方当事人达成的执行和解协议是否出于自愿，是否损害国家、集体或其他第三人的合法权益，内容是否合法进行审查，并监督执行和解协议内容完全履行，决定是否应当恢复原生效法律文书执行；三是对生效法律文书是否符合中止执行的条件进行审查并作出裁决。根据《民事诉讼法》第232条及相关司法解释的规定，有下列情形之一的，执行机关应当裁定中止执行：（1）申请执行人表示可以延期执行的；（2）案外人对执行标的提出确有理由的异议的；（3）作为一方当事人的公民死亡，需要等待继承人继承权利或者承担义务的；（4）作为一方当事人的法人或者其他组织终止，尚未确定权利义务承受人的；（5）人民法院已受理以被执行人为债务人的破产申请的；（6）被执行人确无财产可供执行；（7）执行的标的物是其他法院或仲裁机构正在审理的案件争议标的物，需要等待该案件审理完毕确定权属的；（8）一方当事人申请执行仲裁裁决，另一方当事人申请撤销仲裁裁决的；（9）仲裁裁决的被申请执行人依法向人民法院提出不予执行请求，并提供适当担保的；（10）按照审判监督程序提审或再审的案件，上级法院或本院裁定中止执行的。四是对执行依据是否符合终结执行的条件进行审查并作出裁决。依照《民事诉讼法》第233条及有关司法解释的规定，有下列情形之一的，裁定终结执行：（1）申请人撤销申请的；（2）据以执行的法律文书被撤销的；（3）作为被执行人的公民死亡，无遗产可供执行，又无义务承担人的；（4）追索赡养费、抚养费、抚育费案件的权利人死亡的；（5）作为被执行人的公民因生活困难无力偿还借款，无收入来源，又丧失劳动能力的；（6）被执行人被人民法院裁定宣告破产的；（7）人民法院认为应当终结执行的其他情形。

2. 执行复议

执行复议是指上级执行机关依照法律规定的程序对下级执行机关作出的某些裁决、决定的合法性和适当性进行审查并作出裁决的行为。上文已经论述过，依照《民事诉讼法》第105条第3款和第202条的规定，对于执行机关作出的罚款、司法拘留决定不服，以及当事人、利害关系人认为执行行为违反法律规定提出书面异议而对执行机关作出的异议裁定不服的，可以向上一级执行机关申请复议。受理复议申请的上级执行机关对下级执行机关作出的裁决所依据的事实和证据进行全面审查，并依法作出裁决：（1）对于事实清楚、证据充分、依据正确、程序合法的作出维持的裁决；（2）对于主要事实不清、证据不足、法律依据错误因而明显不当的作出撤销裁决，或者指令下级执行机关撤销或变更原裁决。

3. 执行监督

前已述及，广义的执行监督包括上级执行机关对下级执行机关以及执行机关自身的内部监督以及执行机关以外的其他主体对执行机关的外部监督，内部监督与外部监督共同构成一个有机的监督体系。上级执行机关发现下级执行机关在执行中作出的裁定、决定、通知或具体执行行为不当或有错误的，应当及时指令下级法院纠正，下级法院拒不纠正的，上级法院可以直接作出裁定或决定予以纠正。关于执行监督的问题，将在下一章专门进行论述。

第三节　对强制执行权基本要素运行制度的剖析

强制执行权的基本要素是执行权运行的重要内容。执法主体在执行参加人和执行参与人的参与下，运用执行实施权和执行裁判权的国家公权力，依照法定程序，强制被执行人履行执行依据确定的给付，从而实现债权人申请的公力救济。这一过程是现实的、复杂的，需要相对完善的制度设计才能最终完成。尽管现行制度结合执行司法实践在不断改进，但距和谐执行的内涵仍有不足之处。

一、人民法院现行执行机构存在弊端①

具体表现在五个方面：

第一，执行局难以兼顾强制执行权的双重属性。由于执行权具有司法权与行政权的双重属性，当执行机关行使执行实施权时，强制执行权主要表现为行政权的属性；当执行机关行使执行裁决权

① 参见吕小武、陈明亮、李炎：《改革人民法院执行机构的构想》，载《法商研究》2004 专号。

时，强制执行权则主要表现为司法权的属性。同时，行政权还要求下级主体服从上级主体的领导，而司法权则强调上级主体对下级主体的监督。而在现有执行局机构模式下，上下级执行机构之间无法兼顾上述双重属性。

第二，执法主体任用程序缺乏统一性。从理论上讲，既然执行实施权和执行裁决权是两种不同性质的权力，理应交由不同的主体分别行使。然而，现行法律规定对于执行工作或执行事项均交由"执行员"办理。① 但现行法律对于执行员的任职资格和任免程序缺乏明确规定，② 导致各地法院对执行员的任免程序千差万别，职责权限亦各不相同。③ 结果使得在执法主体的选任上具有较大随意性，缺乏统一操作规范，使整体素质得不到保证。

第三，执行权力过于集中。执行局的设立，打破了过去执行员个人对执行权独揽的局面，初步实现了执行权在执行机构内部的分权制衡，但并未根除执行实施权和执行裁决权仍高度集中于人民法院执行机构的重大弊端。从决定受理执行案件，发出执行通知，为执行案件进行必要的调查，决定并实施对被执行人的执行措施（如查询、冻结、扣划存款，提取、扣留收入；查封、扣押、冻结、拍卖、变卖财产等），要求有关单位和个人协助执行，主持执行和解，对执行异议进行审查并作出异议是否成立的裁定，决定暂缓执行、中止执行、终结执行以及恢复执行，决定变更、追加被执行主体，决定执行第三人到期债权，决定参与分配，决定对被执行人加倍支付迟延履行期间的债务利息或支付迟延履行金，以及对妨害民

---

① 《民事诉讼法》第205条规定，"执行工作由执行员进行"。《人民法院组织法》第41条规定，"地方各级人民法院设执行员，办理民事案件判决和裁定的执行事项，办理刑事案件判决和裁定中关于财产部分的执行事项"。从法条的字面含义理解，执行工作或执行事项应当包括有关执行的全部工作或事项，即执行实施事项和执行裁决事项。

② 《法官法》第52条仅规定，"对人民法院的执行员，参照本法有关规定进行管理"。

③ 有的地方执行员仅行使执行实施权，执行裁决权由审判员行使；有的地方执行员既行使执行实施权，又行使执行裁决权。

事诉讼强制措施的决定和复议裁决等,① 全部由人民法院的执行机构独揽。执行权力高度集中于一个部门，加上我国司法管理行政化造成的非承办案件的负责人对案件的审批把关制度，极易造成执行不当或执行错误，进而产生种种危害后果。

第四，执行机构难以形成合力。由于历史的原因，自中华人民共和国成立以来，人民法院的审判执行工作与人事财务的监督与管理形成了分别隶属于上级法院和本级党委、人大、政府的条块分割体制，即在纵向关系上法院的审判执行工作由上级法院实行条条管理，而在横向关系上，则实行法院的干部人事任免由同级党委、人大联管，机构编制及财政经费由同级政府管理的块块管理体制。简言之，即条条管事不管人财物，块块管人财物而不管事。② 这种条块分割管理模式必然导致司法权、执行权地方化的弊端，形成地方保护主义。执行局的设置无法逃脱这种条块分割管理的怪圈。虽然最高人民法院于1999年颁布了《关于高级人民法院统一管理执行工作若干问题的规定》，旨在各高级人民法院辖区内建立“统一管理”的执行工作体制。然而，上级法院对下级法院既无人事任免权又无财政支配权，仅靠上级法院的一厢情愿和下级法院的高度自觉，根本不可能实现。何况，即便在高级法院辖区形成了统一管理的执行工作体制，如果缺乏中央执行机关的强有力领导，地方保护主义在全国范围内仍难以消弭。由此可见，新的执行机构成立后，因没有被授予相应的管人及管财的权限，仍然不能摆脱司法权、执行权地方化的弊端，仍然无法从体制上有效克服地方保护主义干扰，上下级法院执行机构之间难以形成合力。

第五，执行机构缺乏统一设置与称谓。如前所述，近年来，经过各地法院对执行工作开展的一系列改革之后，全国大部分人民法院把改革后成立的执行机构称为执行局，但仍有一些法院的执行机

---

① 参见童兆洪:《民事执行权研究》，法律出版社2004年版，第112页。

② 参见王建国、于喜富:《试论人民法院执行工作管理体制改革》，载霍力民主编:《民事强制执行新视野》，人民法院出版社2002年版，第18页。

构不称执行局。① 至于执行局的内设机构，全国法院做法也是五花八门：对行使执行裁决权的机构，有的在执行局以外设执行裁决（判）庭或执行庭，有的则在执行局内设负责裁决的执行庭或裁决庭；对于负责执行实施权的部门，有的称执行处、执行科，有的称执行组，有的称执行大队，不一而足。全国法院执行机构缺乏统一设置及称谓，除了不方便当事人诉讼执行，不便于社会公众了解人民法院执行机构的职能外，使得代表国家行使执行权力的国家机关缺乏严肃性，其公信力已然大打折扣。

二、执行启动制度存在不科学的设置

执行启动是执行程序的开始，是强制执行权运行的起始阶段，只有提起执行程序，债权人的权利才能通过公力途径得到救济。因此，执行启动制度对于维护债权人合法权益具有重要意义。然而，我国现行执行启动制度的设置存在不科学之处。

第一，执行机构对执行依据进行实体审查与其职责不符。当债权人取得执行依据以后，基于执行依据确定的债权，相应取得该债权的从权利——请求权，包括实体请求权和执行请求权。对执行依据进行形式审查是必要的，借以确定申请执行人是否为适格的主体，是否具有执行请求权。然而，我国现行法律规定，当权利人持生效法律文书向执行机关申请强制执行时，执行机关不仅对执行依据进行形式审查，而且还要对执行依据的内容进行实体审查，即对债权人实体法上的权利是否存在，是否已届执行时效，权利的内容与范围等进行审查，并根据审查情况决定是否启动强制执行程序。执行机关对执行依据进行实体审查带有两大明显缺陷：（1）先审后立，犯了顺序颠倒的错误；（2）全部过程只是审查主体单方面的行为，当事人无法参与，也没有机会出席听证进行申辩。实体审查不可避免地带来两大不利后果：一是造成执行机关与审判机关职能上不必要的重叠与冲突；二是妨害执行依据的安定与强制执行的

① 有的法院执行机构称执行庭，有的称执行局××分局，最高法院则称执行工作办公室。

效率。实不可取。①

第二，将移送执行确定为执行启动方式与当事人意思自治原则相悖。当事人意思自治原则是民事诉讼的重要精神之一。强制执行权的运行过程仍是债权人请求国家执行机关运用公权力实现私权救济的程序，因此，必须尊重债权人的意思自治及其对债权合法处分的权利。当生效法律文书确认债权人享有一定权利而债务人在申请执行时效届满以前未自动履行时，债权人并非一定得请求执行机构依法对债务人进行强制执行。债权人可以选择与债务人进行案外和解，或者变更生效法律文书载明的权利义务内容，或者变更债务的履行；债权人也有权依其意思表示放弃全部或部分债权。这表明，请求执行机关对债务人依法强制执行只是债权人在行使债权处分权的选项之一，而非惟一选项。移送执行则不问债权人的真实表示，迳行启动强制执行程序，一方面是对债权人处分权等合法权利的漠视，另一方面剥夺了债务人对债务可能的豁免权。同时，执行机关还不当行使了本应由当事人行使的权利，其实质是国家司法机关对当事人主体性和自律性的公权干预，是“国家全能主义”的一种反映，与人民法院的中立地位极不相称。

第三，执行启动制度没有明确债权人代位申请执行的权利。前已述及，在执行程序中，被执行人无力履行义务而对第三人享有到期债权的，经被执行人或申请执行人申请，可以依法执行被执行人对第三人享有的到期债权。但是，到期债权是指未经判决或仲裁裁决确认的债权。对于执行程序启动以后，被执行人对第三人的债权业经法院判决或仲裁机关裁决的，则需要另行通过其他法律程序解决。被执行人对第三人已经申请执行的，通过协助执行解决；被执行人对第三人怠于执行的，则申请执行人可以代位申请执行。然而，现行民事诉讼法及相关司法解释均无债权人代位申请执行的相关法律规定，实为立法时的一大疏忽。

第四，委托执行制度与强制执行权的运行规律相抵触。强制执

---

① 参见谭秋桂:《民事执行原理研究》，中国法制出版社2001年版，第157页。

行权作为一项公权力，行使主体的权利义务与其职责密切相关，因为从纠纷解决的角度看，管辖权是司法权和执行权的基础，执行权通过对管辖权的分配而特别授予。① 依照《民事诉讼法》第206条的规定，被执行人或者被执行的财产在外地的，可以委托当地人民法院代为执行，受委托人民法院收到委托函件后，必须在15日内开始执行，不得拒绝。执行情况或执行结果应当及时函告委托人民法院。现行委托执行制度容易产生三大弊端：一是造成案件管辖与执行行为的严重脱节，出现有管辖权的执行机关不执行，负责执行的机关无管辖权的奇怪现象，容易使委托法院与受托法院互踢皮球，发生冲突。二是委托执行成为许多法院对“死案”、“难案”卸包袱的一条捷径。虽然最高人民法院早在2000年即制定《关于加强和改进委托执行工作的若干规定》，要求对被执行人或被执行的财产在本省、自治区、直辖市辖区以外的案件，除少数特殊情况外，应当委托执行；被执行人或被执行的财产在本省、自治区、直辖市辖区内，需跨中级人民法院、基层人民法院辖区执行的案件，亦应以委托执行为主。② 实践中，委托法院往往把可以执行的案件自行异地执行，造成大量人力与财力的浪费；同时把难以执行或根本无法执行的案件委托外地法院执行，而受托法院对案件受托执行缺乏内在动力，案件一旦委托执行，往往是泥牛入海，杳无音信，所以效果很差。三是不能排除地方保护主义干扰。由于受委托法院执行的案件属委托法院管辖，因此，受委托法院在办理不属于执行机关自身管辖的案件时，更容易发生保护本地区当事人利益的保护主义。而这反过来又会加剧当事人对异地法院的抵触情绪并对委托执行制度产生合理疑虑及抵制。所以，委托执行制度已成为现时环境下一条根本行不通的死路。

---

① 参见傅郁林：《民事司法制度的功能与结构》，北京大学出版社2006年版，第173页。

② 参见《最高人民法院关于加强和改进委托执行工作的若干规定》第1条。

三、执行进行制度充斥着职权主义色彩

在执行程序中，执行机关为了实现生效法律文书确定的给付，利用职权对当事人的私权进行一定限度的干预是必要的。特别是在行使执行实施权的过程中，由于申请执行人与被执行人所处的地位并不对等，此时执行官的立场不能再是中立的，而是必须旗帜鲜明地站在权利人的立场上，否则等于是怀疑和否定已由法官在双方当事人处分权的监督之下既有裁判的结果；此时法官的行为也不再是消极的，而是必须以积极的行为，通过强制债务人履行业经审判程序确定的义务，从而帮助债权人实现由于受到侵害或纠纷阻碍而未能实现的权利。①

然而，由计划体制下形成发展而来的我国执行模式，职权主义色彩过于浓厚，常常片面强调执行机关的职权行为和主动性，忽视了当事人的参与性与主动性，导致强制执行权发生异化。主要表现在：第一，对当事人在执行程序中的举证责任强调较少，对执行机关依职权调查取证强调过多，造成执行机构变成“讨债公司”，全盘承受着当事人因经营失败带来的风险和压力，并使社会公众以执行机关对案件的执行结果作为评价执行效率的主要标准，从而承载着较多的负面或否定评价，成为社会矛盾集中的焦点。第二，执行程序的推进多为执行人员依职权进行的，排除了当事人的积极参与，当事人基本上处于被动地位。一些执行机关超职权轰轰烈烈地开展“执行风暴”、“执行会战”、“零点行动”、“假日行动”，不仅有侵犯私权之嫌，而且一旦执行受阻或执行结果不为当事人所接受，执行机关则面临着较大压力和较多责难，从而使执行公信力大为降低。

四、对拒不执行的行为制裁不力

前已述及，《民事诉讼法》第 100 条至第 106 条规定了对具有

---

① 参见傅郁林：《民事司法制度的功能与结构》，北京大学出版社 2006 年版，第 253 页。

拒不执行判决、裁定等妨害执行行为的，执行机关可以依法对相关主体适用拘传、罚款、拘留等强制措施；对拒不履行协助执行义务的单位或个人，可以向纪检监察机关提出司法建议；对拒不执行判决、裁定情节严重，构成犯罪的，依照《刑法》第313条、第314条的规定，移送司法机关追究刑事责任。

2002年8月29日，第九届全国人大常委会第二十九次会议通过了《关于〈中华人民共和国刑法·第三百一十三条〉的解释》，以立法解释的形式对刑法第313条规定的“对人民法院已经生效的判决、裁定有能力执行而拒不执行，情节严重的”含义进行了解释。根据这一解释，构成拒不执行判决、裁定罪的犯罪主体包括被执行人、协助执行义务人、担保人。犯罪构成的行为方式有：（1）被执行人隐藏、转移、故意毁损财产或者无偿转让财产，以明显不合理的低价转让财产，致使判决、裁定无法执行的；（2）担保人或者被执行人隐藏、转移、故意毁损或者转让已向人民法院提供担保的财产，致使判决、裁定无法执行的；（3）协助执行义务人接到人民法院协助执行通知书后，拒不协助执行，致使判决、裁定无法执行的；（4）被执行人、担保人、协助执行义务人与国家机关工作人员通谋，利用国家机关工作人员的职权妨害执行，致使判决、裁定无法执行的；（5）其他有能力执行而拒不执行，情节严重的。从法律规范的相关条文来看，对拒不执行的行为从罚款到拘留直至追究刑事责任，构成了一个相对完备的制裁体系。

然而实际效果远非如此。在司法实践中，制度设计不周密，导致对执行程序中拒不执行的行为缺乏制裁力度，是造成“执行难”的重要原因之一。具体表现在：

第一，调查取证困难。依照现行法律，拒不执行判决、裁定罪属于公诉案件，应当由公安机关依法行使侦查权。执行法院在办理执行案件过程中发现犯罪证据的，移送公安机关侦查。但是实践中被执行人、担保人、协助执行义务人以公然的方式抗拒执行的，是较为少见的例外情况。大多数情况下被执行人等往往采取极其隐秘的方式对抗执行，许多债务人甚至在诉讼前或诉讼中就以极其规避法律的方式将财产转移一空，以死缠乱打的方式拒不履行义务。例如，被执行人是单位的，往往在其账户上查不到存款，但在被执行人的关联单位（上级公司、下级公司、平行公司等）账户上却有款项；被执行人是个人的，往往既不是公司股东又不是任何管理人，却实际掌控着公司的经营活动；有的被执行人亲戚朋友拥有明显超过其收入的财产，而被执行人却身无分文。但由于这些被怀疑的关联单位或个人是与案件无关的案外人，执行机关在办理民事案件的过程中又没有侦查权，且没有有效途径获取被执行人违法犯罪的线索，因此能够掌握被执行人拒不执行证据的情形并不多见。由于现行法律并未规定人民法院可以将此类有犯罪嫌疑的案件（有的只是有违法嫌疑）移送公安机关侦查，也未规定公安机关可以直接根据社会举报而立案侦查，导致人民法院常常是怀疑归怀疑，在有限的执行期间内起获证据对被执行人等进行制裁非常困难，使被执行人等大多逍遥法外。因此，最终的结局是公安机关指望执行法院提供一定的犯罪证据立案侦查，而执行法院由于没有侦查权往往查不到证据移送公安机关立案侦查，面对违法犯罪行为徒唤奈何。

第二，现行法律对协助执行义务人违法行为网开一面。强制执行权是国家公权力，协助执行义务人必须服从，一旦违抗即应当承担相应法律后果。然而，我国现行法律对协助执行义务人违抗执行的行为的制裁措施，没有体现“执法必严，违法必究”的原则，而是作出了过于宽泛的规定。例如，人民法院依法要求金融机构协助冻结被执行人的存款，协助执行的金融机构擅自解冻致使存款被转移的，本是一种严重的对抗执行的违法行为，理应严厉制裁，以维护国家法律的权威。然而，现行法律要求人民法院先责令金融机构限期追回已转移的款项，在期限内未能追回的，裁定该金融机构在转移的款项范围内以自己的财产向申请执行人承担责任。① 法律

① 参见最高人民法院《关于人民法院执行工作若干问题的规定（试行）》第33条。

还有其他类似的规定。① 这种规定至少造成以下不利后果：（1）没有体现“法律面前一律平等”的法治原则，使一些主体享有法律赋予的不应有的特权；（2）为拒不履行协助执行义务提供了便利。一些协助执行义务人可以据此方便地为债务人提供转移财产的“服务”；（3）严重削弱了制裁的威力。“先追回，后担责”的方式使协助执行义务人拥有对违法行为不必承受制裁的豁免权，大大降低了司法权威性；（4）加重了执行机关的工作负担。执行机关依法保全或执行的财产被转移后，必须花费精力依程序使转移的财产恢复至法定状态，是一种无益的工作重复，造成人力、物力的浪费。

第三，现行法律没有明确规定在执行程序中设置“藐视法庭罪”和使用口头裁定，使抗拒执行的行为得不到及时制裁。前已述及，鉴于执行依据的公文书性质，权利人根据执行依据请求执行机关给予公力救济而被执行人等拒不履行时，被执行人等拒不履行的行为一方面对申请执行人的私权造成损害，更重要的是对执行机关的司法权威造成了损害，以至危及了人民法院作为司法机关享有的维护自己作出判决的能力而惩罚藐视法庭的司法权。因此，利用公权力对债权人的私权提供保护进而使法律秩序和司法权威得以维护，显然是强制执行权运行所要追求的目标。法院可以通过罚款或监禁惩罚违抗者，其核心主要不是执行原裁令或矫正行为人的错误，而是保障对法院的尊重。② 然而，我国法律制度中“藐视法庭罪”的缺失，少了一把对付损害法院权威的抗拒执行行为人的利剑。此外，需要指明的是，现行法律规定也没有赋予执行法官在行使执行权过程中依法下达口头裁定的权力，致使执行机关在需要协助执行时常常遇到阻碍。举例分析，当人民法院执行人员到金融机构要求协助查询被执行人存款时，在得到查询结果以后，如果需要

① 参见最高人民法院《关于人民法院执行工作若干问题的规定（试行）》第37条、第44条、第56条。

② 美国联邦最高法院对藐视法庭裁判权的解释。转引自傅郁林：《民事司法制度的功能与结构》，北京大学出版社2006年版，第256页。

采取冻结或扣划措施，执行人员必须依法出具民事裁定书和协助执行通知书。制作上述法律文书必然需要一定的时间，在此过程中，若银行工作人员替被执行人通风报信（尤其是异地执行语言不通时），在银行电子化及网络银行业务高度发达的今天，被执行人转移财产是一件非常轻松的事情。况且，在事实上，并不能排除执行人员制作法律文书期间执行人在未得到银行人员通风报信的情况下转移财产这种巧合的出现。由于没有赋予执行人员口头裁定的权力，为协助执行义务人串通被执行人转移财产提供了可乘之机，并在违法行为发生后难以取证和进行制裁。

第四，现行法律关于司法拘留的期限过短，不能有效震慑行为人。某种法律制裁措施对行为人是否具有震慑作用，关键看该措施对行为人造成的惩罚是否超过行为人行为所取得的利益。制裁措施只有轻重适度才能起到应有的震慑作用，达到阻止行为人放弃抗拒执行行为的目的。《民事诉讼法》于 2007 年修订时将法律原规定的罚款裁决数额提高了 10 倍,① 从而使罚款措施的威慑力大为增强。但令人费解的是，拘留的期限未作修改，仍为 15 日以下。这不仅使拘留与刑法上的拘役在期限上不能衔接，还使被拘留人难以产生对拘留措施足够的心理畏惧，达不到震慑、阻止行为人放弃抗拒执行行为的作用。②

五、执行强制措施的适用未对人权保护给予足够重视

人权是人类崇高的理想和国家的目的，尊重人权、保护人权、实现人权，已经成为世界时代的潮流和各国人民的共同心愿。③ 为完成这一心愿，建立富有人性的司法、执行制度成为必要的任务。

强制执行权的行使，执行措施的实施，建立在对被执行人财产

---

① 即个人罚款由原先最高 1 000 元提高到 10 000 元，单位罚款由原先最高 30 000 元提高到 300 000 元。参见《民事诉讼法》第 104 条。

② 在我国目前经济发展水平极不平衡的情况下，现行法律规定的司法拘留期限仅对于部分公民产生威慑作用；在一些经济欠发达地区尤其是农村地区，相当数量的债务人宁可选择被执行机关司法拘留 15 日，也不愿履行债务。

③ 参见杨成铭主编：《人权法学》，中国方正出版社 2004 年版，前言。

权等权利合法损害的基础上，但不能超过必要的限度而对被执行人人权造成不应有的损害。亦即强制执行权的运行必须基于这样的原则：尊重被执行人的人格，维护被执行人的生存与发展，不违背社会公序良俗。现行执行制度离上述要求尚有不少差距，具体表现在：

第一，执行措施的适用时间未作限制。依照民事诉讼法及相关司法解释，对被执行人拒不履行义务的，人民法院可以对被执行人的存款、收入及应当履行义务部分的财产采取查封、扣押、冻结、拍卖、变卖等措施；被执行人等妨害执行的，执行机关有权对行为人依法采取拘传、罚款、拘留等强制措施。然而在对上述措施的适用时间及场合方面未作任何禁止性或限制性规定。根据法律条文的字面含义，执行机关可以在任何时间、任何场合对被执行人等适用执行强制措施，无论白天或夜间，工作日或节假日，也不论被执行人是否处于婚丧嫁娶或宗教活动等特殊时期。在司法实践中，执行机关正是这样操作的，①“假日风暴”、“零点行动”就是最好的例证。结果把对申请执行人权利的保护建立在对被执行人人权不应有的损害基础之上。

第二，对被执行人人权保护的层次较低。虽然《民事诉讼法》以及最高人民法院《关于人民法院民事执行中查封、扣押、冻结财产的规定》等司法解释，对执行机关强制执行被执行人的财产范围作出了一些限制性规定，但列入限制执行或禁止执行的财产范围并不宽泛，基本上限于被执行人生存权的较低层次上。对于较生存权更高层次的受教育权、安全权、自由权、发展权等内容，现行法律基本未作保护性规定。

第三，对被执行人财产变现制度不利于其财产权保护。最高人民法院于2004年颁布的《关于人民法院民事执行中拍卖、变卖财

① 许多执行实务部门的工作人员甚至认为春节、端午、中秋等传统节日，被执行人的家庭大事如子女结婚、父母过寿及丧事等事件的发生期间，是突击执行的最佳时机。参见毕德刚、潘红军：《执行方法问题研究》，载霍力民主编：《民事强制执行新视野》，人民法院出版社2002年版，第273页。

产的规定》对于终止执行程序中对被执行人财产随意处置的混乱状态发挥了重要作用。① 然而，从保护被执行人财产权的高度审视，现行规定仍有许多不足。例如，没有将监督被执行人在指定期间自行拍卖作为执行机关依职权委托拍卖的前置程序，既不利于标的物以较高价格卖出，又不容易取得被执行人对执行机关降价拍卖行为的配合与理解；标的物在每次拍卖时保留价的降价幅度过大，② 造成执行机关容易低价处置被执行人财产等。法律规定的上述不足极易造成执行程序中对被执行人基本人权的损害，与日益注重人权保护的世界潮流格格不入。

第四，完善的执行司法救助制度尚未建立。在我国社会经济处于变革的特殊时期，完善的司法救助制度对于有效缓解由于被执行人缺乏履行能力可能发生的申请执行人的人道危机，进而保障执行案件当事人的基本人权，维护社会稳定具有十分重要的意义。中共中央政法委员会于2005年曾经下发《关于切实解决人民法院“执行难”问题的通知》，明确提出“探索建立特困群体案件执行的救助办法”，即建立执行案件司法救助制度。自此，各级法院虽然也进行了一些尝试，对于当事人为特困群体的案件，如刑事附带民事诉讼案件的受害方申请赔偿、交通肇事赔偿案件等，在被执行人没有履行能力的情况下，由执行法院按照一定程序给予申请执行人适当的金钱救助。然而，在司法实践中，执行司法救助制度尚处于探索阶段，还存在诸多亟待解决的问题：一是没有制定相应的法律规定，使这项制度处于无法可依的状态，增加了执行人员操作的随意性；二是资金来源缺乏可靠保障，国家财政及各级政府均未将执行

---

① 在该司法解释颁布以前，由于法律规定不明确，一些法院执行人员不经评估、拍卖即处分被执行人财产；一些执行法院随意确定拍卖保留价，贱卖被执行人财产，等等，损害被执行人合法权益的情形时有发生。

② 最高人民法院《关于人民法院民事执行中拍卖、变卖财产的规定》第8条第3款规定，“人民法院确定的保留价，第一次拍卖时，不得低于评估价或者市场价的80%；如果出现流拍，再行拍卖时，可以酌情降低保留价，但每次降低的数额不得超过前次保留价的20%”。根据这一规定，若对一项不动产进行三次拍卖，执行机构有权以该不动产评估价的51.2%为保留价将标的物拍卖。

案件司法救助资金纳入财政预算范围内，导致该制度陷入巧妇难为无米之炊的尴尬境地；三是对司法救助的对象、条件、范围、金额没有制定相对统一的标准，使该制度的实际执行效果大打折扣；四是对于执行司法救助制度的办理机关或部门以及相关执行程序缺乏规范化约束，既不利于公平对待当事人，也容易发生舞弊或其他消极腐败现象。

第四章 强制执行权运行中关涉社会和谐的特别问题

强制执行权是一项相对独立的国家公权力，该权力的运行，必须坚持中国共产党的领导，并受社会主义制度的基本框架约束。假如强制执行权运行不畅，或影响社会安定，或一权独大，缺乏必要的制约与监督，就必然影响社会和谐。因此，从权力运行的角度分析，必然会产生一些与其他权力运行相区隔、并关涉和谐社会构建的特别问题。本章将对“执行难”、执行中的社会稳定、执行监督与执行救济等问题展开论述。

第一节　对“执行难”问题的分析

一、“执行难”是一个关涉宪法基本原则的法律问题

“执行难”是一个长期困扰人民法院执行工作的重大难题，不仅成为一项难以克服的痼疾，而且引发了许多社会问题。长期以来，只要提到人民法院执行工作，人们总是不自觉地提到“执行难”，人民法院为此承受了众多非议、诘难和巨大压力。“执行难”实际上是社会不和谐在执行程序的反映，并且对构建和谐社会具有阻碍作用。

需要特别指出的是，笔者认为，“执行难”问题也是一个关涉宪法基本原则的问题。

第一，“执行难”问题关涉宪法的基本人权原则。前已述及，人权是作为一个人所应该享有的权利，是一个人为满足其生存和发

展需要而应当享有的权利。[①] 财产权是人权不可或缺的重要内容，是以宪法规范予以明确的法定人权。财产权在基本人权中占有十分重要的地位，这是因为人的生存、发展、受教育都离不开必要的财产，财产权的保护关系到其他基本人权的实现。而“执行难”的存在，使大量的生效法律文书得不到执行，导致生效法律文书确定的权利人以财产权为主要内容的基本人权遭到损害，严重者甚至导致债权人发生人权危机；而“执行难”现象在全国的蔓延，不可避免地阻碍我国保护和发展人权的努力，而且影响我国人权保护的国际形象。

第二，“执行难”问题关涉宪法的权力制约原则。权力制约原则是指国家权力的各部分之间互相监督、彼此牵制，以保障公民权利的原则。[②] 伟大的思想家孟德斯鸠曾经指出，“一切有权力的人都容易滥用权力，这是亘古不易的一条经验。有权力的人们使用权力一直遇到有界限的地方才休止”。[③] 因此，任何权力都应当受到制约与监督，执行权也是如此。“执行难”问题的存在，不单单是基本人权不能实现的问题，也是执行权作为一种国家公权力监督制约失衡，权力被滥用导致执行乱的问题。尽管“执行难”问题的形成原因是复杂的，但执行机关及其工作人员滥用强制执行权这一公权力对于“执行难”的形成负有不可推卸的责任，从某种意义而言，“执行难”问题正是执行权力监督制约不力的一种客观外在反映。

第三，“执行难”问题关涉宪法的法治原则。法治也称“法的统治”，是指统治阶级按照民主原则把国家事务法律化、制度化，并严格依法进行管理的一种治国理论、制度体系和运行状态，其核心内容是依法治理国家，法律面前人人平等，反对任何组织和个人

---

① 参见周叶中主编：《宪法》，高等教育出版社、北京大学出版社 2000 年版，第 97 页。

② 参见周叶中主编：《宪法》，高等教育出版社、北京大学出版社 2000 年版，第 101 页。

③ ［法］孟德斯鸠：《论法的精神》，上册，张雁深译，商务印书馆 1982 年版，第 154 页。

享有法律之外的特权。① "执行难"现象的出现及蔓延，不仅使一部分组织和个人规避了应当承担的法律义务，逃避了法律制裁，进而享有了法律之外的特权，而且通过其逃避、抗拒执行的实际行为，公然蔑视、挑战国家司法机关的权威，使公权力在其合法治域里行使受到阻却，其必然后果就是严重阻碍了社会主义法律在全国的一体遵行，破坏了社会主义法治的统一、尊严、权威。

由此可见，"执行难"问题不仅关涉宪法的基本原则，妨碍社会主义法治国家的建设，也是社会不和谐在执行领域的反映，与和谐社会的建设格格不入。

二、"执行难"的涵义及表现

(一)"执行难"的涵义

对于"执行难"的涵义，执行案件当事人和社会公众与执行机关大多存在着不同的理解。②

一般而言，执行案件当事人和社会公众所称的"执行难"，是指所有合法权益没有被法院依法实现的情况，既包括个别法院执行人员不依法行使职权，致使申请执行人的合法权益得不到实现，又包括那些应该中止执行、终结执行甚至是不予执行的案件；而执行机关所称的"执行难"，是指在具体执行过程中遇到的各种困难和阻力，包括被执行人拒不履行法律文书确定的义务，也包括有关单位拒不协助执行甚至妨碍执行，法院之间互不配合执行等。最高人民法院有关负责人对"执行难"作出的解释是：指有条件执行，但是由于主客观方面的原因执行不下去，比如受到人情案、关系案的影响，受到地方保护主义、部门保护主义的影响，或者强制执行将出现不良的社会后果，执行不下去，这才叫难；如果被执行人本来就没有财产，那属于当事人应自行承担的经营风险，不能归为执

① 参见周叶中主编：《宪法》，高等教育出版社、北京大学出版社 2000 年版，第 105～106 页。

② 参见关赟：《执行难的原因及对策探讨》，载霍力民主编：《民事强制执行新视野》，人民法院出版社 2002 年版，第 44～45 页。

行难，这就像病人在家里就已经死亡，不能认为送到医院后还存在康复难的问题。

也有学者认为，“执行难”是个历史范畴中的概念，其本身即是一个执行过程或曰司法过程，有广义和狭义之分：广义的“执行难”，是指人民法院在执行过程中，因受到社会、政治、经济、舆论等诸多方面的非法干预和影响，而使其组织实施执行措施不能或实施的执行措施失去功效，致使执行当事人的合法权益受到损害、执行秩序遭到破坏的司法过程，更确切地说，广义的“执行难”是“司法难”的代名词；狭义的“执行难”是指执行员在执行个案中，因某种来自于内部或外部的非法对抗执行的行为，而使其不能实施执行行为或实施的执行行为不能进行的执行过程。①

由此可知，“执行难”与因被执行人没有履行能力导致的执行不能有着本质区别，是指执行机关在受理执行案件以后，被执行人有履行能力，依法应当执行而因主客观因素导致没有执行的情形或过程。

（二）“执行难”的表现

关于“执行难”的表现，最高人民法院党组在向中共中央《关于解决人民法院“执行难”问题的报告》中，将其概括为“被执行人难找，执行财产难寻，协助执行人难求，应执行财产难动”等“四难”。

1. 被执行人难找

执行程序启动以后，往往只有寻找到被执行人才能继续执行程序。如果寻找不到被执行人，执行机关既不能及时下达执行通知书和其他执行法律文书（公告送达需要一个相对较长的过程），又不能责令被执行人如实申报财产和在指定期间履行执行依据确定的义务。因此，找不到被执行人对执行机关而言无疑是一个障碍。然

---

① 参见高执办：《“执行难”新议》，载最高人民法院执行工作办公室编：《强制执行指导与参考》2002 年第 1 辑，法律出版社 2002 年版，第 353、第 356 页。

而，找到被执行人并非是一项容易的工作。① 在司法实践中，被执行人难找无外乎两大原因：一是居无定所不易寻找。在市场经济高度发达的今天，人员流动性大，完全不同于计划经济时期居于户籍所在地的时代，常常出现户籍所在地与经常居住地不一致的现象，一些被执行人甚至居无定所；同时，对于被执行单位而言，由于登记的不规范，导致住所地变更而未到主管机关及时进行变更登记的情况并不少见，一些单位甚至经常变换住所，“打一枪换一个地方”。在这样的背景下，以我国的幅员辽阔和人口众多的现实，查找被执行人无异于大海捞针。二是逃避执行无法查找。被执行人由于法律意识不强，想方设法躲避执行机关和债权人，借以逃避对债务的履行义务。有的债务人在诉前或诉中即玩失踪；有的一旦败诉即东躲西藏；有的挖空心思变换住所，或改头换面另行注册；有的被执行人成立时即以假资料登记，一旦发生纠纷即关门走人，等等。② 在一个千方百计逃避执行的被执行人面前，以执行机关有限的人力、物力和时间，寻找被执行人不见、无功而返的现象已是家常便饭。云南省昆明市龙山区法院在受理的执行案件中，被执行人

---

① 有资料显示被执行人下落不明主要有三类情况，一是执行中因原住址变更长期找不到被执行人，二是被执行人长期在外打工，三是被执行人为躲避执行经常不回住所。以某市一个基层法院的执行案件统计情况为例，这三类情形占2002 年全年案件数的 14.78%；占 2003 年全年案件数的 28.43%；占 2004 年全年案件数的 6.74%；占 2005 年全年案件数的 5.86%；占 2006 年全年案件数的12.10%；占 2007 年全年案件数的 6.18%。对统计情况进一步分析后看出，在被执行人下落不明的三类情况中，执行中因原住址变更长期找不到被执行人案件占绝大多数，被执行人为躲避执行经常不回住所的案件相对较少，被执行人长期在外打工的案件所占比重最少。参见崔海霞、李凤华：《“下落不明”有三类表现》，载《人民法院报》2008 年 4 月 6 日第 4 版。

② 也有学者对被执行人难找的原因作了更为细致的划分，认为被执行人难找包括五个方面的原因。一是被执行人普遍存在侥幸心理，对于履行法院的裁判，能逃则逃，能躲则躲；二是人口流动加剧，企业、公司变更频繁；三是我国社会征信制度不完善；四是对逃债行为的法律监督与制裁措施不力；五是对被执行人“下落不明”一词存在模糊认识。参见崔海霞、李凤华：《法院执行：人为什么难找》，载《人民法院报》2008 年 4 月 6 日第 4 版。

逃避债务、下落不明的案件占30%。其中相当一部分是外省人员在昆明办公司，判决后人去楼空。福建省泉州、漳州两市两级法院执行的案件中，有40%左右的案件是缺席判决的，债务人在哪里，不仅法院无法找到，债权人自己都不清楚，案件审结后无法执行。① 从时间上看，被执行人下落不明分为以下三种情况:② 第一，在案件审理前就下落不明的。如有的离婚案件，由于一方当事人下落不明，另一方要求离婚的，法院只能按法律程序公告送达法律文书，缺席判决。审理阶段和执行阶段都无法找到被执行人。第二，在案件审理过程中下落不明的。比如一些被告人在开庭审理时出庭应诉，但在送达法律文书时却找不到人了，这种情况往往是被告人预见到法院将作出对其不利的裁判而隐匿起来，以拖延法律文书生效的时间。第三，在法律文书生效后执行过程中下落不明的。由于判决结果对其不利，被执行人企图逃避法律责任，一躲了之，有的甚至全家一起外出，这种情况在人民法院受理的执行案件中占有较大比例。

2. 执行财产难寻

对实现执行依据确定的给付而言，查寻被执行人的财产是一项前提性的关键步骤。在被执行人无财产可供执行或执行机关查不到被执行人可供执行的财产时，执行程序的阻却或终止就成为一种逻辑的必然。在司法实践中，被执行财产难以查寻的情形已成为一种司空见惯的现象：一是全社会尚未建立诚信的财产登记制度。由于管理水平所限，以及对于财产透明制度的抵触，现今社会并未真正建立各主体符合诚信原则的财产实名登记制度，也未建立诚信的个人财产申报制度，导致被执行人可以非常轻松随意地将财产登记在其他主体名下。二是被执行人规避执行的手法花样繁多。为了躲、逃、赖债，被执行人或把财产转移至关系密切的案外人名下或关联

---

① 参见黄金龙：《〈关于人民法院执行工作若干问题的规定〉实用解析》，中国法制出版社2000年版，第5页。

② 参见翟陆、叶鹏：《被执行人下落不明的处置》，载《人民法院报》2008年7月25日第6版。

单位名下；有的在多家金融机构多头开户；有的利用法律政策对某些性质财产的执行豁免制度，将非专项资金存入专项资金账户内；有的与金融机构相互勾结，或公款私存，或开户不按规定到人民银行备案，将存款分散隐匿；有的将财产搞假销售、假转让、假抵押，做成资产属案外人所有的法律假相，等等，给执行机关准确查寻被执行财产设置重重阻碍。三是执行机关查寻手段缺乏效率。由于没有全国联网成熟可靠的财产实名登记体系，尤其是对单位及个人多头开户制约不力，法律赋予执行机关查寻被执行人的方法不多，一般以到人民银行、金融机构查询账户，到国债、股票等证券登记机构查询登记和到国土资源、房地产、工商行政管理机关查询土地、房产、投资权益等方法为主，工作量大，成功率低。上述情况均制约了执行机关迅速高效地查询被执行财产进而采取执行措施的能力和效果，给财产保全和强制执行造成诸多困难。

3. 协助执行人难求

前面已经提到，执行权的顺利运行，单凭执行机关一方的力量是难以实现的，必须依靠协助执行义务人的诚实协助。然而，协助执行单位或个人为了自身利益或本地区利益，拖延、推诿、刁难执行人员而不积极履行协助执行义务的情形大量存在：有的协助人表面上协助，暗地里通风报信；有的协助人故意办事拖拉，为被执行人转移财产赢得时间；有的协助人在内部各部门之间互踢皮球，消磨执行人员的时间和精力；有的协助人对执行法律文书进行实体审查，找借口拒不执行；有的协助人以行业规定或内部规定对抗执行机关对国家法律的执行；有的协助人故意向执行机关提供虚假信息或不如实提供信息，致使执行机关无法全面准确掌握被执行人信息；有的协助人在收到执行机关法律文书以后，不积极履行协助义务，有的甚至公然对抗执行。例如，证券公司为被执行人的，根据我国目前证券管理有关规定，证券持有人所持有的证券尤其是流通股均托管在券商处，因此，如果某证券公司为被执行人，则其所持有的股票大多托管在其所属营业部内。法院在证券登记机关很难查询到被执行人自身持有的证券，到被执行人下属的营业部要求协助冻结时，因营业部为被执行人的分支机构，以种种借口根本不予协助。凡此种种，不一而足。更有甚者，即使在人民法院之间，互相设置障碍、互相扯皮、互相拆台而拒不履行协助执行义务的现象也是屡见不鲜。协助执行义务人不积极、不正确履行或干脆抗拒履行协助执行义务的行为，将本应依靠执行机关与其他国家机关、有关单位和个人合力协作才能顺利完成的强制执行工作，变成了执行机关单打独斗的“独角戏”，大大增强了执行工作开展的难度。

4. 应执行财产难动

实现被执行财产的所有权等相关权利由债务人向债权人移转，是执行实施行为的实质性步骤，也是完成执行依据确定的给付内容最具法律意义的步骤。但在司法实践中，人民法院费尽心血执行得到的财产，常因职能部门违法干预或协助执行义务人拒不配合而难以完成权利移转：涉及行政机关、原军队企业、国有大中型企业、上市公司、公益事业单位、村民自治组织等为被执行人的案件，或遭遇职权干预阻挠；或以社会稳定为托词；或以暴力威胁相抗拒，导致人民法院面对应执行的被执行人财产望洋兴叹，无能为力。

“执行难”的上述四种表现，在相当长的时期内成为困扰人民法院执行工作的突出问题，在社会上引起了强烈反响，也引起包括执政党在内的最高决策机关的高度重视。

（三）“执行难”的新特点

为了解决“执行难”这道司法难题，中共中央于1999年以中央11号文件批转了最高人民法院党组《关于解决“执行难”问题的报告》，并下发全党，成为抵制、排除地方保护主义对执行工作干扰的一把“尚方宝剑”，对于缓解“执行难”发挥了不可替代的作用。据统计，1995年1月至1998年12月，全国法院四年共执结案件6 769 438件，年均结案1 692 360件；而1999年1月至2003年12月，五年共执行结案12 521 210件，年均结案2 504 242件，比前期年均执行结案增加47%。1995年1月至1998年12月，全国法院执行结案标的额为3 665亿元，年均执行916亿元；而1999年1月至2003年12月，全国法院五年间共执行标的金额达15 311

亿元，年均执行3 062亿元，是前期年均执行标的金额的3.3倍。①

除了在案件执行方面取得了显著成绩外，人民法院执行工作在执法环境方面也取得了良好进展，主要表现在：第一，形成了强大的舆论攻势，使“欠债还钱”和“生效法律文书必须执行”的法治观念和道德理念得到强化；第二，执行机关摸索出了悬赏举报、强制管理、债权转股权、以物抵债等一套可行的执行方法；第三，协助执行义务人协助执行意识有所增强，支持人民法院执行工作在社会上形成共识；第四，执行工作秩序和治安工作秩序得到规范，政法机关的执法合力有所增强。② 当然，利用中央11号文件下发的有利时机，全国法院加强了执行力量配备，改善了物资装备，普遍确立了以执行局为载体的执行机构模式，初步建立了执行实施权和执行裁决权分权制衡机制，也有助于缓解“执行难”的困难局面。

尽管如此，笼罩在人民法院和债权头上的“执行难”乌云远未散去，“执行难”问题尚未从根本上得到解决，从某种角度上看，“执行难”的局面甚至有所加剧。据最高人民法院2004年的统计，进入21世纪以来，全国法院平均每年处理的具有财产内容的民事案件约450万件，进入执行阶段的约为250万件。也就是说，从全国来看，约60%的案件在法院判决以后或法律文书生效以后，当事人没有自动履行，需要法院去强制执行。这个数据比1994年大大增加，进入执行程序的案件所占比例也大大提高。这种现象从客观上说明，法律文书的权威性、当事人对法律文书的尊重以及自动履行的意识并不是提高了，而是降低了。因此，人民法

① 参见葛行军：《杂议解决执行难问题》，载最高人民法院执行工作办公室编：《强制执行指导与参考》2004年第1辑，法律出版社2004年版，第98~99页。

② 参见高执办：《“执行难”新议》，载最高人民法院执行工作办公室编：《强制执行指导与参考》2002年第1辑，法律出版社2002年版，第355~356页。

院面临的“执行难”问题更加突出。① 相较以往“四难”的表现形式，近年来“执行难”的内容、层次和形式出现了重大变化，呈现出新的特点，集中表现为“四个严重”即保护主义严重、非法干预严重、暴力抗法严重和执行乱严重。

1. 保护主义严重

地方保护主义和部门保护主义因其在强制执行权运行过程中表现出较大的阻碍、干扰作用而成为执行工作的大敌。保护主义往往片面强调对本地区、本部门的利益保护，忽视干扰执行所带来的严重危害，在评判执行工作时把是否保护本地区、本部门利益作为首要标准。主要表现有：第一，对涉及本地区、本部门单位为被执行人的案件要求执行机关给予不公正的保护。例如，对涉及政府机关、直属企业、本地区本行业骨干企业、利税大户为被执行人的，或者公然采取“挂牌保护”，不允许执行机关采取强制措施或者不准执行被执行人的优良资产；对涉及国有大中型企业或困难企业为被执行人的，以社会稳定为借口要求法院违法暂缓执行或中止执行，等等。第二，协助执行义务人在协助执行过程中为了自身利益而阻碍执行。例如，被执行人为某一级政府或政府部门，人民法院在该被执行人辖区内请求工商、税务、土地、房产、财政等部门协助执行时，上述机关常出于地方保护主义拒不履行协助执行义务。又如，金融机构为了讨好、笼络大客户，以保护其在银行业务方面的利益，在协助执行这些大客户时暗地里为被执行人通风报信，帮助转移财产；有的串通或默许被执行人多头开户，某高级法院在执行某大型企业为被执行人的案件中，发现该企业竟然在各商业银行开户达100余个，使执行人员疲于奔命，难以应付；有的在电脑、网络上做手脚，给执行人员提供错误信息，使执行人员无法掌握被执行人的财产状况；有的利用信用卡、网上银行瞬间转移资金，协助被执行人逃避执行等。又如，有的协助执行义务人在协助人民法

① 参见俞灵雨：《在全国法院执行信息管理现场会上的讲话》，载最高人民法院执行工作办公室编：《强制执行指导与参考》，2004年第3辑，法律出版社2005年版，第8页。

院对第三人收入进行扣留时，出于保护本地区经济利益的目的，串通被执行人签订虚假合同，或缩短合同期限，或降低合同价金，或否认合同的存在，以规避人民法院对被执行人租金收入的执行。

2. 非法干预严重

所谓非法干预，是指在法律规定的权限和原则之外，利用自身职权或影响力而对执行行为施加的不当压力或影响。一些党政机关及其职能部门、司法机关以及上述机关的领导无视国家法律规定，滥用权力，对执行工作进行非法干预。一是以政策干预法院执法。出于这样或那样的原因，滥用职权制定土政策、土办法，例如有的地区制定政策禁止法院将执行资金外移等，给法院执法设置种种限制或障碍。二是违反法律规定为执行案件当事人打招呼说情，乱批“条子”，乱定调子，以言代法，以权压法，对案件执行施加压力或进行阻扰。甘肃省一位县长因本县法院协助上级法院执行了本县被执行人的银行存款，竟把县法院院长、分管执行的副院长叫到自己的办公室，训斥说：“我养一条狗还要看我的眼色行事呢，你们怎么能把我的钱给执行了?”迫使这个案件的冻结款被非法解冻，甚至涉及被执行人所在地在该县的案件几乎全部停止执行。① 三是动用一些特殊职能部门如军警部门、执法机关违法插手经济案件，对法院的执行工作横加阻挠和干预。实践中，经常出现某些乡镇政府部门，命令法庭干警到农村催粮催款，滥用司法权威，影响了司法机关的声誉。至于某些行政官员随意干涉司法活动的现象在实践中是屡见不鲜的。②

3. 暴力抗法严重

暴力抗法是执行工作对抗性的一种极端表现。人民法院在执行案件过程中经常遭遇被执行人一方暴力抗拒执行的情况，据不完全

① 参见葛行军：《在全国法院执行理论研讨会上的总结》，载最高人民法院执行工作办公室编：《强制执行指导与参考》2002 年第 1 辑，法律出版社 2002 年版，第 105 页。

② 参见陈晓枫主编：《中国法律文化研究》，河南人民出版社 1993 年版，第 495 页。

统计，仅2002年上半年，福建、湖南等11个省、市、自治区就发生暴力抗法事件192起，执行干警133人受到不同程度的伤害。①而且近年来抗拒执行的手段、方式越来越肆无忌惮，在实践中表现为围、阻、拖、殴、扣等多种方式:② 围，即煽动不明真相的群众对人民法院的依法执行进行起哄、辱骂、围攻；阻，即指使老人、儿童、残疾人无理纠缠，蛮横阻扰；抢，指被执行人公然对执行车辆、警具、卷宗乃至枪支，强行抢夺，或对已执行的标的物进行抢夺，更为恶劣的是对法院依法拘留的违法人员也聚众抢人或要挟放人；殴，即在执行中故意抓扯、伤害甚至殴打执行人员或申请执行人；扣，即被执行人将执行人员、车辆扣起来，并断绝与外界联系，要挟法院“认错”后才能放行。被执行人暴力抗拒执行事件的发生，不仅导致案件无法执行，而且严重危及执行人员的人身自由和安全，严重者甚至危及执行人员的生命。例如，河南某基层法院10余人到山西去执行一件标的为2万多元的案件，在执行过程中遭遇被执行人一方暴力抗法，执行人员全部被打落黄河。被打伤的人爬上来在医院救护时，又被聚集的人群拔掉针头从床上拖到地上继续打，一个个被打得惨不忍睹。当天，发现还有两名执行员没找到，原来这两名执行员因被打昏落入黄河而牺牲，几个月以后才在黄河下游捞出尸体。③

4. 执行乱严重

执行乱主要是指执行机关内部执行程序无序，以及执行行为不

① 参见沈德咏:《在全国法院执行工作座谈会上的讲话》，载最高人民法院执行工作办公室编:《强制执行指导与参考》2002年第1辑，法律出版社2002年版，第22页。

② 参见童兆洪:《民事执行前沿问题》，人民法院出版社2003年版，第247页。

③ 参见葛行军:《在全国法院执行理论研讨会上的总结》，载最高人民法院执行工作办公室编:《强制执行指导与参考》2002年第1辑，法律出版社2002年版，第102~103页。

规范的现象。① 执行乱实质上是"执行难"的一种特殊表现形式，是"执行难"的延伸和层级深化。在司法实践中，执行乱具体表现在三个方面:② 一是消极性违法执行。有的以种种借口拒不采取执行措施，久拖不执，甚至长期暂缓执行；有的不经申请人同意即自行解封保全财产；有的怠于执行或动辄中止执行。二是积极性违法执行。有的不按程序采取执行措施，或不依法分配执行财产；有的违法干预评估、拍卖，损害当事人利益；有的超标的执行，或错误执行第三人、案外人财产；有的违法采取司法拘留，滥施强制措施；有的搞强制和解、强行以物抵债，违背当事人意愿。三是阻碍外地法院执行。有的违法以查封之名行保护被执行人财产之实，对抗外地法院执行；有的帮助本地债务人搞假抵押、假破产，逃避执行；有的公然对抗执行监督，有错不纠。除此之外，少数法院置司法独立、公正的原则于不顾，与当地政府利益纠缠不清，造成执行工作的被动。例如，广西某法院在执行一起行政决定案件中发生群体性事件。某县政府为一山塘和鱼塘权属纠纷，作出将权属确权给甲村民所有的行政决定，乙村民不服，经过行政复议和行政判决维持了此行政决定。在第一次执行受阻后，该县县委领导、县法院、县政府、公安局、检察院、司法局，组织了200多人的执行队伍赶赴执行现场，途中遭到有准备的乙村村民100多人的"伏击"，在锄头、铲子、石灰粉和石块的袭击下，12名执行人员受伤；后由县里调集100多名公安刑警和武警战士增援，拘留了35名抗法群众。③

此外，从"执行难"涉及的案件和领域来看，金融案件、房地产案件、赔偿案件，追索赡养费、抚养费、抚育费"三费"案

---

① 参见童兆洪:《民事执行前沿问题》，人民法院出版社2003年版，第248页。

② 参见高执办:《"执行难"新议》，载最高人民法院执行工作办公室编:《强制执行指导与参考》2002年第1辑，法律出版社2002年版，第361~362页。

③ 参见葛行军:《在全国高级人民法院执行局（庭）长座谈会上的总结讲话》，载最高人民法院执行工作办公室编:《强制执行指导与参考》2003年第3辑，法律出版社2003年版，第79页。

件，集团性案件，党政机关及其原开办的企业和公司的案件以及委托案件等七类案件的执行，成为人民法院难以执行的重灾区。①

三、“执行难”的成因

“执行难”是社会现实问题在人民法院执行工作领域的集中反映，形成“执行难”的原因是十分复杂的，既有立法的原因，也有实体的原因；既有法治环境的原因，也有体制的原因。可以说，“执行难”是各种社会因素共同作用的结果，是一果多因。笔者认为，“执行难”的形成大致包括以下几个方面的原因：

（一）立法原因

1. 成文法滞后

博登海默曾经指出：“法律的‘时滞’（time lag）问题会在法律制度的不同层面中表现出来……立法过程往往也是缓慢而棘手的，而且立法者也往往倾向于对即时性政治利益作出快速反应，而对修正过时的法典或使充满传统因素的司法法律现代化等问题反应迟钝。”② 在我国，经过改革开放30年的发展，整个社会处于快速发展变化的转型时期，各种新情况新问题在人民法院受理的民事纠纷和执行工作中大量出现，使立法工作相对滞后，导致强制执行法律很不健全，束缚了执行人员的手脚，制约了执行工作的力度：③由于没有专门的强制执行法，民事诉讼法典涉及执行的条款远不能满足执行工作需要。

---

① 据北京市高级人民法院对该市2002年未结执行案件的统计分析，金融、房地产、赔偿、“三费”、集团性、党政机关及其原开办的企业和公司、委托等七类案件分别占难以执行案件总数的9%、1.1%、8%、13.1%、39%、9.3%和8.5%。参见田玉玺：《正确认识产生执行难问题的思想根源和社会基础，建立和完善执行生效法律文书的社会保障机制》，载最高人民法院执行工作办公室编：《强制执行指导与参考》2003年第4期，法律出版社2004年版，第306～309页。

② ［美］E. 博登海默著：《法理学、法律哲学与法律方法》，邓正来译，中国政法大学出版社1999年版，第403页。

③ 参见黄金龙：《〈关于人民法院执行工作若干问题的规定〉实用解析》，中国法制出版社2000年版，第8页。

一是现行法律条文少而笼统，不够完善，相较德国强制执行法律242条、日本执行法律189条、西班牙执行法律612条，以及瑞典、瑞士、意大利、秘鲁等国的强制执行法的众多法律条文，我国《民事诉讼法》关于执行程序的规定仅有32条；有的条文缺乏可操作性，赋予人民法院的执行措施少，手段弱，无法对付恶意赖债、逃债者行行色色的转移和隐藏财产的行为，使执行工作顺利进行缺乏保障。

二是法律的空白多、漏洞多，执行中出现的许多新情况、新问题，从现行法律和司法解释中难以找到确切的处理依据，法律方面缺乏相应的明确规定。例如，法院调查企业登记状况、经营状况的权力，强制冻结交易、强制过户的权力得不到切实保障；相关法律对人民法院强制执行中转移一些特定财产权的情况缺乏必要的规定，行政程序方面也没有相应的配合条款，操作起来受各方面制约严重，有关部门常以法无明文规定为由拒不协助执行。除此之外，对于其他一些重要的问题，例如执行机构的设置，执行人员的任免、地位、程序等，均未作出明确的规定。成文法制度的形式合理在于它为整个司法过程提供了一套明确的、完整的规范，力求通过法律的制定使整个司法过程都处于法律的严格控制之下。① 由此可见，成文法的滞后，必将导致法官自由裁量权的扩大和司法恣意行为的产生，并为执行案件的被执行人、协助执行义务人或其他利害关系人利用法律的漏洞规避执行提供可乘之机。

2. 法律规范混乱

由于强制执行法成文法典的滞后，造成我国现行关于强制执行的法律规范是以民事诉讼法为核心加上最高法院在各种时期制定的司法解释以及有关行政机关制定的行政法规组成的“大杂烩”。这些法律规范存在着诸多缺陷。

第一，制定的主体不一，颁布的时间不一，没有形成有机的整体。一部法律规范的诞生，是由立法者在一定立法思想指导下将规则法律化、条文化的过程。而不同的立法主体由于所处的地位、所

---

① 参见王利明：《司法改革研究》，法律出版社2001年版，第216页。

代表的利益、所要完成的任务以及所要达到的目的各不相同，决定了他们在立法活动中所启用的立法思想和指导原则不尽一致，有时甚至呈现重大差别。现行执行法律规范由于分属权力机关、司法机关、行政机关制定，造成执行机关在办案过程中难以以统一的原则和尺度公正执法。

第二，体例散乱，既不便于执法人员熟练掌握，又不利于指导、规范当事人等的行为。由于制定主体的不同，法出多门，加之时间跨度大，因此要将这些不同主体于不同时期制定的法律规范汇编完整而不缺漏，本身就不是一件容易的事情。即使汇编成册，由于体例庞杂，内容重叠，条文浩如烟海，执法人员要做到准确把握、熟练运用十分困难，因此在执法中不可避免地出现“执法违法”的情形。不仅如此，对于执行案件当事人而言，基本了解这些法律规范的条文并运用于具体案件，以维护自己的合法权益就更是难上加难。如此一来，极易出现执行人员利用当事人不熟悉法律规定而违法执行的现象。

第三，一些法律规范内容相互矛盾，在具体执行时容易出现理解上的歧义。其结果要么导致不同地区不同级别的法院之间对适用同一法律条文作出不同的解释进而作出不同的执行行为，影响国家司法活动的统一和权威；要么导致在办理具体案件过程中层层请示汇报，从而大大降低执行效率，错失执行良机。

3. 政策排除法律适用

政策一般指国家政策或政党政策。在我国，由于中国共产党是执政党，而法律是“奉为法律的统治阶级意志”，因此，政策本不应与法律相抵触，政策与法律一道成为规范人们行为的准则。但在实际生活中，一个政策的出台往往很少考虑到法律的存在，甚至一些地方故意用“土政策”、“土规定”超越法律、修改法律，造成了执行工作标准的多重化，引起了法院在执行法律和执行政策面前的两难选择。① 例如，执行机关在执行某单位为被执行人的案件

---

① 参见孙加瑞：《中国强制执行制度概论》，中国民主法制出版社 1999 年版，第 54 页。

中，依法将被执行人的财产采取执行保全措施，被执行人以上访请愿、堵塞交通为要挟，要求执行机关停止执行措施；而申请执行人也威胁道，一旦法院不依法执行，自己的职工也要上访请愿、堵塞交通。此时，对于如何执行国家法律和维护社会稳定的政策，执行机关必然面临艰难选择。至于司法实践中以执行社会稳定政策而使执行机关违背法律规定将案件裁定中止执行的案例更是俯拾皆是。

此外，在经济转型时期容易出现成规模的企业或其他组织关、停、并、转，政府往往出台一些政策要求法院配合，这些政策常常以排除法律的适用为基本特点。例如，人民法院在执行以撤销、关闭清算的金融机构为被执行人案件时，对于该金融机构的执行案件裁定中止执行以后，一旦发现被执行人可供执行的财产，依照《民事诉讼法》第 232 条的规定，人民法院有权恢复执行。然而，根据国家关于维护此类金融机构清算秩序的政策，人民法院依法对于已过“保护期”的“黑名单”上的债务人恢复执行，并不能得到现行政策的支持。

（二）实体原因

1. 执行依据不公正

司法公正始终是司法的本质要求，也是人们需要将其纠纷提交裁判的理由。① 在社会生活中，当主体之间的权利义务关系遭到破坏和扭曲时，人们转而向司法机关寻求公力救济，以期通过公正的司法裁判与执行活动解决纠纷，矫正遭到扭曲和破坏的权利义务关系，消除冲突的发生，或者将冲突制止在发生之前。因此，当事人及社会公众对司法机关裁判活动的公正性有着很高的期待。“只有当法律完全被法院公正地作出解释后适用时，法律才会被社会的大多数成员所接受。”② 对于案件的当事人而言，生效法律文书是否公正，直接决定着该法律文书能否为当事人所接受，进而影响其是否自觉履行。

---

① 参见王利明：《司法改革研究》，法律出版社 2001 年版，第 13 页。

② 亨利·亚伯拉罕（Henry J. Abraham）语。转引自汪习根：《司法权论》，武汉大学出版社 2006 年版，第 28 ~ 29 页。

在司法实践中，除了部分债务人缺乏履行义务的诚信外，还有一部分债务人由于对执行依据的公正性怀有否定和抵触心理，而在行动中拒不履行执行依据确定的义务。执行依据缺乏公正性的原因很多，有的是对案件事实认定不够准确，有的对证据采纳不全面，有的分析说理不充分，有的适用法律不恰当，有的办案程序违法，等等。当事人一旦对司法机关的公正性产生疑虑，要在执行中变成自觉的行动必然会出现困难。正如有学者指出，“公正”作为一个评价标准，只有在合乎大多数人的公正理念时，这种公正才是可欲的。① 因此，在执行程序中，许多被执行人因强烈质疑执行依据的公正，转而将对抗情绪发泄至与作出该生效法律文书为同一机关或同一类机关的执行法院身上，② 许多债务人反复向执行人员阐述自己对执行依据实体问题的抗辩，少数债务人甚至公然宣称：财产是有的，只要法院不歪判，怎么执行都可以。由于对执行依据的公正心怀不满，债务人常常采取各种手段对抗执行，成为“执行难”的重要成因之一。

2. 强制执行触及人权保护的底线

前已述及，生存权是一项重要的基本人权。门格尔认为，在人的所有欲望中，生存的欲望具有优先地位。如果被执行人完全缺乏履行债务的能力，则属于当事人应当自行承担的经营风险，不属于“执行难”范畴。但是，当被执行人具有一定的履行能力，但这种能力不足以确保在实现执行依据确定的债权的同时又能保障自身的生存权等基本人权时，强制执行便成为一种困难。如果一件案件的执行触及到被执行人生存权的底线，恰巧案件的执行结果可能关系到债权人的生存权时，出现“执行难”便是一种顺理成章的现象了。如果当事人一方或双方是具有一定数量成员的法人或其他组织

① 参见胡玉鸿：《司法公正的理论根基》，社会科学文献出版社 2006 年版，第 85 页。

② 在众多当事人眼里，人民法院、司法行政机关、仲裁机构乃至作出行政决定的行政机关是同一类机构或“一家人”。尤其是在行政非诉执行案中，法院的中立地位常常不被被执行人及社会公众所认同。

时，“执行难”的程度还会得到加剧。因此，对于一些经济效益差、生产经营难以为继、职工基本生活不能得到保障的危困企业，如果强制执行，势必突破保障被执行人发展权及其职工生存权的底线，无疑将激化矛盾，影响群众的生活秩序和社会安定。在这种情况下，尽管被执行人拥有土地、厂房、机器设备等财产，执行法院往往不得不停止案件的执行程序，造成“执行难”。

（三）法治环境原因

1. 司法缺乏权威

在一个法治的社会，司法权力是与立法权、行政权相抗衡并相互制约的权力制衡体系的重要组成部分，司法享有崇高的权威。“法院是法律帝国的首都，法官是帝国的王侯。”① 我国现行《宪法》第3条第3款明文规定，国家行政机关、审判机关、检察机关都由人民代表大会产生，对它负责，受它监督。并在第三章“国家机构”中对于中央及地方行政机关、审判机关、检察机关（即俗称的“一府两院”）的设置作出了具体规定。根据宪法的规定，作为独立行使国家审判权和执行权的人民法院，其宪法和法律地位是与行政机关平行的。所有国家权力的行使都应当建立在权威性基础之上，而针对司法是解决争议的最后一道防线的性质而言，司法更应当具有绝对的权威才能保证法治的实现。正如澳大利亚著名大法官马丁所言，“在一个秩序良好的国家中，司法部门应得到人民的信任和支持。从这个意义出发，公信力的丧失就意味着司法权威的丧失”。②

然而，根据“党对政法工作绝对领导”的原则，行政机关首脑与人民法院院长在执政党内地位的巨大差距，决定了人民法院要在实际生活中达到宪法规定的与行政机关在法律上的平行地位是极其困难的。正如有学者评价的那样，人民法院的实际地位远远没有达到法律规定的地位，这是尽人皆知的……以至于使整个社会觉得

① ［美］德沃金著：《法律帝国》，李常青译，中国大百科全书出版社1996年版，第361页。

② 转引自汪习根：《司法权论》，武汉大学出版社2006年版，第81页。

人民法院类同于甚至还不如一个一般的机关。① 特别是在中国这样一个"官本位"观念十分浓厚的国家，人民法院相对较为低下的地位很难保证其在行使审判权和执行权过程中保持较强的独立性和监督制衡行政机关的能力。实践中，我们经常听到一些权势人物对执行人员蔑视性的话语："你们法院是什么级别，凭什么执行我！""让你们院长来跟我讲话！"等等。由于司法缺乏足够的权威性，导致司法机关缺乏应有的公信力，许多当事人对司法的判决的公正性缺乏必要的依赖，即使对公正的裁判也不愿意自觉地履行，"执行难"因此成为困扰司法的最大难题之一。②

2. 社会诚信严重缺失

诚实信用是规范和调节平等主体之间人身和财产法律关系的"帝王条款"或"帝王原则"，也是维系社会和谐的重要支撑力。"诚信友爱"是和谐社会的重要特征，而一个缺乏诚信的社会是断然不可能保持和谐的。近 30 年来，随着改革开放的深入，社会的物质财富出现了巨大增长。然而，由于数千年来形成的中国古代法精神与现代法精神中的契约思想根本对立，③ 现在我们还没有建立起一种社会的诚信机制。④ 人生的弱点决定了任何人都不是天生的守法者。于是，社会的诚信机制便更加凸显其重要性。在一个诚信的社会里，如果一个债务人不履行生效法律文书确定的义务，那么他就会在市场选择和市场竞争中处于极其不利的地位，所付出的代价远远大于不履行债务所得到的利益，他将在这个诚信的社会里寸

---

① 参见景汉朝，等：《审判方式改革实论》，人民法院出版社 1997 年版，第 11～16 页。

② 参见王利明：《司法改革研究》，法律出版社 2001 年版，第 143 页。

③ 有学者指出，中国古代社会是身份社会；中国古代法律是伦理法律。这两个方面的结合构成中国古代法的真精神。这种法精神在现阶段的中国仍然存在。参见周叶中主编：《宪法》，高等教育出版社、北京大学出版社 2000 年版，第 186 页。

④ 肖扬语。转引自俞灵雨《在全国法院执行信息管理现场会上的讲话》，载最高人民法院执行工作办公室编：《强制执行指导与参考》2004 年第 3 辑，法律出版社 2005 年版，第 7 页。

步难行。因此，在西方许多法治国家，债务人更多的是自动履行。许多与中国交流的外国法官不懂得、更不理解中国“执行难”的含义。

由于我国现今社会远没有形成诚实守信的价值观念，一些被执行人更是道德沦丧，加上对违法行为打击不力，致使拖、逃、赖债的歪风愈演愈烈。由于相应的执行威慑体系没有建立，被执行人虽然拒不履行，却在社会征信、消费、经营、投资等领域不会受到任何惩罚。这种局面反过来又鼓励了债务人的逃债行为，以至于出现一个有充分履行能力的被执行人也要想方设法逃避一笔小债的极端情况。笔者认为，“执行难”在很大程度上正是社会诚信缺失的一个缩影。

（四）体制原因

1. 强制执行权地方化

司法独立是司法权和强制执行权摆脱地方保护主义侵扰的制度基础。美国法学家考夫曼曾经说过，“不能要求各级法院为了生计手捧帽子，向他们的主要的诉讼当事人（指政府）乞讨”。①

然而，在我国现行体制下，人民法院的人、财、物权受制于地方行政机关，加上行政机关主要负责人往往又是党的领导机关的主要负责人，不仅掌握着法院领导层的推荐与任免建议权，地方政府还掌握着法院的人事编制权，导致人民法院处处受制于政府，从而使司法权和强制执行权严重“地方化”。强制执行权地方化的直接后果便是滋生地方保护主义，因为“就人类天性之一般情况而言，对某人的生活有控制权，等于对其意志有控制权”。② 加之我国社会主义市场经济尚未发达，资源配置的矛盾不可避免地推动地方政府纷纷追求利益最大化，于是，人民法院常常受地方政府之命为当地经济建设“保驾护航”，往往沦为服务于地方政府的工具。在这种体制下，法院不受地方的干预是不可能的。无数的事实证明，地

---

① ［美］考夫曼：《维护司法独立》，载《法学译丛》1981 年第 3 期。

② ［美］汉密尔顿等：《联邦党人文集》，程逢如等译，商务印书馆 1980 年版，第 391 页。

方保护主义越严重的地方，执行工作就越困难，“执行难”的程度常常与保护主义的程度成正比例。

2. 执行体制存在缺陷

现行执行体制存在许多缺陷，制约了执行效率的提高。

第一，执行法官选拔机制不利于执行队伍整体素质的提升。前已述及，在法治国家，法官是职业精英，有着极其严苛的选拔程序，从而确保把极少数最优秀的法律专业人才选拔到法官岗位上。而我国由于干部人事制度未能考虑法官的职业特点，加上任职条件过低和选拔程序缺乏科学性，导致现行法官队伍整体素质不高，执行水平受限。有的甚至违法违纪，损害了执行队伍形象。

第二，没有形成上下垂直领导的执行工作体制。在横向关系上，各地区的人民法院执行机关囿于本地方、本部门利益，相互间关系松散，相互配合协调不够，相互掣肘甚至拆台的事情经常发生；在纵向关系上，上下级法院执行机关之间监督制约乏力，集中统一不够，不能形成全国法院一盘棋的整体合力，① 从而增加了执行工作难度。

第三，执行保障机制不力。由于人民法院执行工作经费保障大多没有纳入政府预算，更没有建立全国性的执行经费独立保障制度，从而使人民法院执行装备整体上较为落后。在经济欠发达地区有的甚至连人员工资都不能完全得到保障，至于车辆、通信、差旅经费更是没有着落，致使对被执行人转移财产、逃避执行的违法行为缺乏快速反应和有效反制的能力。

3. 执行救济机制不完善

没有救济就没有权利，有效的执行救济制度对于规范执法主体的行为，消除“执行乱”具有重要意义。我国现行救济制度不完善，对于一些执行机关和执行人员违反法律规定，损害当事人、第三人、案外人合法权益的行为缺乏有效的监督制约机制，成为产生“执行乱”的重要根源。下文将专门进行论证。

---

① 参见吕小武、陈明亮、李炎：《改革人民法院执行机构的构想》，载《法商研究》2004 年专号。

综上所述，“执行难”是在现实社会背景下多种因素共同作用的结果，解决“执行难”必须从源头上治理，全社会齐抓共管，促进社会走上和谐发展的轨道。和谐社会的建成之日就是“执行难”终结之日。

四、“执行难”对构建和谐社会的危害

大量生效法律文书难以执行，不仅阻碍了债权人通过执行依据确定的合法权利的实现，而且损害了人民法院应有的司法公信力。“执行难”从本质上是社会不和谐的反映，并且对构建社会主义和谐社会具有重大阻碍作用。

（一）法治权威受到蔑视与挑战

法治意味着法的统治以及法律至上的权威，法律成为全体社会成员的行为准则，比其他规范对社会主体的行为更具有支配性，即法律获得普遍的服从。然而法律的这种权威需要通过司法权和强制执行权的顺利运行而建立。人们对法治的信仰绝非与生俱来，而是透过具体案件所彰显的正义赢得。“执行难”的出现，必然使发生法律效力的判决、裁定、仲裁裁决、公证债权文书等“写满正义的纸张”在当事人及社会公众面前变为“法律白条”，进而使法律的尊严和司法的权威在被执行人的抗拒下荡然无存，这必将动摇他们对于依法治国、建设社会主义法治国家的信念。“法律必须被信仰，否则它将形同虚设。”①

（二）公平正义失守于最后防线

和谐的真谛是正义。公平正义是社会主义和谐社会的核心价值，公平正义是社会主义的本质要求，是中国共产党长期追求的目标，维护和实现社会公平正义，关系到公民的基本权利，关系到人民群众对党和政府的信任与合作，关系到社会的稳定与和谐，关系到党和国家的长治久安，而且关系到社会主义的基本价值、人的全

---

① 参见伯尔曼著：《法律与宗教》，梁治平译，三联书店 1991 年版，第 14 页。

面发展和社会的全面进步。① 同样地，公平正义也是司法执行工作的生命线和灵魂。由于执行依据是“写在纸上的正义”，它能否得到公正及时的执行，直接关系到正义能否在社会生活中得到转化与实现。有学者指出，如果说司法是维护社会公平正义的最后一道防线，那么强制执行权又是维护司法公正的最后一道防线。② “执行难”的出现，意味着当事人通过国家公权力实现私权救济期望的落空，社会主体之间遭到扭曲和破坏的权利义务关系未能得到有效矫正，正义在最后的防线上失利，从而为冲突播下火种。

（三）诚信友爱遭到遏制

诚信友爱是社会主义道德的核心内容，诚实信用是社会主义法律关系的重要原则。诚实信用友爱互助法制观念的形成，不仅有赖于道德的宣教，更有赖于法律的教化与规制。“执行难”的出现，无法实现在当事人之间的利益关系和当事人与社会之间的利益关系进行平衡的目标，使市场参与主体的社会信用关系和商品交易安全得不到保障，从而扩大市场交易成本，破坏经济发展。德沃金曾经说过，“任何人不得从自己的错误中获利”。③ 这是一个诚信社会的生存发展准则。“执行难”实际上是对被执行人投机钻营、尔虞我诈等不诚信行为的变相支持与奖励，因被执行人违反诚信原则的行为不能得到有效制裁，而使社会公众无法正确认识违背诚信应当付出的代价而放任违法，并对诚信原则发自内心地抵制和疑虑。同时，大量生效法律文书得不到执行，使当事人之间的纠纷不能得到有效化解，不利于其消除隔阂，建立平等友爱、融洽和谐的人际关系。

“执行难”也是社会诚信危机在执行领域的表现。有研究表

① 参见杨青山编：《社会主义和谐社会研究》，大连出版社 2007 年版，第 40 页。

② 参见童兆洪：《民事执行权研究》，法律出版社 2004 年版，第 34 页。

③ 参见张文显：《二十世纪西方法哲学思潮研究》，法律出版社 1996 年版，第 386 页。

明，诚信的缺失给社会带来许多严重问题，直接影响了社会和谐。① 首先，诚信危机损害了社会的公平和正义。一旦人们为了个人私利而置诚信于不顾，使诚信危机在一些人身上出现，就必然危害人们之间正常的、合理的权利义务关系，影响社会的基本秩序与和谐关系，从而损害了社会的公平和正义。其次，诚信危机影响了社会安定和团结。诚信的作用从理论的高度可以概括为“凝聚力”三个字，正是这种凝聚力规范着人们的选择，使人们在多元的人生道路面前毫不犹豫地走向正确之路，而且确信这种选择是正确选择，而这恰恰是一个国家、一个民族所不可缺少的精神支柱；一旦发生诚信危机，人们就失去了共同的道德价值目标和价值标准，就必然涣散人们之间的凝聚力。再次，诚信危机败坏了社会风尚和秩序。在诚信危机发生过程中，人们的道德情感逐渐淡化、消失甚至走向反面；人们对原来的道德价值系统的崇敬感、神圣感没有了，感到困惑、迷茫、彷徨、焦虑乃至幻灭。诚信原则的扼制，既不利于社会主义市场经济的培育与发展，也不利于建立和谐的社会主义人际关系，最终使市场经济从基础层面遭到破坏。

（四）社会安定受到损害

社会安定有序是社会主义和谐社会的基本条件和重要保障。和谐社会并不排除差异与矛盾，当事人之间发生的法律纠纷本身就是社会矛盾的一种表现形式。强制执行权的运行与建立安定有序的社会秩序息息相关。强制执行权的顺利运行，可以引导社会矛盾向良性方向发展；反之，“执行难”的出现则会诱导社会矛盾朝恶性方向转化。一方面，当生效法律文书载明的权利在人民法院通过执行公权力得不到救济时，当事人可能转而寻求自力救济。一些当事人走投无路，便通过上访寻求出路，影响社会稳定；有些当事人甚至求助于带有“黑社会”性质的流氓恶势力代为索讨债务，绑架、

---

① 参见王荣华、童世骏主编：《多学科视野中的和谐社会》，学林出版社2006年版，第335～336页。

伤害当事人，严重危害了社会治安。①另一方面，执法主体的不规范执行行为乃至违法执行行为，不仅使当事人、案外人的合法权益受到损害，从而加剧执行当事人之间以及执行机关与当事人之间的矛盾，而且可能诱发暴力抗拒执行的恶性事件，严重影响社会稳定，并引起一系列严重的社会问题。

五、对“执行难”的综合治理②

既然“执行难”是各种社会因素共同作用的结果，是一果多因，那么，解决“执行难”问题，也必须做到“对症下药”，根据其不同成因分别采取各种因应措施，多管齐下进而形成合力，以达到对“执行难”进行综合治理的目的。

（一）加大立法力度，努力建立统一完备的部门法体系

前已述及，由于强制执行法成文法典至今尚未颁行，致使强制执行部门立法工作严重滞后。我国现行关于强制执行的法律规范是以民事诉讼法为核心加上最高法院在各种时期制定的司法解释以及有关行政机关制定的行政法规组成的“大杂烩”，不仅条文少而笼统，法律的空白多、漏洞多，而且由于制定的主体不一、颁布的时间不一，体例散乱，造成一些法律规范内容相互矛盾，既不便于执法人员熟练掌握，又出现政策排除法律适用的弊端。成文法的滞后，造成执行人员面对整个社会的快速发展变化，在处理民事纠纷和执行工作中大量出现的新情况新问题时找不到明确的、完整的规范依据，束缚了执行人员的手脚，制约了执行工作的力度。同时还导致法官自由裁量权的扩大和司法恣意行为的产生，并为执行案件的被执行人、协助执行义务人或其他利害关系人利用法律的漏洞规避执行提供可乘之机。而要扭转这种被动局面的惟一可靠途径，就是尽快制定强制执行法典，推动强制执行部门法体系的建立和完

① 引自《中共最高人民法院党组关于解决人民法院“执行难”问题的报告》。

② 参见曾宪文、李炎：《谈对“执行难”的综合治理》，载《人民司法》2000年第1期。

善，使强制执行权的运行真正处于较高层级的“有法可依”状态，彻底摆脱法律体系不完善带来的种种困境。至于强制执行法如何制定，以及应当通过立法手段加大对恶意逃、废债务行为的制裁，下一章另有论述。

（二）加大执行力度，努力探索执行工作新途径

生效法律文书确定的义务人如果未能在法律规定的时限内自动履行义务，则法院依债权人的申请予以强制执行，其力度的大小，不仅直接关系到当事人合法权益的实现，也关系到“执行难”问题的有效解决。在被执行人有履行能力而拒不履行的情况下，依法加大执行力度，对于打消恶意赖债者的侥幸心理，树立法院的司法权威具有十分重要的意义。所谓加大执行力度，包括三个方面的含义：首先，是指在依法规范执行程序的前提下创造性地开展工作。第一，要求进一步落实执行公开制度。进入执行程序的案件，法院应当严格按照执行公开的要求把执行过程向当事人及社会予以公告，把被执行人的情况置于社会的监督之下。第二，要求强化被执行人财产申报制度。被执行人必须定期到法院申报财产，法院根据申报进行核实，不按时、不如实申报或负债逃跑的，依法追究包括刑事责任形式的法律责任；对确无财产可供的，依法组织清算，能说明属风险亏损无力偿付债务的，法院应向有关部门移送相关材料，依法注销，终结执行并公告。第三，要求在不违反法律禁止性规定的前提下积极探索新的执行方法。解决执行难题，必须对执行工作新情况、新问题加强研究分析，积极探索执行工作的途径和新的方法。执行工作是一项非常注重技巧和艺术的司法活动，从实际出发、因案制宜通常能达到事半功倍的效果。例如，赋予律师一定的调查权，适当扩大依法调查的权力主体，建立多元化的被执行人财产调查机制；对长期赖债者在新闻媒体上“曝光”，与有关机关、单位建立必要的协作机制，限制债务人进行某些消费活动；建立举报制度，对提供被执行人财产线索或举报被执行人违反法院禁令进行高消费的公民给予一定的奖励，并将所需奖金计入执行标的；对无力偿债但有劳动能力的被执行人以其劳务抵债，等等。对这些行之有效的举措要反复揣摩、灵活选择使用，并在实践中不断

推陈出新。其次，在坚持严格执法、文明执行的前提下充分运用法律赋予的强制措施和手段。虽然我国目前尚未颁布专门的强制执行法，但散见于《民事诉讼法》等法律、法规中的民事强制措施还是较为全面充分的，关键是要在执行过程中熟练掌握和果断准确适用。在事实清楚、证据充分、手续完备的前提下，对被执行的财产及时采取查封、冻结、扣押、搜查、划拨、拍卖、变卖等强制措施，有助于债权人合法权益得到实现。对那些故意障碍、抗拒执行的违法行为，应依照《民事诉讼法》适用拘传、罚款、司法拘留等强制措施，情节严重的，坚决按《刑法》的有关规定追究刑事责任。再次，应当建立以诚实信用为核心、全社会参与的执行威慑机制，使逃、废债务的被执行人在社会上寸步难行。在许多法治国家，假如一名债务人不履行债务，那么其个人信用就有不良记录，由此产生的违法成本将远远高于所得利益，例如，没有雇主愿意雇佣他，银行不再给他贷款，他无法以自己的名义注册公司或担任公司成员，保险商将拒绝为其提供保险或者收取远远高于一般人的高额保费，其子女所在的学校可能会要求转学，其参加高消费将面临被警察立即拘捕的危险，等等，因此，没有人愿意为逃避债务而冒这样的风险。笔者认为，建立执行威慑机制是解决“执行难”的关键环节。

（三）加大服务力度，努力扩大执行工作社会效果

在经济全球化的背景下，在竞争中求发展是所有企业面临的共同挑战。特别是在当前的经济转轨时期，众多企业尤其是国有大中型企业成为被执行人，其中部分企业生产经营陷入困难，资产负债率高，不良债务重，效益下降，亏损严重，这也是造成“执行难”的重要原因之一。作为中国特色社会主义司法制度重要组成部分的人民法院，决不能僵化地就案办案，而应站在促进社会和谐稳定的高度，强化服务职能，采取有效措施提高被执行人的偿债能力。因此，从实际出发，在法律规定的范围内采取灵活、变通的执行方法，从而保障和促进作为被执行人的企业改革和发展，促进企业资产的良性循环，提高企业的经济效益，这对于改善执行工作的客观环境，缓解“执行难”，无疑是一项标本兼治的工作。在执行涉及

国有企业的案件时，应当努力把握党和国家的工作中心，把科学发展观及和谐司法的理念贯穿于执行工作始终，坚持公正、大局、服务、保障四项原则，充分发挥审判职能作用，扩大执行工作的社会效果。例如，在具体执行活动中法院可以发挥中介作用促成企业合并，由实力强劲的企业兼并无履行能力的困难企业，被兼并的企业的债务由存续企业进行清偿；对于被执行的产品科技含量高、附加值高、有市场、能回笼资金，却因债务缠身融资无望，无法扩大生产的，在做好申请人的工作后，可以采用“债权转股权”的方式，通过法律程序使债权人参与经营，增加企业活力，促进企业发展；对被执行人的产品有一定市场效益，符合产业发展政策，有发展潜力的，可以采取“放水养鱼”的方式，以一定的资产作抵押，中止执行，待被执行人经营状况好转时，再行收回债权；对被执行人具有申请执行人所需的某种劳动、管理技能或土地使用权等，可以劳务、土地使用权抵债的方法使申请人的债权得到清偿；对被执行人已无有形财产可供执行，而其尚有较好声誉的产品商标或专利技术等无形资产的，可转让其无形资产清偿企业债务；对于缺乏流动资金或账面资金不多但拥有较多债权的企业，可以依照法律规定集中执行到期债权，帮助企业清理“三角债”；对执行人依法无法转移所有权、其财产因使用不当而面临毁损或贬值危险的，可以尝试委托中介机构予以强制管理，用经营所得的收益来清偿债务；对被执行人破产、关闭的，加大对其债权的执行力度，减少破产费用，尽量提高清偿率，减少债权人的损失。

（四）加大宣传力度，努力改善执行工作舆论环境

良好的法制宣传工作，一方面可以调动社会舆论的力量，给被执行人施加强大的社会压力，加大被执行人逃避执行的违法成本，使被执行人不敢对抗执行，从而改变执行工作被动孤立的局面。从某种意义上讲，“执行难”，是被执行人不懂法、不守法的结果，是将个人和部门利益凌驾于社会整体利益和国家法律之上的结果，因此加强社会主义法制宣传教育显得尤为必要。法治国家的建立是一个渐进的过程，需要几代人的艰苦努力才能实现。法制的健全、公民法律意识和法制观念的增强无疑有助于执行工作的开展。因

此，在多办案、快办案、办好案的同时，充分发挥执法者的主观能动性，通过各种形式宣传人民法院的执行工作，把国家的法律和政策以人民群众喜闻乐见的形式通过报纸、电视、互联网、广播等新闻媒体予以宣传，可以在全社会形成“生效法律文书必须执行”的法律意识，形成以抗拒、阻碍、干扰人民法院执行为耻，以服从、协助、支持人民法院执行为荣的法治氛围。另一方面，全方位、多层次的执行宣传活动，可以加强全体公民的自我保护意识和风险防范意识。对重大、疑难或典型执行个案的公开报道，除了对赖债、逃债的被执行人具有舆论警示及制裁作用外，也使其他法律主体知悉被执行人的资信状况，从而避免了与被执行人进行经济活动时因不知情而产生新的不良债务的可能；而一般公众也通过具体的执行案例学习了法律知识，并自觉以国家法律规范自己的行为，避免无谓诉讼的发生，或者在其合法权益受到侵犯时能够为法院执法活动提供积极、有效的协助，正确运用法律武器及时维护自身的合法权益。

（五）加大改革力度，努力建立协调的执行运行机制

毋庸讳言，现行的执行体制缺乏效率，阻碍了执行工作的深入发展，在一定程度上也是造成“执行难”的原因之一。由于历史的原因，人民法院的人、财、物长期受制于地方政府及有关部门，和其他审判工作一样，执行工作也常常受到来自于地方的掣肘，难以理直气壮地公正执法。因此，改革法院现行管理体制和执行工作体制，建立有利于法院严格执法、公正执行、运转高效的执行工作运行机制已成为一项十分紧迫的任务。首先，必须加快执行机构改革的步伐，在遵循法治原则的前提下，建立全国统一的执行机构，实行垂直领导和分级管理，最终从人、财、物等方面与地方政府脱钩。这不仅是法院机构改革的问题、更是落实宪法赋予法院地位的问题。这个问题若能有效解决，必将极大地增强人民法院抵御地方保护主义的能力。其次，在统一的执行工作体制下，应当适时调整工作布局，建立跨区域的集中执行及案件责任制度。打破执行案件地域局限，以被执行财产所在地法院为执行管辖的首要原则，在加强地方法院之间协作的基础上集中优势兵力开展集中执行，不仅可

以降低执行费用和减轻执行人的经济负担，而且有利于避免冲突事件的发生，有利于提高执行工作的效率，是解决“执行难”的有效途径之一。从以往的情况综合来看，委托执行的效果不太理想，主要是全国法院未能形成这项工作的统一领导和管理体制，特别是许多法律在观念上未引起足够重视，从而导致借故拒绝、消极应付、久拖不执的情况时有发生。因此，从法院当前执行工作的实际出发，适时调整工作布局，取消委托执行制度，代之以跨区域的集中执行，并建立相应的工作责任制和责任追究制，必将使现有的人、财、物资源得到更大效率的利用，从而使“执行难”的状况得到有效遏制。

（六）加大管理力度，努力提高执行人员执法水平

“执法能力是党的执政能力在政法机关的重要体现，是政法机关完成各项任务的重要保证。提高执法能力，最核心的是提高群众工作能力。”① 执法者自身素质的高低直接影响执法活动的质量。过去，由于对执行工作的地位、作用认识不够，在执行人员的配备上先天不足，执行队伍整体素质不高。一些执行人员在严肃执法、文明执法上存在一些问题。如搞超标的扣押、不区分赔偿责任与连带责任、胡乱追加第三人、以拘代执等，这些“执行乱”的行为更加剧了“执行难”的状况。为了改变这种局面，除了应加强干警的思想建设、政治建设、组织建设、纪律建设和作用建设外，还必须对现有的干部人事等管理制度进行大刀阔斧的改革，努力推进执行队伍建设，使之适应新时期执行工作的需要。一是应当改变现有的执行员、书记员配备模式，建立有利于竞争富于效率的执行法官配备制度。在建立执行员独立系列的基础上，② 从现有法官中从优选择一批政治素质高、业务精良、作风过硬的人员担任执法法官及执行员，每名执行法官或执行员配备若干名（不少于2名）执行官助理，执行官助理从现有的助理审判员、书记员及法警中选

① 周永康：《坚定不移地做中国特色社会主义事业的建设者和捍卫者》，载《求是》2008年第15期。

② 本文结语部分对此有专门论述。

任。根据执行立案到结案各项程序的不同要求，分别对执行法官、执行员及执行官助理的职责作出具体规定，使其互相监督、配合、制约，各司其职，通过协作共同行使执行裁决权和执行实施权。与此同时，应加强执行案件督办和检查制度，建立领导接待来访和参与执行机制，防止执行人员滥用权力，这种机制既可以把执行员从一执一书配备带来的繁杂的事务性工作中解脱出，使其集中精力处理执行中的重大问题，又可以发挥书记员的主观能动性，从而最大限度地发掘人力资源潜能。二是应当狠抓干警法律知识和业务技能的培训，使其成为胜任执行工作的全面型专门人才。执行工作是一项涵盖面很广的司法专门工作，对执法者的素质相对要求较高。一名合格的执行人员，必须既会做司法工作，又会做群众工作，还要会做思想政治工作。随着国家立法进程的加快，大量的新法不断颁布，执行人员如果对市场经济条件下的法律知识缺乏系统学习，对执行工作新情况、新问题及适用法律缺乏足够研究，就难以适应工作需要。同样地，执行工作与法院的其他审判工作一样和人民群众密不可分，需要有群众观念，善于做群众的思想工作，在开展执行活动时正确对待群众的呼声与要求，如果缺乏群众的理解和支持，工作起来就会寸步难行。为此，必须建立相应的制度加以解决，如执行人员定期轮训制度、岗位考核制度、领导督促制度、当事人评议制度、违纪处罚制度、听证合议制度等，给执法者以压力和动力，增强执行工作的透明度，克服暗箱操作等不规范行为，把执法者置于广大人民群众、社会公众舆论的监督之下，促使其不断全面提高自身素质。

（七）加大监督力度，营造执行工作良好的社会环境

执行环境在很大程度上制约着法院的执行工作。由于执行工作牵涉面广、社会性强，单纯依靠法院自身的努力尚不能完全解决问题，必须紧紧依靠党委领导，自觉接受人大监督。加大监督力度，首要的是争取上述机关支持以抵制地方保护主义和部门保护主义的干扰。大量生效法律文书难以执行，地方和部门保护主义是一个总根源。对某些地方或部门以各种借口、各种方式干预执行，少数领导出于各种利益考虑就个案打招呼，发函件、批条子的行为，法院

除依法抵制外，还应当积极依靠党委、人大予以排除，情节严重的，还要通过纪检部门给予纪律处分。同时，法院的协助执行工作离不开党委和人大的积极协调。随着执行工作难度的日益加大，法院的执行活动需要检察、公安、银行、工商、土地规划、房产等职能部门协助的情形愈加普遍。特别是对那些导致“执行难”的不合格主体，可以通过党委、人大进行协调，责成工商等职能部门从源头上予以查堵，如不予年检、吊销执照等，使空壳公司、皮包公司逐步归于消灭，从而使执行积案得以消除。此外，在法院独立的人、财体制建立之前，法院执行机构的设置，人员和装备的配备暂时离不开同级党政机关的支持，执行工作流动性大，对抗性强，极易发生各种突发事件，对物资装备有特殊要求。法院实行“收支两条线”后，应更加积极地寻求有关职能机关的支持，特别是审判的经费应予以保证，人员配备、通信、车辆、警械等物资装备也应满足执行工作的现实需要。需要明确的是，党委领导和人大监督是以保证法院真正依法独立行使执行权为前提的，这是我国实现社会主义法治的基本要求。因此，应当加强执行监督的规范化、制度化建设，既保障对执行办案活动实施有效监督，又保障执行部门依法独立公正地行使职权。

第二节　执行权运行中的社会稳定问题

强制执行权运行与社会稳定息息相关。由于司法权担当着“匡扶社会正义”的职责，而强制执行权又是平息当事人法律纠纷的最后一道防线，一旦运转不畅，很容易使本应在法律框架范围内解决的矛盾突破司法执行权的防线，将“法律问题”转化为“政治问题”，成为影响社会和谐稳定的群体性事件。

一、执行中群体性事件的特点及成因

（一）执行中群体性事件的特点

执行中群体性事件与人民法院的执行工作具有密切的关联，是社会矛盾在执行工作中的一种特殊表现形式，具有主体代表性强、

利益指涉性明确、社会关注度高、对抗性突出、负面作用大的特点，是事关执行权公正运行与和谐社会建设的重大问题。

1. 主体代表性强

一般而言，在执行中发动群体性事件的主体是执行法律关系中处于相对"弱势"的一方，即所谓"弱势群体"。在社会主义市场经济条件下，由于社会利益的分化，导致不同的社会群体对社会资源的占有各不相同。研究社会学的学者根据社会的人群按照其拥有的社会资源多少将社会群体划分为两大类：一类是拥有政治、经济、文化资源较多的群体，例如拥有政治权力的官员、拥有资本的企业家、拥有较高文化水平和专业知识的专门人才等，称之为"资多"群体；另一类是拥有社会资源较少的群体，例如一般的工人、农民和失业、无业人员等，称为"资少"群体。① 这里的"资多"群体、"资少"群体就是众所指称的"强势群体"和"弱势群体"。当然，资多与资少、强势与弱势只能是一个相比较而生的概念。而处于不同层次的社会群体，其社会地位和社会关系是存在差异的。法学家对"弱势群体"则有着自己的定义，认为社会弱势群体是一个相对性的概念，它指的是在一个特定的社会中，一部分人比另一部分人在智能、体能以及权能方面处于相对不利地位的人群。社会弱势群体又是一个动态性的概念，它指的已不仅是传统意义上的老弱病残群体，还指称在日趋激烈的社会竞争和全球化浪潮中随时陷于失业、贫困、孤立、边缘化状态中的人群。② 在执行权运行过程中，处于弱势群体的一方基于自身利益，为了对抗处于强势的一方，暂时结成团体以对抗性的方式作出自己的意思表示以期维护自身权益。

2. 利益指涉性明确

执行中群体性事件的主体通常具有明确的利益指向，意图通过

---

① 参见王荣华、童世骏主编：《多学科视野中的和谐社会》，学林出版社 2006 年版，第 110 页。

② 参见齐延平主编：《社会弱势群体的权利保护》，山东人民出版社 2006 年版，第 2 页。

群体性事件向执行机关或其领导机关、监督机关、主管机关等相关机关施加压力，或者取得社会舆论的同情与支持，借以与执行中处于强势的一方保持平衡，使其所代表的利益在执行中得到实现或维护。例如，非法集资纠纷案的受害群体要求人民法院将受害人的款项执行并发还，困难企业的职工阻止人民法院对企业资产的强制执行，农民工要求人民法院尽快执行劳动报酬，被执行人的家庭成员抗拒执行机构对被执行人采取人身强制措施，等等，无不指向一定的利益。在执行程序中，弱势群体的利益可能是既得利益，也可能是期待利益；可能是合法利益，也可能是非法利益；可能是涉及主体基本人权的利益，也可能是主体的一般性利益；可能是执行机关经过努力可以执行到位的利益，也可能是执行机关不可能实现的利益。但不论属于哪种情况，弱势群体制造群体性事件的主要目的必然指涉着一定的利益，无关利益的群体性事件是不常见的。

3. 社会关注度高

与强势群体相比，弱势群体因其占有的社会资源、所处的社会地位以及所拥有的社会关系等原因，使其在维护自身利益、实现自身利益诉求方面处于不利地位；但是，弱势群体也有自己的优势，那就是在人数上远远超过强势群体。① 弱势群体制造群体性事件，正是利用自身的人数优势，期望达到在利益矛盾和冲突中保持己方与强势一方在力量上的大体平衡。由于群体利益的关联性，“社会所遇到的麻烦还不只是个人（或个人群体）利益之间的矛盾和冲突，还有可能发生一方为某个个人或个人群体利益与另一方是作为有组织的集体单位的社会利益之间的冲突”。② 因此，群体性事件因指涉着在社会结构中占有人口优势的群体利益，往往具有很高的社会关注度。例如农民工劳动报酬的执行、房屋拆迁补偿安置、困难企业为被执行人的案件、证券公司或被撤销的金融机构为被执行

① 参见王荣华、童世骏主编：《多学科视野中的和谐社会》，学林出版社2006年版，第110页。

② ［美］E. 博登海默著：《法理学、法律哲学与法律方法》，邓正来译，中国政法大学出版社1999年版，第398页。

人的案件，因与为数众多的社会成员的利益相关联，自然会引起广泛的社会关注。

4. 对抗性突出

执行中的群体性事件是执行案件的当事人方或其他利害关系方对执行程序的不满情绪非理性的表达或爆发，如抗议集会、堵塞交通、游行示威、静坐直至暴力抗法，一般具有不同程度的对抗性。在任何一种社会形态中，由于各利益主体在政治态度、经济实力、价值观念等方面存在巨大差异，很难说存在一个能够为全体社会成员所共同接受与认可的“公共利益”；即使在同一个“事件”上，也会因为受益对象的不确定和利益内容的不确定而形成公益的冲突。① 正是由于群体中单个主体各自利益要求的千差万别，因此，群体性事件中主体表达诉求的方式通常带有浓厚的感情色彩，并且容易以非理性的、无序的方式予以表达；更为严重的是，群体性事件的对抗性容易因一些非确定性因素导致对抗升级，甚至酿成更大事端。例如，执行机关前往某一自然村进行正常执行活动时，可能因该自然村村民大多为同一姓氏宗族成员而遭到围堵，一旦执行人员言行不慎或有人煽动，极易发生重大暴力抗法事件。

5. 负面作用大

执行中的群体性事件是社会矛盾在执行程序中的非理性爆发，具有较强的负面作用。首先，这种方式容易激化矛盾甚至使矛盾性质发生转变。强制执行权的运行，乃是在法律的框架内通过法定的程序解决社会主体之间纠纷的理性方式，然而群体性事件可能激发矛盾对方的强烈反弹从而加深当事人之间的隔阂，阻断主体之间可能的和解途径；而暴力抗法的责任者也可能因社会秩序遭到严重破坏而使其行为性质发生转化，走向社会的对立面。其次，执行中群体性事件的发生与构建和谐社会所倡导的安定有序以及建设法治国家进程中的和谐司法理念背道而驰，干扰了其他社会成员守法的信念，并昭示了不当的行为模式。至于那些采取极端、暴力方式发动

① 参见苗连营：《利益衡量的宪政构造与和谐社会的制度基石》，载李林主编：《依法治国与和谐社会建设》，中国法制出版社 2007 年版，第 125 页。

的群体性事件，除了造成不必要的物质损失以外，还直接危害了社会治安。由此可见，执行中的群体性事件，既反映了社会的不和谐，又妨碍了社会的和谐发展。

（二）执行中群体性事件的成因

执行中群体性事件的发生，原因是多方面的，既有社会利益矛盾大环境的客观影响，也有行为主体法律意识的主观催化，还有执行机关执法行为的诱发，是一果多因。概括而言，包括以下几个方面：

1. 社会资源不足

执行中的群体性事件是社会矛盾和纠纷的非理性爆发。按照马克思主义辩证法的观点，矛盾是无处不在的。人与人之间只要有个体的差异，有利益的分野，冲突就不可避免；甚至只要人类是以类的方式过着社会生活，矛盾就不可避免；在市场经济与民主政治的发展中，对于个人利益和社会团体利益的尊重，得到了社会普遍的认同，但是利益的差别常常会引起利益的冲突，从而产生社会矛盾。① 同样地，在执行程序中，由于执行案件当事人之间以及当事人与其他利害关系人之间利益的冲突，引发社会矛盾本属正常现象。然而，由于我国正处于社会转型和经济转轨时期，导致社会资源的严重紧缺。向工业社会的转型必然带来农民问题、失业问题、贫富分化、贫困问题；向社会主义市场经济体制转轨则必然出现转轨经济问题、转轨时期社会问题，如国有企业职工下岗问题，行政权力泛滥、权力腐败，与转轨时期相联系的道德生活的失序。上述两种矛盾交织在一起，并通过中国“人口巨大、拥挤”这个国情的过滤作用，便转为各种社会资源的紧缺。② 马克斯·韦伯指出，纠纷产生的根本原因在于社会资源的稀缺性。③ 群体性事件正是由

---

① 参见卓泽渊：《和谐社会与法治建设》，载李林主编：《依法治国与和谐社会建设》，中国法制出版社2007年版，第36页。

② 参见丁元竹主编：《建设健康和谐社会》，中国经济出版社2005年版，第129页。

③ 转引自齐树洁：《纠纷解决机制的原理》，载何兵主编：《和谐社会与纠纷解决机制》，北京大学出版社2007年版，第7页。

于社会资源紧缺而引起的社会矛盾和纠纷在执行程序中的反映。房屋拆迁、征地补偿等执行案件中的群体性事件，无一不是社会资源不足所引起的，这是最根本的、内在的因素。

2. 司法权威不高

司法权是化解社会矛盾、平息社会纠纷、维护社会公平正义的最后一道防线，强制执行权又是把守司法公正的最后一道关口。在一个法治的国家，司法权和强制执行权所维系的公力救济常常担负着保障人权、维护正义的职能，司法机关通过法定程序作出被社会主体普遍服从的裁判并确保其得到执行，使社会主体之间的矛盾得以化解，并使社会处于安定有序的状态。特别是在经济交往领域日益拓宽的现代商品社会，鉴于社会纠纷涉及面广、规模大、对抗强，如不以合理、正当的渠道加以疏导和解决，可能酿成更为剧烈的社会冲突。① 然而，由于对司法独立地位的干预和“执行难”的存在，使得人们对司法以及执行的权威性评价不高，在矛盾和纠纷出现时，人们不愿把在司法的框架内消除纠纷作为首要选择，转而寻求他们心目中“更为权威”的途径（即党政机关）解决，从而导致本应解决的矛盾和冲突冲破了司法救济这道安全防线，而延伸至政治领域并成为不折不扣地影响社会稳定与程序的“政治问题”；而政治救济手段所固有的随意性、非常态性、非程序性、易受社会舆论影响的不确定性，以及中国传统的盼望“清官为民做主”的崇拜权威的“人治”情绪，更使得矛盾愈演愈烈。② 对于执行当事人和其他利害关系人而言，对案件执行的不满情绪一旦不能从正常的管道以适当的方式及时进行宣泄，而在封闭的状态中累积，最终必然通过法律以外的其他管道以非理性的方式爆发。这便是执行中群体性事件发生的法律因素。

---

① 参见傅郁林：《民事司法制度的功能与结构》，北京大学出版社 2006 年版，第 179 页。

② 参见吕世伦、高中：《社会主义和谐社会与“以人为本”的法治精神》，载李林主编：《依法治国与和谐社会建设》，中国法制出版社 2007 年版，第 31 页。

3. 法律意识不强

市场经济的发展，必然推动社会群体市民意识的形成，即形成以自由意识、平等意识以及主权意识为核心内容，内化为市民主体的思维方式并指导其行为方式的意识。① 与此形成鲜明对比的是，社会群体在同一时期尊重行为规范和尊重他人权利的法律意识并未得到同步加强。加之社会群体所具有的理性不足，“人倾向于对下述一些情形作出逆反反应：在这类情形中，他们的关系是受瞬时兴致、任性和专横力量控制的”。② 社会群体理性的不足决定了他们为了自身利益常常采取不计后果的行为，即使他们明知这些行为已违反了法律规范和社会秩序。而弱势群体理性不足的特点更为突出：弱势群体恰恰是社会的各个群体中经济承受力较弱的群体，成为社会结构的薄弱环节，一旦社会各种矛盾激化，经济压力和心理负荷累积到相当程度，影响他们的生存，社会风险将首先从这一最脆弱的群体身上爆发。③ 由于执行机关制裁措施的无效或缺失，不能保证群体性事件的主体所付出的代价永远高于所获得的利益，这无疑大大助长了主体的气势，并为更多群体发动突发性事件起了不良的示范作用。

4. 保障机制不灵

社会弱势群体，包括贫困人口、下岗职工、待业青年、残疾人、老人、儿童、重大疾病患者、受灾群众，他们处于社会利益分配与占有的弱势地位，基本利益都难以得到保障。从社会稳定的角度看，他们中的一部分人不可避免地对社会抱有一定的不满情绪。④ 而我国现阶段针对弱势群体建立的各项社会保障机制严重不

① 参见张善根：《转型时期的中国法治与社会公平》，载徐显明主编：《法治与社会公平》，山东人民出版社 2007 年版，第 489 页。

② ［美］E. 博登海默著：《法理学、法律哲学与法律方法》，邓正来译，中国政法大学出版社 1999 年版，第 226 页。

③ 参见朱力：《脆弱群体与社会支持》，载《江苏社会科学》1995 年第 6 期。

④ 参见卓泽渊：《和谐社会与法治建设》，载李林主编：《依法治国与和谐社会建设》，中国法制出版社 2007 年版，第 40 页。

足或运转不灵，尽管国家不断地给予弱势群体实在的利益，但面对过于强势的国家权力，弱势群体难免产生对社会公平的不满。正如罗尔斯所指出的那样："如果某些地位不按照一种对所有人都公平的基础开放，那些被排除在外的人们觉得自己受到了不公正待遇的感觉就是对的，即使他们从那些被允许占据这些职位的人的较大努力中获利。"① 社会保障制度的实施能够为人们提供比较稳定的收入预期，使得能够期待得到养老金、失业保险金、社会救济金的人安祥从容地面对生活；而没有这些收入指望的人是焦虑不安的，在走投无路时，他们可能铤而走险，制造社会混乱。② 在执行程序中，对困难企业财产的执行容易引发群体性事件，就在于强制执行权与弱势群体的社会保障发生冲突，这可能是社保机制不灵导致群体性事件的典型例证。

5. 基层组织不力

基层政权组织和基层群众自治性组织是代表国家与弱势群体打交道、做化解矛盾工作的第一线组织，是国家与弱势群体之间起缓冲作用的中间地带，对于维护社会稳定具有不可替代的作用。无数事实已经证明：基层组织愈是坚强有力，国家公权力的权威与公信力在社会群体中的地位和影响就越高。然而，我国乡镇政府和村委会、居委会财务状况普遍不佳，严重制约了上述基层组织的施政能力。一些乡（镇）、街道办事处、村干部工作水平不高造成社会群体的认同感降低甚至产生对立情绪。以及农村青壮年劳动力普遍外出务工，城市职工下岗，人口流动性加大，使得基层组织对于辖区村民、居民的管理能力降低，对群体性事件的处理意识和能力均有不同程度的下降。基层组织在功能上的弱化，使代表国家公权力的执行机关与社会群体之间缺乏缓冲机制。人民法院执行工作在缺少

① ［美］约翰·罗尔斯著：《正义论》，何怀宏，等，译，中国社会科学出版社 2003 年版，第 85 页。

② 参见刘翠霄：《社会保障与社会和谐》，载李林主编：《依法治国与和谐社会建设》，中国法制出版社 2007 年版，第 409 页。

了基层组织的协助后，往往直接面对群体性事件，执行环境有所恶化。① 缓冲机制的缺失，常常造成执行过程中执行机关迫于社会群体肆意施加的非法压力而无法正常履行职责，严重损害了人民法院的司法权威，破坏了法治的统一和尊严。

6. 执行行为不当

由于执行程序的启动必须以生效法律文书的先行取得为前提，若执行依据不公，对执行依据不满的一方当事人或利害关系人一般会于法律文书宣告效力时即行抗议，因此在执行程序中由于司法不公的原因引起群体性事件主要是执行不公或失当。公平正义是司法、执行工作的生命和灵魂，司法不公则是危害司法工作的大敌。弗兰西斯·培根曾经指出，“一次不公的判断比多次不平的举动为祸尤烈。因为这些不平的举动不过弄脏了水流，而不公的判断则把水源败坏了”。② 一方面，在执行程序中，执行人员任何与实体公正、程序公正、职务廉洁以及执行效率相违背的执行行为都有可能招致权益受损方的强烈反对，一旦得不到及时有效疏导，就可能爆发群体性事件。另一方面，执行工作是一项涵盖面很广的司法专门工作，对执法者的素质相对要求较高。一名合格的执行人员，必须既会做司法工作，又会做群众工作，还要会做思想政治工作。③ 在执行程序中，执行人员如果不熟悉被执行人所在地的治安状况、社情民意，不了解被执行人的家族势力、亲情关系，不掌握被执行人的个性品质、精神状态，加上不讲究执行艺术，不注重协调沟通，不选择执行时机，想要取得被执行方对执行行为的容忍与配合是非常困难的，因为“人们不会长期忍受他们认为完全不合理和难以

---

① 参见安徽高院执行局：《执行中群体性事件的成因分析与对策》，载最高人民法院执行工作办公室编：《强制执行指导与参考》2005 年第 1 辑，法律出版社 2005 年版，第 161 ~ 162 页。

② ［英］培根：《培根论说文集》，水天同译，商务印书馆 1983 年版，第 193 页。

③ 参见曾宪文、李炎：《谈对“执行难”的综合治理》，载《人民司法》2000 年第 1 期。

容忍的社会状况”,① 有时一点小事即可成为触发群体性事件的导火索。

二、对“稳定压倒一切”的法理分析

执行中的群体性事件是社会不和谐的表现，严重影响法律权威和司法执行公信力，对构建社会主义和谐社会具有较为广泛的负面影响，直接危及社会稳定大局。对于执行中的群体性事件，党的领导机关、国家权力机关、行政机关以及人民法院均按照“稳定压倒一切”的方针进行处置，“稳定压倒一切”亦成为处置群体性事件家喻户晓的名词。笔者认为，对于执行工作而言，“稳定压倒一切”具有特定的含义。

（一）“稳定压倒一切”理论的提出

对于群体性事件的处置政策，中国改革开放的总设计师邓小平首先提出了“稳定压倒一切”的理论。他在1989年2月26日发表谈话指出，“中国的问题，压倒一切的是需要稳定。没有稳定的环境，什么都搞不成，已经取得的成果也会失掉”。② 同年3月4日，他再次指出，“中国的问题，压倒一切的是需要稳定。凡是妨碍稳定的就要对付，不能让步，不能迁就。不要怕外国人议论，管他们说什么，无非是骂我们不开明。多少年来我们挨骂挨得多了，骂倒了吗？总之，中国人的事中国人自己办。中国不能乱，这个道理要反复讲，放开讲。不讲，反而好像输了理。要放出一个信号：中国不允许乱”。③

邓小平正式明确使用“稳定压倒一切”一词是在1989年10月31日，他在会见美国前总统尼克松时明确指出：“我们不能容忍动乱。以后遇到动乱的事，我们还要戒严。这不会损害别人，不会损害任何国家，这是中国的内政。目的就是要稳定，稳定才能搞建

① ［美］E. 博登海默著：《法理学、法律哲学与法律方法》，邓正来译，中国政法大学出版社1999年版，第320页。

② 《邓小平文选》，第3卷，人民出版社1993年版，第284页。

③ 《邓小平文选》，第3卷，人民出版社1993年版，第286页。

设。道理很简单：中国人这么多，底子这么薄，没有安定团结的政治环境，没有稳定的社会秩序，什么事也干不成。稳定压倒一切。"① 在此后的20年里，经过几代中央领导集体的反复强调以及全国上下的大力宣传，"稳定压倒一切"已经成为党和国家处置群体性事件众所周知的政策。

（二）"稳定压倒一切"的含义及性质

1. "稳定压倒一切"的含义

"稳定压倒一切"理论是在中国发生1989年重大政治事件的历史背景下提出的，是对处置群体性事件具有普遍指导意义的至理名言。当然，由于司法权和强制执行权的特殊属性，"稳定压倒一切"在处置执行中群体性事件时应当具备自身特定的含义。

第一，司法、执行工作要以维护社会稳定为出发点，离开社会稳定去谈司法、执行工作是没有意义的。② 正如胡锦涛总书记指出"稳定是硬任务，稳定也是政绩。没有稳定这个前提条件，什么事也干不成"。

第二，在执行程序中，公正执行、依法执行、文明执行，努力追求案件的法律效果和社会效果的统一，是执行工作维护社会稳定的必要途径。

第三，没有法治秩序就没有法律的权威。建立法治秩序、维护法治秩序的正常化，是执行工作的重要职能，也是执行人员的神圣职责。

第四，对于具体的执行案件而言，被执行人的利益关乎社会稳定，申请执行人的利益同样关乎社会稳定，当两者相互矛盾和冲突时，我们应当合法、合理地做好执行工作。③

2. "稳定压倒一切"的性质

---

① 《邓小平文选》，第3卷，人民出版社1993年版，第331页。

② 参见李龙：《依法治国——邓小平法制思想研究》，江西人民出版社1998年版，第37页。

③ 参见沈德咏：《论强制执行若干关系》，载最高人民法院执行工作办公室编：《强制执行指导与参考》2002年第1辑，法律出版社2002年版，第335页。

"稳定压倒一切"的性质可以从两个方面进行理解。

第一，它是一项政策或政策性原则。法律原则是指为法律规则提供某种基础或本源的综合性的、指导性的价值准则或规范，是法律诉讼、法律程序和法律裁决的确认规范。① 按照法律原则产生的基础不同，可以把法律原则分为公理性原则和政策性原则。政策性原则是一个国家或民族出于一定的政策考量而制定的一些原则，具有针对性、民族性和时代性的特点。② 而政策则一般指国家或政党的政策。从上述概念可以清楚看出，"稳定压倒一切"首先是一项政策，它既是执政党也是国家在处置群体性事件中具有指导性的政策；其次，它是在我国社会主义初级阶段社会矛盾较为集中的条件下，为了维护社会安定有序、建设社会主义和谐社会、处理人民内部矛盾并专门针对群体性事件制定的原则，具有很强的针对性、时代性和民族性。因此，它又是一项典型的政策性原则。"稳定压倒一切"的政策或政策性原则的性质，决定了它对人民法院在执行工作中处理群体性事件具有指导作用。因此在处置执行群体性事件过程中必须坚持这项原则的指导作用，同时也要正确把握该原则的适用条件。一是在法律规范已有明确、具体规定的情况下，不能违反法律规定去实行政策，不能把政策指导与依法办事的法治原则对立起来；③ 二是"稳定压倒一切"作为一项政策性原则可以补充公理性原则的漏洞与不足。

第二，"稳定压倒一切"是执行工作的底线或出发点，而非执行工作追求的价值，没有执行公正就不可能有社会稳定。一方面，执行工作应当以维护社会稳定作为出发点，不得突破社会稳定的底线。"从最低限度来讲，人之幸福要求有足够的秩序以确保诸如粮食生产、住房以及孩子扶养等基本需要得到满足；这一要求只有在

---

① 参见《2007年国家司法考试辅导用书》，第1卷，法律出版社2007年版，第13页。

② 参见《2007年国家司法考试辅导用书》，第1卷，法律出版社2007年版，第13～14页。

③ 参见沈宗灵主编：《法理学》，北京大学出版社2000年版，第194页。

日常生活达致一定程度的安全、和平及有序的基础上才能加以实现，而无法在持续的动乱和冲突状况中予以实现。"① 这充分说明，离开了社会稳定去讲公平正义是没有任何意义的。另一方面，执行工作必须以公正为价值目标，努力维护法治秩序。胡锦涛总书记在党的十七大报告中明确提出，"深化司法体制改革，优化司法职权配置，规范司法行为，建设公正高效权威的社会主义司法制度，保证审判机关、检察机关依法独立公正地行使审判权、检察权"。②有学者认为，在公正、高效、权威这三个关键词中，公正是放在第一位的，这一排序明白无误地强调了公正是司法制度的首要价值；把公正放在首位应当不会有任何疑义，因为只有建立在公正基础上的高效才是真正的高效，也只有建立在公正基础上的裁判才能够真正树立起司法的权威。③ 同样地，公正是执行工作的灵魂。"法哲学家们通常认为公正在解决冲突这一特殊过程中具有更高的价值。"④

目前，我国正处在社会转型期，社会的分化和整合在一定程度上会造成利益格局的变动。随着依法治国基本方略的推进，法律调整的领域、层面不断拓展，人民群众的权利意识、法治意识不断增强，社会各阶层比以往任何时候都更加期盼公平正义。⑤ 在执行程序中，申请执行人的利益是经过法定程序确认的合法利益，被执行人通过群体性事件对抗执行所要求的社会秩序是非法治秩序。"在

---

① ［美］E. 博登海默著：《法理学、法律哲学与法律方法》，邓正来译，中国政法大学出版社 1999 年版，第 293 ~ 294 页。

② 胡锦涛：《高举中国特色社会主义伟大旗帜，为全面夺取建设小康社会新胜利而奋斗》，载《中国共产党第十七次全国代表大会文件汇编》，人民出版社 2007 年版，第 30 页。

③ 参见李浩：《实体公正与程序公正：偏差与回归——以民事诉讼为视角的思考》，载《人民法院报》2008 年 7 月 15 日第 5 版。

④ ［美］马丁·P. 戈尔丁著：《法律哲学》，齐海滨译，三联书店 1987 年版，第 232 页。

⑤ 参见王胜俊：《努力建设公正高效权威的社会主义司法制度》，载 2008 年 3 月 20 日《人民法院报》第 4 版。

其他条件相同的情况下，如果一种法律秩序较完善地实行着法治的准则，那么这个法律秩序就比其他法律秩序更为正义。"① 稳定的本质实际上是法律秩序的正常化。② 从这种意义上讲，决不能以牺牲执行公正和破坏法治秩序为代价片面追求所谓"稳定"。

三、强制执行权、社会和谐与社会稳定的关系③

强制执行权、社会和谐、社会稳定都是现实条件下，坚持"三个代表"重要思想，深入落实科学发展观，建设中国特色社会主义的重要方面，具有相互作用、相互协调的辩证关系。

（一）对和谐社会建设而言

1. 强制执行权是构建和谐社会的必要手段

强制执行权的公正运行是社会主义法治国家建设不可或缺的重要内容，执行公正是社会公平正义的组成部分之一。由于社会公平正义不仅是一种理性原则和道义要求，也是一种现实的社会关系，而强制执行权由于担负着将判决、裁定等"写满正义的纸张"兑现为现实生活中"活生生的正义"的重大任务，扮演着尤其重要的角色。前已述及，只有实现执行公正，使被扭曲和遭破坏的社会关系得以校正和修复，才能激发社会公众对于法治的信心、信念和信仰，从而使法治的统一、尊严、权威得到维护；只有实现执行公正，包含着实体公正与程序公正的社会公平正义才可称为完整；只有实现执行公正，诚信友爱的观念才能在社会生活中得到教化与规制；只有实现执行公正，充满活力的社会主义市场经济秩序才能得到保护。总之，强制执行权作为社会控制的一种工具，通过公正行使在社会建立法律至高无上的权威，使和谐社会的各项目标逐一得

① 转引自沈德咏：《论强制执行若干关系》，载最高人民法院执行工作办公室编：《强制执行指导与参考》2002 年第 1 辑，法律出版社 2002 年版，第 335 页。

② 参见李龙主编：《依法治国——邓小平法制思想研究》，江西人民出版社 1998 年版，第 37 页。

③ 参见李炎、李正国：《司法权、社会和谐与社会稳定的关系》，载《人民法院报》2008 年 4 月 2 日第 5 版。

到落实和实现，从而为构建和谐社会提供保障。

2. 社会稳定是和谐社会的重要标志

社会主义和谐社会是“安定有序”的社会，社会稳定是重要目标和标志；反之，一个缺乏稳定、秩序混乱的社会绝对不配称为和谐社会。任何社会都不可能没有矛盾，人类社会总是在矛盾中发展进步的。现阶段，我国社会存在不少影响社会和谐的矛盾和问题，主要是城乡、区域、经济社会发展很不平衡，人口资源环境压力加大；就业、社会保障、收入分配、教育、医疗、住房、安全生产、社会治安等方面关系群众切身利益的问题比较突出；体制机制尚不完善，民主法制还不健全；一些社会成员诚信缺失，道德失范，一些领导干部的素质、能力和作风与新形势新任务的要求还不适应；一些领域的腐败现象仍然比较严重；敌对势力的渗透破坏活动危及国家安全和社会稳定。① 我们的任务并不是使差异不复存在，而是使社会矛盾在一个持续的进程中得到化解，达到社会组织机制健全，社会管理完善，社会秩序良好，人民群众安居乐业，社会保持安定团结的状态。② 概言之，就是使社会实现安定有序。达不到这样的目标，和谐社会不可能建成。由此可以得出这样的结论：仅有社会稳定，不一定能达到社会和谐，但没有社会稳定，则一定没有社会和谐。

（二）对社会稳定而言

1. 强制执行权是维护社会稳定的重要途径

不论古今中外的何种社会制度和国家形态，欲保持其稳定和安康，都必须保证和保持司法的廉洁和公正，这是最基础的制度因素，也是关键的环节。③ 随着社会主义制度的建立，社会主要矛盾发生了质的变化，人民内部矛盾转而成为社会矛盾的主要方面。实

---

① 参见《中共中央关于构建社会主义和谐社会若干重大问题的决定》，新华出版社 2006 年版，第 3 页。

② 参见杨青山编：《社会主义和谐社会研究》，大连出版社 2007 年版，第 43 页。

③ 参见陈云生：《和谐宪政》，中国法制出版社 2006 年版，第 24 页。

践证明，人民内部矛盾如果处理得当，可以增强人民之间的团结，从而加快和谐社会建设的进程；反之，如果处理不当，就会涣散人民内部的凝聚力，挫伤人民的积极性。矛盾激化到一定程度，非对抗性矛盾就可能转化为对抗性矛盾。一旦人民群众因这种矛盾未能及时妥善解决所产生的不满情绪被利用时，必定会诱发和扩大沉聚着的社会张力，酿成社会动荡。① 一方面，强制执行权因其以国家强制力为后盾为私权救济提供公力保障，为社会公众因人民内部矛盾产生的纠纷提供可靠的诉求表达和合法的救济机制，并使矛盾和冲突在法律的框架内得到解决而不至于长期滞留于社会中"发酵"，从而在社会稳定中起到安全屏障的作用。另一方面强制执行权由于为专门的司法机关人民法院所行使，具有制约监督行政权力的作用，为社会公众因不满行政权力而发生的矛盾提供了化解机制与途径，从而消除可能发生的社会不安定因素。

2. 社会和谐是社会稳定的高级表现形式

构建社会主义和谐社会是贯穿中国特色社会主义事业全过程的长期历史任务，是在发展的基础上正确处理各种社会矛盾的历史过程和社会结果。② 这表明，社会稳定是各种社会关系在总体上长期保持有序的、有规则的和合法的协调、良性运行，是一种变与不变互相制约下的动态平衡，是一种有效的政治体系控制下的积极运动方式；反之，片面追求社会和政治的静态稳定，一味压抑和掩盖社会矛盾，恰恰是社会不稳定的前提，当矛盾积累和对抗到一定程度，使政治系统难以承受而失去平衡，社会就会出现不可挽回的动荡局面。③ 由于和谐可以增强向心力、凝聚力、战斗力，清除各种内耗和离心倾向，调动一切可以调动的积极因素，团结一切可以团

---

① 参见周叶中：《宪政中国研究》，下，武汉大学出版社 2006 年版，第 95 页。

② 胡锦涛：《高举中国特色社会主义伟大旗帜，为全面夺取建设小康社会新胜利而奋斗》，载《中国共产党第十七次全国代表大会文件汇编》，人民出版社 2007 年版，第 17 页。

③ 参见周叶中：《宪政中国研究》，下，武汉大学出版社 2006 年版，第 122 页。

结的力量，化解多方面的矛盾，保持社会稳定。① 因而按照民主法治、公平正义、诚信友爱、充满活力、安定有序、人与自然和谐相处总要求建设而成的和谐社会，人民最关心、最直接、最现实的利益问题已经得到解决，全体人民各尽所能、各得其所而又和谐相处的局面已经形成，在这样的社会环境里，各种社会矛盾呈现出一种良性运行的态势，与压抑矛盾的静态稳定相比，无疑是一种更高层级的社会稳定表现形式。

（三）对强制执行权而言

1. 社会和谐是强制执行权运行的目标

和谐社会是公平正义的社会。实现社会公平正义是中国共产党人的一贯主张，是发展中国特色社会主义的重大任务。② 这充分说明，和谐社会本身涵盖了公平正义的价值特征，而公平正义正是强制执行权所孜孜追求的不二目标。前已述及，公平正义既是和谐社会的一个特征，又是构建和谐社会的一项任务，同样地，公正也是强制执行权运行的目标。公正之于司法犹如其理之于理想，法前平等，司法公正，从古至今，从东方文明到西方文明，自有法以来就是司法权运行的一个永恒主题、一个至高的价值目标。③ 强制执行权作为一项重要的国家权力和阶级统治的工具，通过以公正与效率为目标的权力运行模式，旨在社会关系中建立起法律的秩序与统治，即对于社会而言，在于消除混乱、维护安全，从而避免社会失序而崩溃；对于个体而言，给予人以安全感，并因赋予行为的可预测性而使个体之间的合作成为可能。④ 而这也是构筑以“权利公平、机会公平、规则公平、分配公平”为主要内容的和谐社会建

① 参见张江明：《构建社会主义和谐社会与矛盾》，载中国辩证唯物主义研究会编：《论和谐社会》，中共中央党校出版社 2006 年版，第 48 页。

② 胡锦涛：《高举中国特色社会主义伟大旗帜，为全面夺取建设小康社会新胜利而奋斗》，载《中国共产党第十七次全国代表大会文件汇编》，人民出版社 2007 年版，第 17 页。

③ 参见汪习根主编：《司法权论》，武汉大学出版社 2006 年版，第 28 页。

④ 参见周叶中：《宪政中国研究》，上，武汉大学出版社 2006 年版，第 53 页。

设的内在要求。强制执行权的运行，归根到底是要通过法治的途径实现社会主体对公平正义的价值要求，从而在社会公平和正义的基础上实现社会和谐。

2. 社会稳定是强制执行权运行的必要条件

强制执行权运行必须以社会稳定作为秩序基础。胡锦涛同志在党的十七大报告中指出，“社会稳定是人民群众的共同心愿，是改革发展的重要前提”。① 社会稳定要求各项公权力的运行必须以维护社会稳定为前提，妥善处理涉及群众切身利益的各种社会矛盾，最大限度激发社会创造活力，最大限度地增加和谐因素，最大限度地减少不和谐因素，保持安定团结的局面。霍布斯曾经有句著名的法律格言，“人民的安全乃是至高无上的法律”，说明法律秩序的基础性作用。从法治的角度讲，强制执行权作为一种国家权力，是要以公力救济的方式在私权救济方面建立起法律的秩序，然而，强制执行权的自身运行也需要法律秩序作保障，离开社会稳定的秩序，强制执行权便失去外部保障。正如邓小平所言，“中国的问题，压倒一切的是需要稳定。没有稳定的环境，什么都搞不成，已经取得的成果也会失掉”。② 由于稳定从本质上讲是法律秩序的正常化，因此，没有稳定，没有社会秩序的安定、和谐以及有序，强制执行权是无法在动乱和冲突中实施的。

第三节 执行救济与执行监督

没有救济就没有权利，缺乏保障的权利从来就不是真正的权利。“执行难”的现状及执行中的群体性事件从某种侧面反映了强制执行权运行的状态，“执行难”折射出执行权行使的正当性及法律效果，执行中群体性事件则折射出执行权行使的社会效果。自然

① 胡锦涛：《高举中国特色社会主义伟大旗帜，为全面夺取建设小康社会新胜利而奋斗》，载《中国共产党第十七次全国代表大会文件汇编》，人民出版社2007年版，第39页。

② 《邓小平文选》，第3卷，人民出版社1993年版，第284页。

地，对于执行案件当事人及案外人而言，因执行机关在行使强制执行权过程中导致权利受到侵害，必须通过有效的途径进行补救，并对执行权的行使进行制约，这便是执行程序的救济与监督问题。

一、执行救济

（一）执行救济的含义及构成要件

1. 执行救济的含义

执行救济是指执行当事人、第三人或案外人认为自己的合法权益受到执行机关违法行为或不当行为的侵害，依法请求执行裁决机关通过行使执行裁决权予以保护和补救的法律制度和方法。①

根据这一概念，可以从以下几个方面对其含义进行理解：第一，执行救济属于权利范畴，或称执行救济权，虽然执行救济对执行权的行使具有一定的制约作用，然而，从性质上讲，执行救济仍然主要是一种权利。它是执行案件当事人、第三人或案外人针对执行机关违法行为或不当行为侵害自身合法权益时，请求保护和补救的权利。第二，执行救济是一种手段或方法。对当事人、第三人或案外人而言，是请求有权机关对其所遭受的损害进行救济的具体手段或方法。第三，执行救济是关于强制执行权的一项法律制度。国家为了保护执行案件当事人、第三人及案外人的合法权益，以法律规范的形式明确设立的一项法律制度。第四，执行救济是当事人等的请求权与执行机关的裁决权的竞合。执行救济程序基于执行当事人、第三人或案外人的请求而启动，通过执行裁决权的行使而落实。② 第五，执行救济是存在于执行程序中的一种法律制度。执行救济权利的行使必须在执行程序启动以后、结束之前。

2. 执行救济的构成要件

执行救济的构成要件，是指执行机关的执行行为侵犯执行当事

---

① 参见翁晓斌：《民事执行救济制度》，浙江大学出版社 2005 年版，第 2 页。

② 参见翁晓斌：《民事执行救济制度》，浙江大学出版社 2005 年版，第 3 页。

人、第三人或案外人合法权益所必须具备的条件。执行救济必须具备如下构成要件：

第一，须有执行行为。前已述及，强制执行权的运行过程，实际上是执行机关在执行参加人和执行参与人的参与下，实施一系列执行行为的过程，因此，执行机关实施了执行行为是发生执行救济的前提。如果没有发生执行行为，当事人等无法请求执行救济。

第二，须有损害事实。即发生了执行案件当事人、第三人或案外人的合法权益受到损害的事实。所谓损害是指造成了当事人等人身或财产上的不利益。这种损害事实必须是客观存在的，而非尚未发生。

第三，须有因果关系。即执行机关的执行行为与当事人等合法权益的损害事实之间存在因果关系。换言之，执行行为与损害事实之间存在本质的、必然的联系，损害事实是由于执行行为引起的。

第四，执行行为须有不法性。即执行机关的执行行为或者违反了程序法的规定构成执行违法，或者在结果上违反了实体法的规定构成执行不当。否则，执行机关依法行使职权的合法执行行为，虽然造成了当事人等人身或财产的不利益，也无须进行执行救济。

第五，执行行为的主体须有过错。即主体对于当事人等损害事实的发生是出于故意或者过失。如果执法主体没有过错，而是在执行过程中由于不能预见、可能抗拒、不能克服的原因造成当事人等的人身或财产损失，虽然也应当依照一定的程序和方法进行处理，但这种因意外事件造成的损失并非由当事人等申请执行救济而弥补，因此并非属于执行救济的范畴。

（二）执行救济的事实基础

执行救济的存在，概因执行瑕疵的存在。换言之，执行瑕疵是执行救济的事实基础。

1. 执行瑕疵的定义

瑕疵，比喻缺陷或缺点，意指“微小的缺点”。[①] 所谓执行瑕疵，是指执行行为存在的缺陷，即执行机关的执行行为损害当事

① 《现代汉语词典》（修订本），商务印书馆1996年版，第1355页。

人、第三人或案外人的事实。

前已述及，强制执行程序是强制执行权基本要素相互作用的动态过程，执行行为在各要素中居于重要地位，对执行当事人等的合法权益产生实质性影响。强制执行行为必须依照法律规定实施，否则便可能对案件当事人等的合法权益造成损害。执行瑕疵是由于执行机关的执行行为没有遵照或没有完全遵照强制执行法等法律规定引起的。执行瑕疵从形式上看是违反了强制执行法等法律的规定，在结果上则损害了当事人、第三人或案外人的合法权益。① 因此，判断执行行为是否存在执行瑕疵，需要审查对象行为是否在形式上违反强制执行法等法律规定，或者是否在结果上违反了实体法的规定。

2. 执行瑕疵的表现形式

执行瑕疵是具体的而非抽象的，在执行司法实践中具有不同的表现形式。依照不同的标准，可以将执行瑕疵的表现形式进行各种分类：例如，依照造成执行瑕疵的主体不同，可以分为执行机关造成的执行瑕疵和执行当事人等造成的执行瑕疵；依照存在的具体环节不同，可以分为行为瑕疵和程序瑕疵；依照性质不同，可以分为程序性瑕疵和实体性瑕疵；② 依照行为表现方式的不同，可以分为积极作为的执行瑕疵和消极不作为的执行瑕疵；依照受侵害的权益主体的不同，可以分为侵害被执行人合法权益的执行瑕疵、侵害第三人合法权益的执行瑕疵和侵害案外人合法权益的执行瑕疵；③ 依照行为主体心理状态的不同，可以分为故意引起的执行瑕疵和过失引起的执行瑕疵；依照执行行为所处阶段的不同，可以分为执行启动行为的瑕疵、执行实施行为的瑕疵、执行结案行为的瑕疵，等等。然而，对执行瑕疵表现形式最重要的分类，是将执行瑕疵区分

① 参见谭秋桂：《民事执行原理研究》，中国法制出版社 2001 年版，第 362 页。

② 参见谭秋桂：《民事执行原理研究》，中国法制出版社 2001 年版，第 363 页。

③ 参见翁晓斌：《民事执行救济制度》，浙江大学出版社 2005 年版，第 21～22 页。

为违法的执行行为和不当的执行行为。前者是指违背强制执行法律规定的要件、程序或方法的执行行为，是针对程序违法而言的；后者是指执行行为虽然从外观上符合强制执行法律的规定，但是执行的结果与债权人在实体法上的权利义务关系不相符合。①

（三）执行救济的途径

既然执行瑕疵的表现形式有违法的执行行为和不当的执行行为之分，与此相对应的执行救济途径亦有所区别。对于违法的执行行为需通过执行异议即程序方面的途径进行执行救济，而对于不当的执行行为则需通过异议诉讼即实体方面的途径进行执行救济。

1. 程序方面的执行救济

程序方面的执行救济，也称程序性执行救济或程序上的执行救济，是指执行当事人、利害关系人（第三人、案外人）认为执行行为违反法律规定，通过执行异议的途径，请求作出执行行为的机关予以改正或撤销的一种救济方式。

我国《民事诉讼法》第202条规定："当事人、利害关系人认为执行行为违反法律规定的，可以向负责执行的人民法院提出书面异议。当事人、利害关系人提出书面异议的，人民法院应当自收到书面异议之日起15日内审查，理由成立的，裁定撤销或者改正；理由不成立的，裁定驳回。当事人、利害关系人对裁定不服的，可以自裁定送达之日起10日内向上一级人民法院申请复议。"这是关于程序方面的执行救济的基本规定。根据这项法律规定，程序方面的执行救济包括以下内容：第一，请求执行救济的主体包括当事人、利害关系人（第三人、案外人）。第二，请求执行救济的方式是向执行机关提出书面异议。第三，请求救济的内容亦即异议的内容仅仅针对执行机关执行行为的合法性问题，而不针对执行标的等实体性问题。第四，执行救济的目的是请求执行机关撤销或改正已经实施但违背法律规定的执行行为，从而使执行行为满足法律规定的要件。第五，程序方面的执行救济必须以法律有明文规定为前

① 参见翁晓斌：《民事执行救济制度》，浙江大学出版社2005年版，第18～19页。

提，即执行机关的执行行为违反了法律的明文规定。对于执行机关在自由裁量权范围内实施的执行行为造成当事人等合法权益的损害，但没有违背法律明文规定的，则应当通过执行监督程序处理。

2. 实体方面的执行救济

实体方面的执行救济，也称实体性执行救济或实体上的执行救济，是指案外人、当事人认为执行机关对执行标的的执行行为不当，请求审判机关对实体权利进行裁判并维护自身合法权益的救济方式。

在执行过程中，由于各种原因，常常出现执行行为损害案外人合法权益的情况，最为普遍的情形是将案外人的财产当做被执行人的财产予以执行。因此，确有必要明确赋予案外人就受损害的权利提起救济的权利。我国学界对于案外人异议制度具体如何设计的分歧较大，大致存在三种观点：① 第一种观点认为，案外人对执行标的有异议的，应直接提起诉讼，由审判部门通过诉讼程序审理，执行机构不作任何审查。第二种观点认为，案外人异议涉及的问题繁简不一，而审判程序往往比较复杂，有必要通过执行机构的审查解决一部分问题，以提高执行效率。这种观点又有两种不同的思路，一是将执行机构的审查作为前置程序，案外人异议先由执行机构进行初步审查，对执行机构的处理不服的，才提起诉讼。二是把执行机构的审查和诉讼作为两种并列的程序，由当事人或利害关系人自主选择。第三种观点主张，案外人异议应当先向执行机构提出，但执行机构不作任何审查，只负责征求债权人意见，债权人同意撤销对异议标的执行的，执行法院应当符合其意愿撤销执行；反之，债权人不同意撤销执行的，案外人可以提起诉讼。

2007 年我国《民事诉讼法》修订时大致采纳了上述三种观点中的第二种意见之第一种思路。主要是基于以下考虑：② 执行救济

① 参见王飞鸿、赵晋山：《民事诉讼法执行编修改的理解与适用》，载《人民司法》2008 年第 1 期。

② 参见王飞鸿、赵晋山：《民事诉讼法执行编修改的理解与适用》，载《人民司法》2008 年第 1 期。

制度的设计，一方面要考虑为当事人、利害关系人提供充分的救济途径，另一方面也要兼顾执行程序本身的效率和效益，尽量防止因程序设计过于复杂，影响执行效率，扩大执行成本。实践中，案外人提出异议的情形多种多样，繁简不一，而诉讼程序相对复杂，对案外人异议一律通过诉讼程序处理，在效率上可能会被案外人恶意利用，拖延执行。执行机构的审查程序相对简单，将执行机构审查作为诉讼的前置程序，可以先行解决一部分案外人异议问题，有利于减少当事人诉累，节约司法资源，提高执行效率。修订后的我国《民事诉讼法》第204条规定："执行过程中，案外人对执行标的提出书面异议的，人民法院应当自收到书面异议之日起15日内审查，理由成立的，裁定中止对该标的的执行；理由不成立的，裁定驳回。案外人、当事人对裁定不服，认为原判决、裁定错误的，依照审判监督程序办理；与原判决、裁定无关的，可以自裁定送达之日起15日内向人民法院提起诉讼。"这是我国现行法律关于实体方面的执行救济的基本规定。根据这一规定，实体方面的执行救济包括如下方面的内容：第一，请求执行救济的主体包括案外人、当事人。但是在前置的异议程序中，只有案外人可以就执行标的提出书面异议。第二，请求执行救济的方式是向人民法院提起异议诉讼。但是，在异议诉讼的前置异议程序中，案外人必须先行向执行机关提出书面异议并等待执行机关作出裁定。对于裁定不服，认为执行依据错误的，依审判监督程序向人民法院提起申诉；与执行依据无关的，则另行提起异议诉讼。第三，请求救济的内容因提起救济主体的不同而不同。对于案外人、被执行人而言，提起救济的内容是排除执行机关对执行标的强制执行；对于申请执行人而言，则是对案外人、被执行人申请执行机关排除对执行标的强制执行的要求进行反制，维持对该标的进行强制执行。第四，执行救济的目的是请求人民法院通过审判对实体权利义务进行裁判，并根据裁判结果作为申请执行机关维持强制执行或排除强制执行法律依据。第五，实体方面的执行救济涉及主体之间的双重争议，即案外人、被执行人、申请执行人之间就彼此之间的实体权利义务关系发生的争议，以及他们之间围绕着是否应当排除强制执行所发生的争议。①

3. 两种救济途径的区别

对于程序方面的执行救济与实体方面的执行救济两者之间的区别，大致可以作如下概括：②

一是发动的主体不同。程序方面的执行救济一般由当事人、利害关系人发动，而实体方面的执行救济则由案外人发动。二是性质不同。程序方面的执行救济在性质上是一种形式审查，而实体方面的执行救济在性质上则是一种实体审查。三是处理机关不同。程序方面的执行救济由执行机关负责处理，实体方面的执行救济则由审判机关负责处理。四是目的不同。程序方面的执行救济目的是撤销或改正执行行为，而实体方面的执行救济则是要排除或维持对执行标的强制执行。五是原因不同。程序方面的执行救济提起的原因是执行机关的执行行为违法，而实体方面的执行救济提起的原因则是执行结果侵权。六是裁判程序不同。程序方面的执行救济一般不经过言辞辩论，处理机关以裁定的形式作出判断，而实体方面的执行救济必须经过言辞辩论，处理机关以判决或裁定的形式作出判断。七是效力不同。程序方面的执行救济不停止强制执行程序的运行，而实体方面的执行救济经过必要的程序后可以裁定停止执行程序的进行。

二、执行监督

在法治社会，任何权力都应当受到制约与监督。伟大的思想家孟德斯鸠曾经指出，“一切有权力的人都容易滥用权力，这是亘古不易的一条经验。有权力的人们使用权力一直遇到有界限的地方才休止”。因此，他认为权力必须受到制约。“从事物的性质来说，

① 参见翁晓斌：《民事执行救济制度》，浙江大学出版社 2005 年版，第 24 页。

② 参见谭秋桂：《民事执行原理研究》，中国法制出版社 2001 年版，第 283～284 页。

要防止滥用权力，就必须以权力制约权力。"① 这条至理名言充分说明，缺乏制约与监督，权力就可能被滥用，并随之滋生腐败与专横。因此，对于权力较为集中的强制执行权的行使而言，执行监督尤为必要。离开了执行监督，执行公正不可能实现。

（一）执行监督的含义及形式分类

1. 执行监督的含义

总体而言，执行监督有广义和狭义之分。广义的执行监督是指享有监督权的国家机关、组织和个人作为监督主体对执行机关的执行活动是否合法或适当进行评价并要求有权机关对执行违法行为进行纠正的活动：而狭义的执行监督则专门针对与执行机关同一系统或同一组织的监督而言，是指上级执行机关发现下级执行机关或同一执行机关的内部组织发现执行机关在执行中作出的裁定、决定、通知或具体执行行为不当或有错误的，指令或提请执行机关纠正或直接予以纠正的活动。

2. 执行监督的类型

依据不同的标准，可以把执行监督进行不同的分类。每一种分类均赋予不同的执行监督方式特定的职责和内涵，并使其各具特色。各种监督形式之间相互分工与配合，构成一套完整的执行监督体系。有学者认为，对于执行监督大致可以作如下分类：②

一是根据监督主体获得的权力属性，可以把执行监督分为国家监督和社会监督。国家监督是国家机关作为监督主体依法获得的一种国家权力，又可分为权力机关的监督、法律监督机关的监督；社会监督是指不具有国家权力性质的政治实体、社会自治组织、社会舆论媒体、社会成员等实施的监督，又可具体划分为社会政治实体监督、社会经济组织监督、社会舆论媒体监督、社会团体监督、社会成员监督等。二是根据监督的主体和对象是否属于同一系统或同

① ［法］孟德斯鸠著：《论法的精神》，上册，张雁深译，商务印书馆 1982 年版，第 154 页。

② 参见汤唯、孙季萍：《法律监督论纲》，北京大学出版社 2001 年版，第 10～16 页。

一组织，可以分为内部监督与外部监督。这是执行监督最常见的分类形式。内部监督是指监督主体和对象属于同一执行机关或与执行机关同一系统的监督，又可具体分为同一机关内部的专门监督和上下级执行机关之间的监督。外部监督则是指监督主体和执行机关不属于同一组织或系统的监督。三是根据监督主体的工作性质，可以划分为职能监督和专门监督。职能监督是指监督主体将执行监督作为自己基本职能中的一项工作内容或一个环节而实施的监督；专门监督则是指由宪法和法律明确赋予监督权责的专门机关所实施的监督。四是按照监督客体的不同，可以划分为对执行个案的监督和对执行工作的概括监督。对执行个案的监督是指监督主体对执行机关在办理某一具体案件过程中的行为所实施的监督；对执行工作的概括监督则是指监督主体对执行机关在一定时期内所开展的执行工作概括性的评价与监督。五是以监督的时间为标准，可以划分为事前监督、事中监督和事后监督。事前监督是指监督主体在执行程序尚未启动之前所作的预防性监督；事中监督是指监督主体在执行程序启动以后、执行结案以前所实施的适时性监督；事后监督则是指监督主体在执行程序结束以后实施的一种补救性监督。

在上述形式分类中，外部监督和内部监督是较为通常的分类方式。

（二）执行监督的主要途径

上文已经说到，执行监督包括监督主体与执行机关同一系统或同一单位的内部监督，以及监督主体与执行机关属于不同系统或不同单位的外部监督。其中，内部监督包括来自执行机关同一单位的职能监督，也包括来自上级执行机关的系统监督；外部监督则包括权力机关监督、法律监督机关的专门监督以及社会监督。司法公正、执行公正是司法权、强制执行权运行的首要目标，这不仅需要法院的内部监督予以控制，更需要外部的监督进行制约，它们共同构成一个严密的监督体系，对于执行权的公正运行发挥着重要作用。

1. 内部监督

（1）执行机关内部的职能监督

一方面，是指设立于人民法院内部纪检监察机关对执行人员依法廉洁行使强制执行权而实施的监督。司法权的公正性与执行公正必然对执行主体行为提出廉洁性要求，同时，法律必须加以“确切地执行”，不能执行违法、违法司法，损害法律的权威。人民法院的纪检、监察机关依其工作职能，监督执行人员依法正确履行职责，并依照《法官法》以及最高人民法院制定的《人民法院审判人员违法审判责任追究办法（试行）》、《人民法院审判纪律处分办法（试行）》、《人民法院执行工作纪律处分办法（试行）》等规定，对执行人员违法违纪尚未构成犯罪的行为，依法予以追究，从而在执行工作纪律方面给予应有监督。另一方面，执行机关的内部职能监督还包括合议庭以及审判委员会对执行案件的监督。依照法律规定,① 执行程序中重大事项的办理，应由 3 名以上执行员讨论，并报请院长批准。对于重大、复杂、疑难的执行案件，由院长决定提交审判委员会讨论。

（2）上级法院的系统监督

这是内部监督最主要的方式，也是法定的监督方式之一。《宪法》第 127 条第 2 款明文规定，“最高人民法院监督地方各级人民法院和专门人民法院的审判工作，上级人民法院监督下级人民法院的审判工作”。最高人民法院《关于人民法院执行工作若干问题的规定（试行）》第 129 条进一步规定，“上级人民法院依法监督下级人民法院的执行工作。最高人民法院依法监督地方各级人民法院和专门法院的执行工作”。上级法院对下级法院执行工作的监督主要表现在以下几个方面：

第一，个案监督权。包括错误纠正、暂缓执行、督促限期执行、变更执行管辖等方面的权力。上级法院发现下级法院在执行中作出的裁定、决定、通知或具体执行行为不当或有错误的，应当指令纠正或直接予以纠正；上级法院发现下级法院在规定期限内未能办理执行结案相关事项的，应当督促下级法院限期执行或直接采取相应措施；上级法院发现下级法院执行的案件有暂缓执行事由的，

① 参见最高人民法院《关于人民法院执行工作若干问题的规定（试行）》第 5 条。

有权通知暂缓执行；对下级法院长期未能执结的案件，上级法院可以采取提级执行、指定执行、交叉执行等措施变更执行管辖。第二，责任追究权。上级法院对下级法院不执行上级法院裁决或通知造成严重后果的，可以追究主管人员和直接责任人员的责任。第三，人事建议权。下级法院执行机构主要负责人按规定程序办理任免手续前应征得上一级法院同意。上级法院认为下级法院执行机构的主要负责人不称职的，可以建议有关部门予以调整、调离或者免职。第四，协调管理权。上级法院有权对本辖区执行工作的整体部署、执行案件的监督和协调、执行力量的调度以及执行装备的使用，实行统一管理，有权根据具体情况适时组织集中执行和专项执行活动。

2. 外部监督

(1) 权力机关的监督

在我国的宪政体制中，权力机关对司法权及强制执行权的监督是法定的最主要的外部监督形式。《宪法》第 3 条第 3 款明文规定，"国家行政机关、审判机关、检察机关都由人民代表大会产生，对它负责，受它监督"。自 2007 年 1 月 1 日起施行的《中华人民共和国全国各级人民代表大会常务委员会监督法》则进一步明确了权力机关对司法机关的监督职责。权力机关对人民法院执行工作的监督主要表现在以下几个方面：

一是个案监督。权力机关有权对人民法院受理的执行案件进行监督，至于监督的具体范围，法律没有作出明确规定。从司法实践看，各级人大及其常委会、人大代表对执行个案的监督范围十分广泛。涉及执行启动、执行调查、执行实施、执行裁决、执行结案的各个环节，既有案件事实的问题，也有案件程序的问题。二是人事任免权。由于我国执行机关通常将执行员等同审判员进行管理，因此，各级人大常委会对同级执行机关设立的审判员，以及执行庭（局）长、[①] 审判委员会委员享受人事任免权。三是检查督促权。

① 对于执行局长是否需提交人大任免，各地做法并不统一。有的由本级人大常委会任免，有的则由本院任免。

针对人民法院执行工作中存在的突出问题，有权组织代表视察执行工作，有权开展执法检查；有权针对执行工作提出询问和质询；有权听取人民法院及执行机关领导述职报告工作；有权就人民法院执行工作作出决议；有权听取执行工作专项工作报告并进行评议，等等。四是对执行违法行为的监督处理权。对于执行人员违法违纪的，监督有权机关及时作出处理；需要撤销审判职务的，进行审议并作出相关决定。

（2）法律监督机关的专门监督

依照《宪法》第 129 条的规定，人民检察院是国家的法律监督机关，享有对人民法院审判工作的监督权。关于人民检察院是否有权对人民法院执行工作进行监督，学者存在不同的声音。有学者认为，根据 1995 年 8 月 10 日最高人民法院向广东省高级人民法院作出《关于对执行程序中的裁定的抗诉不予受理的批复》，明确认定，根据《民事诉讼法》的有关规定，人民法院为了保证已经发生法律效力的判决、裁定或者其他法律文书的执行而在执行程序中作出的裁定，不属于抗诉的范围。因此，人民检察院针对人民法院在执行中作出的查封财产裁定提出抗诉，于法无据，人民法院不予受理。① 而且，最高人民法院于 2000 年向广东省高级人民法院作出《关于如何处理人民检察院提出的暂缓执行建议问题的批复》，又明确认定人民检察院对人民法院生效民事判决提出暂缓执行的建议没有法律依据。② 由此可见，人民检察院对人民法院的执行案件无权作出暂缓执行的建议，亦不能对执行裁定提出抗诉。然而，并不能因此认为人民检察院无权对人民法院的执行工作进行监督。

笔者认为，人民检察院作为国家的法律监督机关，其对人民法院执行工作享有如下监督权：第一，个案检察权。对于人民法院执行人员在办理执行案件过程中的职权行为涉嫌犯罪的，依法享有侦

---

① 参见王国庆主编：《最高人民法院执行工作指导手册》，人民法院出版社 2006 年版，第 762 ~ 763 页。

② 参见王国庆主编：《最高人民法院执行工作指导手册》，人民法院出版社 2006 年版，第 763 ~ 764 页。

查和审查提起公诉的权力。第二，执行依据抗诉权。人民检察院有权依照法定的程序对作为执行依据的人民法院生效判决书、裁定书提起抗诉。从实体上监督人民法院公正执行。第三，批评建议权。人民检察院对于其获得的执行案件当事人或社会公众对于人民法院执行工作人员违反依法办案、公正执行、廉洁执法、侵犯当事人合法权益的控告，享有向人民法院提出批评建议的权利。

(3) 社会监督

执行监督是一项复杂的系统工程，需要不同的监督主体全方位、多角度地参与，形成监督合力，而社会监督是外部监督不可或缺的重要环节。与国家机关的监督不同，社会监督较为复杂。一是监督主体广泛，既包括政党或政党派别、政协组织以及其他政治组织等社会实体的监督，也包括工会、妇联、共青团等社会团体的监督；既包括企业、事业单位，公司、科研机构等社会经济组织的监督，也包括报刊、广播、电视、网络等社会舆论的监督，还包括当事人以及其他社会公众的监督。① 第二，监督的方式多样。针对执行机关及执行工作人员办理执行案件为内容，以批评、建议、检查、检举、控告、揭发、申诉、罢免、报道、听证、复议等权利的行使为监督手段。② 第三，除执政党的监督属于特例外，社会监督因对作为监督对象的执行机关工作人员无处理权和纠正权，往往容易产生偏急或趋众的倾向，并对执行机关产生压力甚至干扰。

(三) 执行监督与党的领导

1. 党的领导（监督）的双重属性

党对司法、执行工作的绝对领导是宪法确定的一项原则。党的领导（监督）从外在形式上属于社会监督的一种，从广义上讲是社会监督的一种特殊形式。现代国家政治发展越来越清楚地昭示：政党和政党制度是国家政治生活中非常重要的组成部分，甚至可以

① 参见汤唯、孙季萍：《法律监督论纲》，北京大学出版社 2001 年版，第 443 页。

② 参见汤唯、孙季萍：《法律监督论纲》，北京大学出版社 2001 年版，第 443 页。

说，当今世界没有无政党的国家。① 或者说，现代国家的政治就是一种政党政治。

而我国的社会主义性质又决定了共产党是唯一的执政党。《中国共产党章程》开宗明义地提出，“中国共产党是中国工人阶级的先锋队，同时是中国人民和中华民族的先锋队，是中国特色社会主义事业的领导核心，代表中国先进生产力的发展要求，代表中国先进文化的前提方向，代表中国最广大人民的根本利益”。由此可见，先进性是党的性质的集中体现。党的先进性和党的执政地位决定了坚持党的领导是司法工作必须遵守的根本政治原则。同时，由于“党的领导主要是政治、思想和组织的领导”，这种领导必须通过党的职能部门去实施，鉴于共产党作为执政党的核心地位，因此党的领导显然具有权力监督的性质；然而在组织形态上，政党监督又属于一种社会监督形式。基于此，有学者认为，党的领导兼具国家监督和社会监督的双重属性。②

司法实践中，党对执行工作的领导或监督主要体现在以下几个方面：一是政策指导。主要是领导和推动司法、执行工作贯彻落实党的各项方针政策。二是统筹协调。对司法、执行工作作出全面部署，加强统筹协调，解决执行工作中存在的问题。三是队伍建设。加强人民法院及执行机构领导班子建设，指导完善执行队伍，改善执法环境和条件。四是党纪监督。通过信访等各种渠道，对执行机关及其工作人员遵守党的纪律、执行国家法律的情况进行监督并依法作出纪律处分决定。

2. 正确处理党的领导与执行监督的关系

上文已经提到，党的领导（监督）从外在形式上属于社会监督的一种，又具有国家监督的性质，是执行监督的一种特殊形式，因此，党的领导与其他执行监督形式在根本上是一致的。党既领导

---

① 参见周叶中主编：《宪法》，高等教育出版社、北京大学出版社 2000 年版，第 334 页。

② 参见汤唯、孙季萍：《法律监督论纲》，北京大学出版社 2001 年版，第 458～459 页。

司法执行工作，也领导其他监督主体依法监督人民法院的执行工作。

在司法实践中，应当正确把握和处理党的领导与执行监督的关系。首先，必须把坚持党的领导和维护社会主义法治相结合。党的领导是建设社会主义法治的根本保证，法律监督则是社会主义法治的重要内容。因此，必须在服从党对司法工作的领导和监督的前提下，把维护社会主义法律的统一、尊严、权威作为执行监督工作的出发点和落脚点。其次，必须把执行党的政策与严格执法相结合。党的领导与执行监督的根本目的，是保证人民法院既认真贯彻落实党的政策，又严格执行国家的法律。因此必须正确处理政策与法律的辩证统一关系，不能将两者对立起来。再次，应当把党的领导、执行监督与执行机关独立办案相结合。各类监督主体对人民法院执行工作的监督必须在宪法和法律框架内进行，更不能借监督之名干预执行机关依法独立办案。党的领导则要坚持谋全局，把方向，抓大事，不断改进领导方式，支持人民法院独立负责地开展工作，不插手、不干预司法机关的正常司法活动，更不能代替司法机关履行办案职责。①

三、对现行制度的剖析

执行救济与执行监督是对执行机关依法公正行使强制执行权的一种制约与保障机制。执行公正与否，不仅反映社会公众对强制执行权的认同程度，更反映出一个法治国家对一项公权力的制约能力。总体而言，现行执行救济与执行监督制度对保障执行权的公正运行具有积极作用，但也存在诸多弊端。

（一）执行救济制度存在缺陷

前已述及，我国现行民事诉讼法将执行救济区分为程序方面的执行救济和实体方面的执行救济，两者在处理程序上有所差别。对于当事人、利害关系人提出程序方面的救济，以向执行法院提出书

① 参见中共中央政法委员会：《社会主义法治理念教育读本》（简编版），中国长安出版社 2006 年版，第 49 页。

面异议的方式进行，由执行法院审查并作出裁定，当事人、利害关系人不服的，向上一级人民法院申请复议；对于案外人提出实体方面的救济，同样以向执行法院提出书面异议的方式进行，由执行法院审查并作出裁定，案外人、当事人不服，认为原判决、裁定错误的，按审判监督程序处理，与原判决、裁定无关的，另行起诉。上述规定至少存在以下不合理：

第一，两种救济途径缺乏统一性。程序方面的救济途径为向执行法院提出异议——执行法院审查——向上一级法院申请复议；实体方面的救济途径为向执行法院提出异议——执行法院审查

（认为执行依据错误的）进入审判监督程序

（与执行依据无关的）起诉——向上一级法院上诉。

明明都是执行异议，最终给予的救济途径却大相径庭，既不利于当事人等掌握，也人为地将救济程序复杂化。

第二，救济方式不当。执行异议实质上是案外人或利害关系人、当事人（主要是被执行人）向执行法院主张排除或阻却对生效法律文书确定的权利予以强制执行的权利。执行异议不仅反映了案外人、利害关系人、当事人之间的权利对抗，亦反映了上述主体的权利与人民法院执行权力之间的冲突。而现行制度中，程序方面的救济剥夺了案外人等起诉及上诉的权利；① 实体方面的救济则在案外人等的诉讼权利之前人为增加了一道审查及裁决程序，造成程序上的不必要重复，增加了当事人等的诉累。

第三，异议审查制度不利于维护公信力。上文已经提到，执行异议不仅包括权利对抗，也包括权利权力冲突。作为冲突的利害关系一方，人民法院执行机构对执行异议进行审查而非由执行机构以外的审判机构进行公开审理，执行机构作出的裁定无法具备与审判机构作出的判决同等的公信力。况且，从程序公正的视角看，作为利害关系方的执行机构亦不应对与自己利益具有关联性的纠纷进行审查与判断。

---

① 笔者认为，执行异议的审查、裁定及复议程序，与起诉、庭审、判决上诉程序，无论在内容、形式或公信力上都存在显著的差别。

（二）某些外部监督主体干预法院独立办案

司法独立是司法公正的重要保障。人民法院依法独立行使强制执行权的职能亦不容为其他主体所替代。作为监督制约执行机关公正行使执行权的各监督主体特别是党的领导机关、国家权力机关，只有依法、适度行使执行监督权，才能在合乎法治精神的前提下达到监督的目的。

然而，司法实践中，上述机关一些工作人员不能正确行使监督权力，造成对人民法院独立办案的干涉。

一是滥用监督权。有的借监督之机，为案件当事人批条子、打招呼，以言代法、以权压法，违规插手人民法院对案件的正常执行，甚至以协调为名越权为案件定调子并压制法院就范。

二是整体监督少个案监督多。作为主要的国家监督主体，党的职能机关和国家权力机关应当把监督的重点放在督促执行机关贯彻落实党的大政方针、严格执行国家法律上，为执行机关依法履行职责提供政策、队伍、物力、执法环境等方面的支持。一般而言，在不涉及公众利益或社会稳定的情况下，党的机关、权力机关应当慎重介入个案执行。然而，少数工作人员热衷于插手执行个案，个别人甚至把主要精力盯在个案执行上，偏离了整体监督的轨道。

三是没有贯彻监督回避原则。从监督的功能来看，监督的功能旨在促成执行机关启动救济程序而促使当事人等对执行行为的认同与服从，从而收获司法的正当性和社会公平正义。在监督的过程中不应使监督主体获取经济收益。令人遗憾的是，有的机关工作人员、人大代表、执法监督员自己就是执行案件一方当事人或当事人的委托代理人，毫不避讳地将自己一方当事人的主张堂而皇之地作为执行监督意见施加于执行机关，公然谋求执行机关的偏袒。个别人员甚至利用身份便利在执行案件中牟取利益。外部监督的失度，直接加剧了本已十分紧张的司法资源，使执行机关不得不浪费大量人力物力应付或招架监督主体施加的压力，干预了人民法院行使强制执行权的独立性。

（三）内部监督机制导致司法管理行政化

强制执行权的行使归根结底是法官的个人行为，法官在办理执行案件过程中应当根据法律自由地作出行为而不应受到外在压力的干预。“法官除了法律就没有别的上司。”① 然而，人民法院在审判和执行工作中形成的内部监督机制导致对司法、执行工作的管理制度带有浓厚的行政化色彩：

一是以行政实体行使法律职能。法官在办理执行案件过程中不仅要接受合议庭、执行机构相关组织（如庭务会）以及审委会对于“重大、复杂、疑难案件”或“执行中的重大事项”作出的决定，还要接受审判长、正副庭长、正副院长的领导。前已述及，执行中的重大事项集体讨论制度既是协商民主理念在执行程序中的表现形式，也是执行内部监督的方式之一。按照协商民主“一人一票”的原则，执行员与参加讨论的审判长、正副庭长、正副院长对案件具有完全平等的处理权。然而，由于执行员在职务、地位及影响力上的劣势，在讨论中各个主体并非具有实际平等的权力，一般而言，行政职务居高者的意见占据更大的主导地位。导致真正最了解案情的执行法官沦为形式上的“承办人”，而把为案件层层把关的管理者隐匿于幕后，且“承办人”还不得不承担可能包括错案追究在内的案件责任。这种“审者不判，判者不审”的情形容易导致案件责任与主体的脱节。

二是上下级法院法律关系异化。上级法院监督下级法院审判工作本是宪法的一条明文规定，但在实践中遇到重大事项或疑难情况，下级法院习惯于向上级法院请示汇报，并把上级法院的批复或协调意见作为据以实施执行行为的依靠或保证，从而使上下级法院之间的“监督与被监督”法律关系异化和演变为行政上的“领导与被领导”关系。除此之外，司法管理行政化在人民法院还存在其他诸多表现，就连各级法院的法官也是严格按照行政级别任命和晋升的，许多当事人也习惯称呼法官为“科长”、“处长”、“厅长”之类的。执行案件的行政化管理制度不仅使法官除了拥有法律这个“上司”外，还实际拥有众多行政“上司”。而且，给案件承办人提供了许多可乘之机：法官们常常利用管理者对事实的茫然、专业

① 《马克思、恩格斯全集》第1卷，人民出版社1995年版，第180页。

知识结构的缺陷、大量待定案件的压力，特别是不必对案件结果承担责任的安全感而容易滋生的敷衍，可以相对轻松地达到既推销自己的意见又可推卸自己的责任的目的。①

① 参见傅郁林著：《民事司法制度的功能与结构》，北京大学出版社2006年版，第119页。

结　语 建设和谐的强制执行权制度

一、对强制执行法的立法完善

尽管我国对现行《民事诉讼法》进行了修订，特别是2007年的修订活动对执行程序进行了较多完善，并且最高人民法院自20世纪末开始，明显加大了关于强制执行程序的司法解释的力度，先后出台了《关于人民法院执行工作若干问题的规定（试行）》、《关于人民法院民事执行中查封、扣押、冻结财产的规定》、《关于人民法院民事执行中拍卖、变卖财产的规定》等一批重要的司法解释，规范了执行工作。然而，令人遗憾的是，我国目前不仅没有以独立法典形式出现的强制执行法，而且近期也没有列入国家立法机关的议事日程。这种局面必须尽快扭转。

（一）选择以制定强制执行法为体例的立法模式

制定独立的强制执行法是社会主义法治建设不可或缺的重要方面，是衡量我国法制是否健全的重要标准，是“有法可依”在执行工作中的重要体现。

首先，制定强制执行法是完善现行法律体系的需要。胡锦涛同志在党的十七大报告中明确指出：“坚持依法治国基本方略，树立社会主义法治理念，实现国家各项工作法治化，保障公民合法权益……依法治国是社会主义民主政治的基本要求。要坚持科学立法、民主立法，完善中国特色社会主义法律体系。”① 司法是维护

---

① 胡锦涛：《高举中国特色社会主义伟大旗帜，为夺取全面建设小康社会新胜利而奋斗》，载《中国共产党第十七次全国代表大会文件汇编》，人民出版社2007年版，第28～30页。

社会公平正义的最后一道防线，而强制执行权对保障司法权的顺利运行起着最后的屏障作用。强制执行权一旦运行不畅，人们通过争讼而获得的生效法律文书就会停留在“纸上的正义”这一层面而不能转化为现实生活中的正义，从而导致人们对法律权威的疑虑乃至蔑视。而“有法可依”是建立法治秩序的基本前提。由于现行以《民事诉讼法》加司法解释的强制执行法规范缺乏完备性，存在较多漏洞甚至错误，有的规范太过简略，不便于操作，许多规范不能适应执行工作新形势、新任务的要求，执行立法的“滞后性”非常突出。多年来，众多学者及司法实务部门对于强制执行立法给予了强烈呼吁。笔者认为，强制执行法的制定对于完善中国特色社会主义法律体系、解决“执行难”具有特别的意义。

其次，制定独立的强制执行法是科学立法的需要。从世界其他国家和地区的强制执行立法体例来看，无外乎两种模式：一种模式是将强制执行法作为民事诉讼法的特别程序进行混合立法；另一种是对强制执行法作为独立的部门法进行单独立法。然而，用发展的眼光看世界立法，凡是强制执行法单立的国家，都独立于民事诉讼法，并没有把强制执行法作为民事诉讼法的附属法，强制执行法单立已成为一种趋势。① 笔者认为，混合立法的模式不仅大大限制了强制执行法应包含的内容，而且与强制执行法的性质相悖。何况，执行工作的复杂程度随着社会的发展逐步增强，制定尽可能周密、完备、操作性强的强制执行法已成为形势的迫切需要。因此，从立法的科学性审视，制定单独的强制执行法显然更加有利于强制执行权的顺利运行。

再次，近年来强制执行权的运行实践为强制执行立法奠定了坚实的基础。《民事诉讼法》颁行以后，最高人民法院先后制定了《关于适用〈中华人民共和国民事诉讼法〉若干问题的意见》、《关于人民法院执行工作若干问题的规定（试行）》、《关于高级人民法院统一管理执行工作若干问题的规定》、《关于加强和改进委托执

① 参见沈德咏主编：《强制执行法起草与论证》，中国法制出版社 2002 年版，第 20 页。

行工作的若干规定》、《关于人民法院民事执行中查封、扣押、冻结财产的规定》、《关于人民法院民事执行中拍卖、变卖财产的规定》、《关于人民法院执行公开的若干规定》等一系列涉及执行程序的司法解释，有些司法解释本身就是最高法院关于强制执行法的立法建议内容，不仅从技术上对强制执行法进行了立法铺垫，而且积累了十分宝贵的可资借鉴的司法实践经验。

(二) 确立执行措施和程序与实体请求权对应的立法构造

依照执行措施与执行程序设计的不同，以及强制执行法与民法请求权体系的协调，与破产法的衔接不同，有学者将强制执行法的立法构造划分为三种模式：① 一是德日式构造，指强制执行立法以民法上实体请求权的基本分类为依归，将执行程序和执行措施都对应于实体请求权而分别设计的立法模式。由于是从个别请求权出发，强制执行法只适用于个别执行，而不包括一般执行的破产制度，因而与破产法分别立法。德国、日本是该模式的典型代表。二是以秘鲁等国为代表的执行程序与执行措施并列式构造，指强制执行立法以执行程序与执行措施并列安排的立法模式。由于不采取与不同类型的实体请求权相对应的方式，可以扩大强制执行的范围。该模式也采取与破产法分别立法的模式。三是以瑞士等国为代表的执行兼破产式构造，指强制执行立法将个别执行制度与破产制度采取合二为一的立法模式。该模式中执行措施及程序不与实体请求权对应，亦不区分个别执行与一般执行。

上述三种模式中，笔者建议以第一种模式作为我国强制执行法的立法构造。理由如下：首先，将强制执行法与破产法严格区分开来，充分考虑了个别执行制度与一般执行（破产）制度在目的与功能上的区别，且符合我国将破产制度单列的立法习惯。相比之下，第三种模式则恰恰混用了两种制度的区别，颇为生硬与勉强。其次，该模式虽不如第二种模式简洁，但契合执行措施与执行程序的逻辑关联性，且与实体请求权一一对应，既便于掌握，又易于操

① 参见严军兴、管晓峰主编：《中外民事强制执行制度比较研究》，人民出版社2006年版，第337～338页。

作。再次，该模式较为准确地体现了强制执行程序与执行依据之间的程序、实体关系，较好地解决了与破产法的功能区隔及实际操作中的衔接与配合问题。

（三）在内容上充分弥补现行法之不足

独立的强制执行法应当涵盖与强制执行权行使相关的各主要方面，充分弥补现行强制执行法律制度在法律规范上的漏洞与不足，以满足执行工作健康发展需要。例如，现行法律规范仅仅规定了人民法院独立行使“审判权”，不受行政机关、社会团体和个人的干涉。强制执行法应当明确规定人民法院独立行使强制执行权，任何机关、单位、团体和个人不得干预。如，现行法律规范没有对人民法院的执行人员名称作出详细分类并对任职条件、任免程序作出具体规定，应当在立法上作出完善。又如，现行法律规范没有规定强制执行实施权与裁决权相分离的执行权运行机制，也应当以法律的形式予以明确，等等。

总之，以独立、完备、科学为标准，强制执行法大体应当包括以下方面的内容：（1）总则：立法依据与立法任务、调整范围与基本原则、执行机构、执行权主体、执行管辖与权责划分、协助执行义务人、执行依据、执行费用、执行当事人及权利义务承受人、执行时效等；（2）强制执行程序的一般规定：执行的申请与受理、执行立案、执行回避、执行开始、执行命令、执行财产调查、执行措施、执行担保、执行保全与假执行、执行和解、对妨害执行行为的制裁、执行主体的变更与追加、执行争议及处理、执行程序的暂停与中止、执行程序的终结等；（3）金钱债权的执行：一般规定、财产责任、参与分配、对现金的执行、对银行存款的执行、对工薪收入的执行、对到期债权的执行、对动产的执行、对其他有形财产的执行、对无形财产的执行，查封、扣押、冻结、评估、拍卖、执行限制等；（4）物的交付请求权和行为请求权的执行：一般规定、动产交付的执行、不动产交付的执行、作为请求权的执行、不作为义务的执行、意思表示请求权的执行等；（5）执行救济与执行监督：程序上的执行救济、实体上的执行救济、执行赔偿责任、执行异议之诉、执行回转、执行监督等；（6）涉外执行程序：司法协助、外国法院判决及国外仲裁裁决的承认与执行等；（7）附则：强制执行法的位阶与效力等。

需要强调的是，我国立法制度习惯上把民事执行与行政执行分别立法，这种做法对于我国这样一个法治传统较为薄弱的国家来说，弊大于利。一是导致一个国家拥有多部关于强制执行的法律，缺乏严肃性；二是不利于法律的统一实施、执行与遵守；三是给某些被执行人尤其是行政执行案件被执行人寻求特权提供可乘之机。① 因此，笔者建议，应当制定统一的强制执行法典，其内容应当涵盖民商事执行及行政执行的基本规定。

二、对强制执行权运行理念的完善

民主法治、公平正义既是构建社会主义和谐社会的重要内容，又是强制执行权运行的基本理念。而价值理念必须通过完备的制度设计方能实现。

（一）以当事人主义主导执行和解制度

执行和解制度是协商民主在执行程序中的重要体现，是执行参加人通过自由而平等的对话方式，就执行过程中的实体性问题或程序性问题达成合意的制度。由于执行程序直接涉及执行依据确定的权利义务实际兑现，随着民主意识的提高，执行和解的内容和范围逐步趋于扩大。执行和解协议对协商的执行当事人产生法律拘束力。和解的结果由作出和解的当事人直接承担。因此必须充分尊重当事人意思自治，以当事人主义主导执行和解制度。这就要求：

第一，参与执行和解的任何一方当事人享有意思自治，进行执行和解活动时意志独立、自由和行为自主，按自己的真实意志来表达自己的意愿；第二，参与执行和解的执行当事人的意思自治具有不受其他任何主体限制或干预的效力。只要协议内容不违反法律和

① 例如，我国现行民事诉讼法及行政诉讼法关于执行程序的规定就存在显著差别。一旦行政机关为被执行人，人民法院采取强制措施的方式与对待普通民事案件被执行人的强制措施有着很大的不同。相对而言，行政机关居于优势地位。

公序良俗，即使国家亦不得干预。基于此，必须确定以下原则：一是充分尊重当事人意思自治，任何机关或个人不得干预执行当事人进行和解的权利，否则所达成的“协议”不具有法律上的拘束力，且应当追究非法干预者的法律责任。二是应当对执行机关在执行和解制度上的职权主义予以明确限制，即执行机关不得依职权介入当事人之间的和解程序，否则应视为非法。三是执行机关对当事人所达成的和解协议仅进行形式审查，不得以实体审查名义宣告和解协议无效。对于执行和解协议违反法律或社会公序良俗的，执行机关应当告知利害关系人，并由利害关系人决定是否启动法律程序主张协议无效的权利。执行机关不得替代当事人或利害关系人为该权利主张。

（二）依法保障人民法院司法独立的地位

司法独立是司法权和强制执行权摆脱侵扰的制度基础，也是法治的基本要求。如果司法不能独立，根本不能保障法律的严格公正执行，也难以实现法治；① 而要实现司法权和强制执行权的公正运行进而对行政权进行监督制约的目的，就必须从制度上保障人民法院司法独立的地位。“一个社会，把权力都交给政府，并不是好事。因为权力高度集中的同时，必然是矛盾的高度集中。法治政府，不单是指政府本身要依法行政，更体现为政府行为要受司法权的审查和制约……我们立了那么多的法，但是徒法不足以自行，依法治国的环境需要强势法院。”②

第一，将宪法赋予司法机关与行政机关的平等地位落到实处。我国现行《宪法》第3条第3款明文规定，“国家行政机关、审判机关、检察机关都由人民代表大会产生，对它负责，受它监督”。并在“第三章国家机构”中对于中央及地方行政机关、审判机关、检察机关（即俗称的“一府两院”）的设置作出了具体规定。根据宪法的规定，作为独立行使国家审判权和执行权的人民法院，其宪法和法律地位是与行政机关平行的。然而，宪法的上述规定并未得

① 参见王利明：《司法改革研究》，法律出版社2001年版，第111页。

② 参见陈有西：《依法治国需要强势法院》，载2008年4月26日新华网。

到很好落实。根据“党对政法工作绝对领导”的原则，行政机关首脑与人民法院院长在执政党内地位的巨大差距，决定了人民法院要在实际生活中达到宪法规定的与行政机关在法律上的平行地位是极其困难的。正如有学者评价的那样，人民法院的实际地位远远没有达到法律规定的地位，这是尽人皆知的……以至于使整个社会觉得人民法院类同于甚至还不如一个一般的机关。① 司法机关本来就是“分立的三权中最弱的一个”，② 而我国数千年的封建社会又有强势行政的传统，必须对司法权给予足够支撑方可与行政权相抗衡。为此，迫在眉睫的是将宪法赋予的人民法院与行政机关平等地位坚决予以落实。一是将人民法院与同级行政机关在行政级别上完全对等；二是人民法院院长与同级行政机关首脑在执政党内地位对等；三是按照中央政法委对国家政法部门的领导模式，统一各地方对政法部门的领导模式，坚决改变地方法院院长受警察局首脑领导的习惯做法。③ 司法及执行工作必须坚持和加强党的领导，坚持中国特色社会主义方向，这是基本原则。显然，上述观点正是在坚持该基本原则的前提下主张按照法治的要求对执政党内部权力格局的进行进一步完善，健全领导机制，使地方与中央保持一致，不仅无损于党的执政地位，而且更加有利于党的政权巩固。

第二，建立独立于地方行政机关的人民法院人、财、物保障机制。联邦党人曾经指出，“就人类天性之一般情况而言，对某人的

---

① 参见景汉朝等著：《审判方式改革实论》，人民法院出版社 1997 年版，第 11 ~ 16 页。

② ［美］汉密尔顿等著：《联邦党人文集》，程逢如等译，商务印书馆 1980 年版，第 391 页。

③ 在任何一个法治国度里，法官的地位显著高于警察。首席法官的地位不仅高于警察局首脑的地位，甚至拥有与行政最高首长相抗衡的权力。我国现行体制已在中央改变了法院院长长期受警察局长领导的模式，但各地方大部分仍然由公安厅、局长兼任政法部门主要领导，没有与中央的做法保持一致。笔者认为，应当统一按照中央的模式进行设置。

生活有控制权，等于对其意志有控制权”。① 因此，人民法院司法执行工作要摆脱地方控制，必须建立独立于地方的保障机制。笔者认为，应当建立由中央垂直管理的人民法院人、财、物管理体制：由中央统一编制的人民法院财政预算；人民法院员额编制也应由中央统一制定，再下放分解到地方各级法院；地方各级人民法院主要人事安排由上级法院决定，交地方权力机关任免。

第三，建立以终身制为原则的法官任职制度。法官之所以应成为任之永久的官员，是因为在所有的各种人中，法官是最不应为正义做出牺牲的人，他不得为主持正义付出代价。② 在严格控制法官数量，确保法官严苛任职条件的情况下，逐步建立法官任职终身制。法官一经任命，非因渎职等犯罪行为，非经弹劾等法定程序，任何机关不得免除其法官职务。不经法官本人同意，任何机关不得调动其工作岗位。特别是人民法院院长不应与行政机关首脑一样实行任期制，而应与法官一样实行任职终身制。使法官在维护法治权威和社会公平正义方面拥有足够的制度保障。当然，从现实情况看，目前不仅不宜建立法官任职终身制，而且应当加快法官更新和低素质法官淘汰的进度。直到全体法官按照“精英型”配备以后，方可实行任职终身制。

（三）健全执行领域的人权保护制度

人权是人类崇高的理想和国家的目的，尊重人权、保护人权、实现人权，已经成为世界时代的潮流和各国人民的共同愿望。③ 法治的最终目的是保障人权，促进社会进步和人类文明的发展。因此，保障人权实际上是法治的逻辑起点。④ 按照人权保护的法治要求，建立富有人性的司法制度和强制执行制度成为必须遵循的原则。

---

① ［美］汉密尔顿等著：《联邦党人文集》，程逢如等译，商务印书馆 1980 年版，第 391 页。

② ［美］约翰·麦．赞恩著：《法律的故事》，刘昕、胡凝译，江苏人民出版社 1998 年版，第 281 页。

③ 参见杨成铭主编：《人权法学》，中国方正出版社 2004 年版，前言。

④ 李龙：《宪法基础理论》，武汉大学出版社 1999 年版，第 89 页。

第一，应当将保护人权作为强制执行权运行的一项重要原则明确载入强制执行法律规范中，要求强制执行权的运行不得与尊重当事人的人格、维护当事人的生存发展、保护当事人的人权相背离，使执行领域的人权保护做到有法可依。

第二，对强制执行措施的适用应当作出限制性规定。一是对执行措施的对象进行限制。例如，不得对涉及被执行人及其家属基本生存权的财产采取执行措施，不得对身患重病未经治愈的被执行人采取拘传、拘留等措施，等等。二是对执行措施的适用时间进行限制。不得在夜间、休息日、节假日或婚丧嫁娶、举行宗教活动等特殊期间对被执行人采取人身强制措施。

第三，建立被执行人优先的被执行财产处分制度。人民法院对于查封、扣押、冻结的被执行财产在依职权进行拍卖、变卖实体处分以前，应当给予被执行人在一定期间对该财产进行优先处分的制度，由人民法院监督将变现所得款项划入指定账户。被执行人在指定期间拒绝行使优先处分权的，或者变现不能的，再由人民法院依职权进行处分。从而避免因职权行为损害被执行人合法利益情形的发生。

第四，建立执行案件司法救助制度。和谐社会的根本要求，决定了在构建和谐社会进程中，必须更普遍、更有效地实施司法救助，使社会成员中的贫弱者更容易接近司法，更容易获得法律保护，从而更好地体现司法公平正义。为此，必须把司法救助工作纳入制度化、规范化、法制化的轨道。① 前已述及，社会群体中的一部分人由于比另一部分人在智能、体能以及权能方面处于相对不利的地位，在日趋激烈的社会竞争和全球化浪潮中随时陷于失业、贫困、孤立、边缘化状态中，因而成为弱势群体。② 与强势群体相比，弱势群体因其占有的社会资源、所处的社会地位以及所拥有的

---

①　参见田丹威：《完善司法救助制度：和谐社会的呼唤》，载《人民法院报》2008 年 6 月 18 日第 5 版。

②　参见齐延平主编：《社会弱势群体的权利保护》，山东人民出版社 2006 年版，第 2 页。

社会关系等原因，使其在维护自身利益、实现自身利益诉求方面处于不利地位。但是，弱势群体也有自己的优势，那就是在人数上远远超过强势群体。① 由于弱势群体或多或少地对社会带有不满情绪，加之理性相对不足，因此，在执行程序中，当案件因执行不能而危及作为弱势群体的申请执行人生存权等基本人权的时候，对案件执行的不满情绪如果不能从正常的管道以适当的方式及时进行渲泄，或者以适当的方式使他们受损害的权利在一定程度上得到救济，如果任由这种不满情绪累积和蔓延，容易以非理性的方式爆发，进而发生群体性事件。司法救助制度一方面通过公力渠道对申请执行人给予一定的经济帮助，使其生存权等基本人权有了保障而不致发生人道灾难或人道危机；另一方面，申请执行人通过司法救助制度获得一定的经济帮助，客观上使其受损害的权利由于国家的扶持而得到部分救济，可以建立或强化弱势群体获得法律平等保护的意念或感受。因此，执行程序的司法救助制度对于当事人的人权保护具有特别重要的意义。而且，在执行程序中，就司法救助的性质而言，它是一种基于申请执行权而派生的权利，是公民向国家请求兑付人权保护义务而衍生的一种权利，是社会弱势群体专享的一种权利。司法救助绝非执行义务主体的自动变更或主动转化，更不是国家替被执行人偿债，因为被执行人所欠申请执行人的债务并不因司法救助而免除；司法救助也不是以国家名义作出的赔偿或补偿，而是以救济人权为目的，针对生活困难的执行案件申请执行人作出的以解决其紧急困难为内容的特殊帮助形式。加强执行程序的人权保护，应当努力做好以下环节：② 首先，加快司法救助立法进程。国家权力机关应尽快制定统一的司法救助法，将目前散见于各个法律、法规和最高人民法院相关规定中的内容集中起来，对司法救助的指导思想、工作原则、救助对象、救助范围、救助标准、经

① 参见王荣华、童世骏主编：《多学科视野中的和谐社会》，学林出版社2006年版，第110页。

② 下文参见田丹威：《完善司法救助制度：和谐社会的呼唤》，载《人民法院报》2008年6月18日第5版。

费来源、法定程序加以明文规定，这是保障司法救助工作走上制度化、规范化、法制化轨道的根本前提。其次，拓宽司法救助案件范围。对接受司法救助的条件进行明确界定，接受司法救助的主体必须是经济贫困者，且司法救助必须维护被救助者的合法权益。对执行程序中申请执行人生活确有困难，人民法院在依职权穷尽全部执行措施后仍然执行不能的案件，由国家通过司法救助的途径给申请执行人提供一定的经济帮助。由国家拨付专项资金，对于因被执行人缺乏履行能力导致执行不能的案件申请执行人在生活发生困难时，在不超过执行依据确定的债权范围内，由人民法院代表国家给予必要的救助，以弥补国家救济体系在救助涉及诉讼和执行的弱势群体方面存在的缺陷和不足，避免因执行不能而发生人道危机。再次，统一司法救助的经费来源。解决经费来源是深化我国司法救助制度相关工作的关键环节。在现行体制下，由于人民法院没有建立独立的财政经费预决算制度，而是受同级国家行政机关财政制约，因此，在人民法院自身经费尚不能独立的情况下，用于司法救助的相关经费只能由国家财政来承担，即设立司法救助专项基金，纳入国家财政预算，从根本上解决司法救助资金来源短缺的问题。由于我国地域辽阔、人口众多，各地经济发展水平又极不平衡，同时，贫困弱势群众大多分布在中、西部地区，鉴于此，国家在设立司法救助基金时，应当从实际出发，统筹兼顾，适时向中、西部地区倾斜，向经济欠发达地区倾斜，向老、少、边、穷地区倾斜，真正做到有的放矢、财尽其用，确保将司法公正与社会正义给予贫困者。最后，规范司法救助工作程序。司法救助的原则是“救急不救贫”，仅能缓解被救助者的一时之需，而不能对其存在的长期困难给予救济，换言之，司法救助实行的是有限救济原则，通过司法救助途径给予当事人的救济金是相对有限的，它只能帮助处于极度困难境地的弱势群众渡过执行中遇到的难关或在一定程度上缓解困难可能造成的危害，这决定了司法救助不可能大包大揽，只能量力而为，稳步推进。因此，必须建立严格的操作规程，完善操作细则，强化监督措施，确保专款专用，切实防止执行人员借司法救助之机发生徇私舞弊、厚此薄彼而对执行案件当事人造成新的损害和不公。

(四) 建立“精英型”的职业法官制度

法官是孤独的智慧者。① 法官不是大众化的职业，而应当是社会的精英。② 同样地，就正义的实现而言，操作法律的人的质量比其操作的法律的内容更为重要。③ 由于这样的原因，在法治发达的国家，无不采取近乎严苛的遴选机制，以期把最具品德和才略的法学专家选为法官。为此，必须提高法官任职门槛。

第一，提高法官任职年龄限制。由于年轻化与法官需要经验的职业特点严重背离，因此，应当坚决废止法官“年轻化”的要求。与此相反，根据各级法院审判执行工作对法官素质与经验的要求，应当分别将基层法院、中级法院、高级法院和最高法院法官的最低工作年限设定为5年、10年、15年、20年，并相应将四级法院法官的最低任职年龄设定为30岁、35岁、40岁和45岁。

第二，逐步提高法官学历层次。随着国家高等教育的逐步普及，应当逐步将法官的任职条件提升至基层法院和各级法院法官须为硕士以上学历，高级法院及最高法院法官为博士学历。且上述学历自本科起点学历开始必须全部为全日制高等院校法律专业毕业。

第三，固定法官选拔机制。严格执行从优秀执业律师、高等院校法学专家中选拔初任法官的法官选拔制度。同时，执行严格的、长期的社会监督法官制度，将拟任法官的人选在新闻媒体及社会公众中以较长时间予以详细公示，使品行瑕疵者或能力稍欠缺者无法进入下一轮选拔环节，从而保障法官的高素质。特别需要指出的是，法院院长必须从现有法官中产生。

第四，大幅度裁减法官的员额配备，建立法官足薪或高薪制度。“由于人类弱点所产生的问题，种类繁多，案件浩如瀚海，必长期刻苦钻研者始能窥其堂奥。所以，社会上只能有少数人具有足

---

① 转引自陈文兴：《司法公正与制度选择》，中国人民公安大学出版社2006年版，第91页。

② 王利明：《法官应是社会精英》，载《人民法院报》2000年3月12日。

③ 转引自王利明著：《司法改革研究》，法律出版社2001年版，第41页。

够的法律知识，可以成为合格的法官。"① 与发达国家相比，我国现行法官员额过高，法官队伍过于庞杂，使法官成为一个素质低、待遇差的大众化职业，法官对其职业缺乏荣誉感，对其待遇缺乏自豪感。笔者认为，只要大幅度减少法官的员额配备，在无需增加财政负担的情况下即可大幅度提高法官的薪俸待遇。建议按照案源的多寡设定各级法院员额配备，有学者主张将基层法院的法官员额控制在5名左右，中级法院10～15名，高级法院15～20名，最高法院25～30名。② 法官的薪俸亦应在现有基础上增加5～10倍。只有这样，才能吸引最优秀的法律人才从事法官职业，从而摆脱法官断层和素质不高的尴尬处境。至于法官减少以后的工作效率问题，则可以通过引入陪审团制度和法官助理制度加以解决。

三、对人民法院现行执行机构的完善③

就现有执行机构改革的基本方案，概括而言，就是依执行权的属性将其各项权能进行分立，在上下级人民法院之间或同一人民法院设立的不同部门之间进行分配行使，执行机构仅行使强制执行行政权，司法权交执行机构以外的其他部门行使；设立完全不同于审判职务的独立的执行员行政系列，明确权责，专司执行行政权力；建立具有上下级隶属关系并由国家最高执行机关统一领导、中央集权制的垂直执行系统。

（一）将执行权在上下级人民法院或同一人民法院不同业务部门间进行分立

将传统的执行权分解成两种权能，即执行实施权和执行裁决权，并由上下级人民法院或同一人民法院不同的业务部门独立实施，使两权互相配合、互相监督、互相制约。为了达到上述目的，

---

① ［美］汉密尔顿等著：《联邦党人文集》，程逢如等译，商务印书馆1980年版，第395～396页。

② 参见贺卫方：《司法的理念与制度》，中国政法大学出版社1998年版，第101页。

③ 参见吕小武、陈明亮、李炎：《改革人民法院执行机构的构想》，载《法商研究》2004年专号。

应对执行、裁决部门各自的权限及相关法律程序进行明确界定，以相互配合、相互制约的流程化运作共同完成对具体案件的执行程序。

现代司法的发展，使司法专业化日益增强，人民法院在审理执行案件的职责方面分工越来越细，这是总的发展趋势。① 对执行权的权能进行分立并由不同机构分别行使，符合这种发展总趋势，不但有可能性，而且有必要性。实行分权的目的，是为了解决目前执行体制中由一个机构或该机构中的一部分人独占执行权而产生效率、质量双重低下及监督制约混乱的问题。具体原则是：

1. 依执行权的不同属性进行分权

执行机构仅行使具有行政权属性的执行实施权，不再行使具有司法权属性的裁决权（含监督权），而将裁决权交由人民法院的其他机构行使，避免目前执行机构既行使执行行政权又行使执行司法权导致上下级执行机关既不完全是领导关系又不完全是监督关系，难以准确定位的尴尬。依执行行政权的特性，讲求的是下级执行机关对上级执行机关的服从和受领导，② 下级执行机关遵照上级执行机关统一指挥及部署，集中人、财、物完成上级执行机关下达的执行工作目标和任务。而行使执行裁决权和执行监督权的上下级人民法院同类机构，依司法权属性仍为监督与被监督关系。

2. 保护执行案件当事人和执行参与人的司法救济权等合法权益

在执行过程中，由于人民法院执行机构作出的裁决或作出具体执行行为而直接处分执行案件当事人或执行参与人（第三人、案外人等）实体权利的情形俯拾皆是，但现行法律及司法解释却往往未给执行参与人提供符合法治原则的救济途径，执行参与人的诉权等合法权益常常受到干预甚至剥夺。例如，被执行主体的变更与追加涉及由执行根据载明的当事人之外的第三人承担实体责任；公

---

① 参见王利明：《司法改革研究》，法律出版社 2001 年版，第 193 页。

② 不是目前司法解释规定的下级人民法院执行机关受上级人民法院执行机关监督及受高级人民法院统一管理。

证债权文书和仲裁裁决的不予执行，令经过非诉法律程序确定的债权失去司法强制执行的实现机会；案外人和债务人遭遇违法执行和不当执行而使合法权益受到损害；当债务人有确实充分的证据证明其对第三人享有到期债权，而第三人不当利用人民法院对第三人异议的“不审查制度”① 恶意提出异议，使债权人失去在执行程序中及时实现债权的机会等。现行的执行法律制度没有规定利害关系人上诉、复议、两裁终局等合法救济途径，致使其合法诉权得不到充分保障。笔者建议就此设立专门的执行事项裁决庭，负责对上述涉及执行参与人重大权益事项进行审查并作出裁决。裁决庭办理裁判事项，应根据事项的重大、复杂、疑难程度分别规定短于一审案件审限的办案期间，该期间的设定以既不增加当事人诉累又不损害其合法权益为原则；对于裁决庭作出的裁决，规定各种具体情形下利害关系人有向上级法院（裁决庭）上诉的权利；裁决庭办理裁判事项的期间不计算在执行期间内。

3. 保障执行监督权力行使的公正性和充分性

对某项权力的行使进行监督或制约，其公正性和有效性的首要方面是避免由同一权力主体对其自身行使监督权；其充分性或完全性则主要表现为设定的监督途径的不可缺失和遗漏。建议对人民法院现有审判监督机构的职责进行充实，明确规定对执行程序作出的裁定、决定、通知、具体行为确有错误的，由本院和上级人民法院共同行使监督纠错权。具体而言，即执行机构在行使执行实施权时发生的错误由本院审判监督庭和上级人民法院执行机构予以纠正，而裁判机构在行使执行裁决权时发生的错误，由本院审判监督庭和上级人民法院裁决庭予以纠正，以便进行归口管理。为了减少当事人的讼累，可以建立与裁判机构办理裁决事项相协调的执行监督办案期间制度及利害关系人对监督机构作出的新裁决的具体救济程序，以充分维护当事人等的合法权益。

---

① 最高人民法院《关于人民法院执行工作若干问题的规定（试行）》第63条规定：“第三人在履行通知指定的期间内提出异议的，人民法院不得对第三人强制执行，对提出的异议不进行审查。”

（二）建立独立的执行员行政系列并对其职责权限进行规范

“执行员”与“法官”是具有重大差别的两个不同概念。首先，两者性质不同。执行员是行政职务而不是审判职务，执行员完全可以由不具备法官资格的专业人员担任。《法官法》、《人民法院组织法》对“法官”的概念均进行了明确界定，即各级人民法院院长、副院长、审判委员会委员、庭长、副庭长、审判员和助理审判员，并未包括执行员在内，1995 年颁布实施的《法官法》也未将执行员等同于法官。其次，两者任免程序不同。执行员的任免并无必须与法官任免相同或相近的法律依据。前已述及，现行法律并未对执行员的任免权限与程序作出具体规定。执行员完全可以由行使法官任免权力的机关以外的其他机关进行任免。再次，两者行使职权的性质不同。如前所述，执行员行使执行实施权，属行政权的范畴，对上级执行机构负责，受上级执行机关领导；法官则行使审判权（含执行裁决权），属司法权范畴，对同级国家权力机关负责，受上级法院监督。

因此，那种把执行员与法官画等号的做法犯了先入为主、形而上学的错误，在当前厉行执行改革的形势下，严重地阻碍和危害了改革的进程，必须予以纠正。建议设立独立的执行员行政系列，执行员及其以上的执行长、执行局局长、执行局副局长均由上级人民法院执行机关任免和管理，最高人民法院的执行员系列则由最高人民法院审判委员会任免，由最高人民法院政治部代管。任免机关在对担任执行员系列的人员行使任免权、管理权时，可以参照现行《法官法》、《公务员法》单独制定关于执行员任职条件、任免程序、培训、考核、奖惩诸环节的具体规定。对于已有审判职称的执行人员，可以保留审判职称，但不作为担任执行员的必备条件，且其在从事执行工作时不得兼任本院审判业务庭（含执行裁决庭）的职务，以确保分权制衡原则的落实。书记员仍按现行程序考核任命，主要职责是协助执行员从事辅助性工作。机构内部则实行执行局长负责制，执行局长对本局工作全面负责，执行员、执行长必须服从执行局长的领导。

（三）建立由中央执行机关统一领导、上下隶属的执行系统

上下级执行机关互不隶属，力量分散，装备落后，严重制约了执行的效率，影响了执行效果，且容易受到地方保护主义和部门保护主义的干扰，不对现行执行机构架构进行大刀阔斧的改革，就难以克服政令不畅的严重弊端。目前情况下，当务之急是在最高人民法院建立国家最高执行机关——执行总局，总揽全国法院的执行工作。自1999年以来在全国法院进行的执行体制改革，一开始就陷入了一种底端躁动的怪圈：各地方人民法院主要是中级人民法院和基层人民法院加上一部分高级人民法院纷纷发起以成立执行局为主要标志的执行机构改革，且多已取得阶段性成果。但最高人民法院至今仍未见力度大的实质性改革行动，姑且不论成立与地方人民法院相对应的执行机构，实行领导高配，其执行机构建制甚至与最高人民法院其他业务庭相比亦未做到规格上的完全对等。首脑执行机关的相对缺位，全国执行机构不能形成“一盘棋”自然也在情理之中。

如前所述，执行机构既为行使执行行政权能的行政机构，就应建立上下隶属、中央集权制的垂直领导系统，并如行政机关一样行使职权。上级执行机关有权规定下级机关的任务和职责，发布决定和命令，调度使用下级机关的装备和力量，改革或撤销下级机关不适当的裁定、决定、通知、命令和具体行为。中央执行机关统一领导全国法院执行机构的工作，下级执行机关对上级执行机关负责并向上级执行机关报告工作。地方各级执行机关都是中央执行机关统一领导下的机构，都服从中央执行机关的领导。在机构的财务经费管理上，应当实行执行经费预算在国家财政预算中单列，下级执行机关收取的案件执行费用一律上缴，再由上级执行机关统一管理和调配。上述改革方案，恰可利用强制执行法制定之机，将其精神融会于具体的立法活动之中，合理运用这一法律的优先效力，对先行实施的法律进行必要的修改、补充和完善。通过逐步实践，稳步推进，将最终形成既可与人民法院结合也可与人民法院“脱钩”，由国家最高执行机关统一领导的、有权威、高效率的执行机构系统，

并依靠该系统所产生的强大合力逐步克服直至消灭“执行难”。①

四、对执行机关执行行为的完善

执行机关的执行行为是依据生效法律文书以强制被执行人履行义务为目的的。执行行为是否规范、是否符合公平正义的要求，不仅直接关系到当事人的私权利能否得以实现，更关乎国家法治的权威。因此，确有必要对执行机关的执行行为进一步予以规范。

（一）完善执行启动制度的科学化设置

执行启动是强制执行权运行的起始阶段，只有提起执行程序，债权人通过执行依据确定的权利才可能通过公力手段得到救济。因此，提起执行程序对保护当事人的合法权益具有重要意义。基于此，必须对执行启动制度进行科学化设置。

一是应将对执行依据的实体审查改为形式审查。前已述及，由执行机关或执行立案机关对执行依据进行实体审查，犯了先审先立、顺序颠倒的错误，且全部过程仅是审查主体的单方面行为，当事人无法参与和申辩，由此造成执行依据不安定的不利后果，与执行机关的职责严重不符。特别是《民事诉讼法》于2007年修订后，将申请执行的期间明确为2年，并规定申请执行时效的中止、中断，适用法律有关诉讼时效中止、中断的规定。② 再由执行机构或执行立案机构以先审后立的方式进行实体审查，将不可避免地剥夺当事人的合法诉权。因此，必须将执行启动程序对执行依据的实体审查改变为形式审查，即只要符合执行立案的形式要件，必须启动执行程序。对方当事人或利害关系人对启动执行程序有异议的，

① 前已述及，在执行权是否由法院行使的问题上，专家学者意见分歧很大，有人主张执行权应由行政机关行使，参见谭世贵主编：《中国司法改革研究》，法律出版社2000年版，第289～299页；有人主张执行权应由专门设立的执行法院行使，参见王顺林、丁洪泉：《设立执行法院，改革执行体制》，载《政治与法律》1999年第6期；也有人认为仍应由人民法院内设的执行机构负责行使执行权，参见高执办：《论执行局设置的理论基础》，载《人民司法》2001年第2期。在此情形下，笔者的改革建议无疑成为上述观点较为现实的折中选择。

② 参见《民事诉讼法》第215条之规定。

通过执行异议诉讼途径解决。

二是取消人民法院移送执行的执行启动方式，将执行程序的提起方式明确限定为依当事人申请。移送执行实际上由执行机关代为行使了本应由当事人行使的权利，且当事人被迫只能接受启动执行程序带来的后果。这不仅违背了当事人意思自治原则，也违背了人民法院被动中立的司法原则，并且构成了对当事人主体性和自律性的不当干预。因此，应当予以取消。

三是赋予债权人代位申请执行的权利。在执行程序中，被执行人无力履行义务而对第三人享有到期债权的，经被执行人或申请执行人申请，可以依法执行被执行人对第三人的到期债权。根据规定，被执行人对第三人的到期债权是指未经法院判决或仲裁裁决的债权。那么，对于已经法院判决或仲裁裁决确认的债权，在被执行人怠于行使强制执行申请权时，本案申请执行人有权代替被执行人向人民法院申请对第三人强制执行从而启动执行程序。对此，法律应当明确作出规定，从而依法保护债权人的合法权益不受损害。

四是应当取消委托执行制度。前已述及，委托执行制度不仅造成案件管辖权与执行权的脱节，还成为委托法院向受托法院推卸“难案”、“死案”等执行包袱的一条捷径。况且，在司法权地方化得不到解决的情况下，受托法院所在地的行政机关对受托法院的干预程度远远高于其对委托法院的干预，加之一些地方法院习惯偏袒本辖区当事人，更有委托法院将赴异地办案造成的经费支出转嫁于申请执行人的嫌疑。由于现行民事诉讼法已明确赋予被执行财产所在地法院执行管辖权，因此，债权人若愿接受异地法院执行，完全可以作出向被执行财产所在地法院申请执行的选择。否则，债权人不愿向异地法院申请执行，执行机关却委托异地法院执行就违背了申请执行人的意愿。故此，委托执行制度不仅效果差，而且饱受各方诟病，成为现时环境下一条行不通的“死路”，应当予以取消。

（二）以“准职权主义”重塑执行实施行为

前文已经论证，执行机关在行使执行实施权的过程中，由于双方当事人地位的不对等，执行官必须旗帜鲜明地站在权利人的立场上，利用职权对当事人的私权进行合理干预，以实现生效法律文书确定的给付，并帮助债权人实现由于受到侵害或纠纷阻碍而未能实现的权利。只是，不能片面强调职权主义，还应当注重当事人的参与性和主动性。

一是执行机关不介入并且充分尊重当事人对自己民事权利的处分权。例如，对于申请执行人撤销执行申请，或要求延期执行、终结执行的，只要不违反法律和社会公序良俗，执行机关应予尊重。又如，当事人以执行和解的方式变更执行依据确定的债权种类、数量、范围、履行期限的，只要符合法律规定，执行机关亦不得干涉。

二是应当强调当事人在执行程序的举证责任。特别是要注重督促被执行人切实履行如实申报财产的义务，以及申请执行人积极行使和履行主动提供可供执行财产线索的权利和义务。这种在职权主义基础上，吸收当事人主义的合理内核而形成的混合型运行模式称为准职权主义模式。在这一模式中，职权主义和当事人主义并不存在可以量化的比例，在有些方面或环节上采取典型的职权主义，而在另一些方面或环节上采取典型的当事人主义，但整体上体现职权主义的主要特点。只有这样，执行机关才能从当事人的经营风险中解脱出来，走出执行困境，取得社会公众客观及肯定的评价。①

（三）强化对妨害执行行为的制裁及威慑机制

拒不执行判决、裁定的违法犯罪行为性质恶劣，社会危害大，严重影响法律的尊严和执行机关的权威，只有对此类行为进行必要的法律制裁，才能保障强制执行权顺利运行、维护司法权威。为此，必须加强制裁措施的可操作性和效果：

一是应当将拒不执行判决、裁定罪增加由人民法院直接受理的规定。现行刑法于1997年修订时，出于提高对制裁该类犯罪行为公信力的考虑，将该罪的管辖从原来由人民法院直接受理改为由公安机关立案侦查后移送检察机关提起公诉。然而，司法实践中实际执行效果一直不佳，一个重要的原因是公安、检察机关对办理此类案件缺乏积极性，个别执法单位甚至认为这是“法院的事情”，百

① 参见童兆洪：《民事执行权研究》，法律出版社2004年版，第259页。

般推脱。最高法院、最高检察院、公安部也认识到该罪在查处过程中存在的问题，曾于2007年8月30日联合下发《关于依法严肃查处拒不执行判决、裁定和暴力抗拒法院执行犯罪行为有关问题的通知》（法发［2007］29号文），要求公安司法机关统一执法思想，加强协作配合，完善法律制度，依法严厉打击抗拒法院执行的犯罪行为。该规定列举了拒执罪的五种具体行为，人民法院在执行中遭遇暴力抗法时公安机关的出警义务以及对职能部门办理此类案件消极履行职责的救济与监督途径等。显然，此规定的出台对于加大对妨害执行行为的打击力度具有重要意义。尽管如此，实际效果仍未尽如人意。笔者建议在现有国家公诉的原则下，增加被害人自诉而由人民法院直接受理的规定，从而确保在公权力机关怠于行使权力的情况下被害人拥有可靠的救济手段提请司法机关追究拒执罪被告人的法律责任。同时，鉴于司法实践中取证较为困难的实际情况，应当明确将行为人在人民法院给予司法拘留强制措施后仍拒不履行义务的情形作为构成拒执罪的犯罪客观方面，以增强该罪名的实际威慑效果。

二是取消对部分协助执行义务人违法行为的“通融性”规定。对金融机构拒不履行协助执行义务，擅自解冻人民法院冻结的款项致使款项被转移的，直接依照法律规定予以制裁，并裁定其承担连带责任。根本无需将责令金融机构限期追回被非法转移的款项作为处罚的前置程序。姑且不论金融机构工作人员法律意识应当高于一般公民，起码这种“通融性”规定降低了执行威信，加重了执行机关工作负累，违背了法律平等原则，这种“通融性”规定的最大恶果是给某些协助义务人提供了合法的退路，使他们抱着“法院不追究就违法成功了、追究起来大不了追回”的心理，大肆实施违法行为。

三是应当赋予人民法院对“藐视法庭行为”的必要处罚权并注重对执行程序中的口头裁定的使用。鉴于被执行人拒不执行判决裁定的行为损害了执行依据作为公文书的权威性，为了保障当事人等对法院必要的尊重，应当赋予人民法院对藐视法庭行为的必要处罚权，以矫正行为人的错误。同时，为了防止被执行人等利用人民法院制作法律文书的"时间差"转移资产、逃避执行，应当加重在执行程序中对口头裁定的使用，堵塞漏洞。即：在人民法院查询到被执行人某银行账户有可供冻结或扣划的存款时，执行员有权先作出口头裁定，要求金融机构将款项立即予以冻结，而后再当场下达书面文书，防止被执行人利用法院制作法律文书的时间转移资金。

四是将现行法律关于司法拘留的最高期限提高至30日，使司法拘留的期限与刑法上的拘役期限相衔接。前已述及，一项法律制裁措施只有轻重适度才能起到应有的震慑作用，达到阻止行为人放弃抗拒执行行为的目的。民诉法于2007年修订时将罚款的上限提高了10倍，大大强化了该措施的制裁效果及威慑作用，我们认为司法拘留的上限也应相应提高，才能加大违法行为的违法成本。当然，依性质而论，对妨害执行行为的制裁只是一种治标措施，要从根本上杜绝债务人逃、废、赖债的行为，还必须建立以倡导诚信为原则的执行威慑机制。亦即借助互联网的网络平台，经济、快速、便捷地实现执行案件信息联网及统一管理，全面、准确、及时地集中全国法院执行案件的基础数据，通过加强与银行信贷、工商注册登记、出入境管理、房地产管理、教育等职能部门的联动，增强各种社会力量对拒不执行的被执行人的共同惩戒力度，加大拒不履行的被执行人的失信成本，挤压拒不履行的被执行人的生存空间，促使被执行人诚实履行义务。①

五、对执行救济与执行监督的完善

没有救济就没有权利，而执行监督则是在执行权力集中的条件下抑制违法和腐败的有效途径。因此，执行救济与监督不仅是对执行公正的保障，而且折射出一国的法治水平。

---

① 参见俞灵雨、黄年：《执行威慑体系初解》，载最高人民法院执行工作办公室编：《强制执行指导与参考》2004年第4辑，法律出版社2005年版，第153页。

（一）建立以异议之诉为形式的执行救济制度

前已述及，我国现行法律规范将执行救济区分为程序方面的执行救济和实体方面的执行救济，但两种救济在处理程序上存在差别：前者由当事人、利害关系人以向执行法院提出书面异议的方式进行，由执行法院审查并作出裁定，当事人、利害关系人不服的，向上一级人民法院申请复议；后者也以向执行法院提出书面异议的方式进行，由执行法院审查并作出裁定，案外人、当事人不服，认为原判决、裁定错误的，按审判监督程序处理，与原判决、裁定无关的，另行起诉。对于案外人的实体异议，2007 年在修订《民事诉讼法》时尽管有合理考虑，例如，案外人提出异议的情形多种多样，繁简不一，而诉讼程序相对复杂，对案外人异议一律通过诉讼程序处理，在效率上可能会被案外人恶意利用，拖延执行；执行机构的审查程序相对简单，将执行机构审查作为诉讼的前置程序，可以先行解决一部分案外人异议问题，有利于减少当事人诉累，节约司法资源，提高执行效率，等等。但是这种制度设计充其量还是一种权宜之计，并且带有许多弊端。这种救济制度不仅造成两种救济途径缺乏统一性，既不利于当事人等掌握，也人为地将救济程序复杂化；而且造成救济方式不当。执行异议不仅反映了案外人、利害关系人、当事人之间的权利对抗，亦反映了上述主体的权利与人民法院执行权力之间的冲突。而现行制度中，程序方面的救济剥夺了案外人等起诉及上诉的权利；实体方面的救济则在案外人等的诉讼权利之前人为增加了一道审查及裁决程序，造成程序上的不必要重复，虽想减少诉累，最终却增加了当事人等的诉累。况且，该制度不利于维护执行机关的公信力。执行异议不仅包括权利对抗，也包括权利权力冲突。从程序公正的视角看，作为利害关系方的执行机构不应对与自己利益具有关联性的纠纷进行审查与判断。因此，作为冲突的利害关系一方，人民法院执行机构对执行异议进行审查而非由执行机构以外的审判机构进行公开审理，执行机构作出的裁定无法具备与审判机构作出的判决同等的公信力。为了克服上述不足，建议设立以执行异议之诉为形式的执行救济制度。

一是设立与执行局相分离的执行裁决机构。上文已经就执行机构改革提出了设想，即建立执行实施权与裁决权完全分立的执行机制，执行实施权由执行局行使，执行裁决权由执行局以外的执行裁决庭行使。

二是将两种救济方式统一为“执行异议之诉”。无论当事人、案外人、利害关系人认为执行行为违法还是对执行标的主张权利，均可向法院执行裁决庭提起诉讼，并由执行裁决庭分别针对实体性“异议之诉”和程序性“异议之诉”作出判决或裁定。当事人等不服的，认为作为执行依据的原判决、裁定有错误的，通过审判监督程序处理；与原判决、裁定无关的，按“两审终审制”原则向上一级人民法院执行裁决庭提起上诉。同时，针对程序性“异议之诉”和实体性“异议之诉”的不同特点，作出不同的审限规定。对于程序性“异议之诉”，一般应于受理后15日内作出裁定，案情复杂或有特殊情况需要延长审查的，经本院院长审批可以延长10日；当事人等不服裁决机构作出的裁定，应当于送达后10日内向上一级人民法院裁决机构提起上诉，上一级人民法院应当于受理后15日内作出裁定，案情复杂或有特殊情况需延长审查，经本院院长审批可以延长10日。由于实体性“异议之诉”从性质上讲是一个新诉，因此，对于实体性“异议之诉”应按照现行民事诉讼法关于起诉、审理的程序规定审理。

这种制度设计存在如下合理性：首先，将执行救济的方式进行统一，便于当事人理解和人民法院操作。其次，以审限上的差别将程序上的救济与实体上的救济进行了区分，尤其是取消了现行制度将执行审查作为提起异议之诉的前置程序，避免了程序的不必要重复，从而既保障了裁决的公正性，又兼顾了效率。再次，由人民法院执行机构以外的裁决机构行使裁决权，避免了执行局对自身违法行为进行审查或执行局迫于结案压力侵害案外人合法权益情形的发生，提高了裁决的公信力。最后，注重了对程序性违法和实体性侵权的平等处置与对待，避免了“重实体、轻程序”的不当设计。

（二）依法、适度行使外部监督权

党的领导机关、国家权力机关是外部监督形式中最重要的监督主体，必须依法、适度行使执行监督权，确保人民法院独立行使强制执行权，一是执政党应当在宪法和法律的范围内活动。《宪法》第126条明文规定了人民法院独立行使审判权不受干涉的原则。同时，《宪法》第5条第4款也明文规定，“一切国家机关和武装力量、各政党和各社会团体、各企业事业组织都必须遵守宪法和法律”。显然，条文所指的“各政党”包括执政党在内。因此，党的机关在行使执行监督权时应当遵循保证人民法院独立行使审判权的宪法原则。只要中国共产党真正带头模范地遵守和执行宪法，那么其他政党、组织和广大人民群众也会自觉地遵守和执行宪法。①

二是必须坚持权力机关监督司法执行工作的法律原则。李鹏同志在担任全国人大常委会委员长期间，曾在全国民事审判工作会上提出了人大监督司法的三条原则：第一，监督工作必须在党的领导下进行；第二，人大不代行司法机关审判权、检察权，而是通过监督，启动司法机关内部的监督程序；第三，人大是集体行使职权，防止人大代表个人干涉审判独立。② 同时，《中华人民共和国各级人民代表大会常务委员会监督法》第4条也明确规定权力机关行使监督权必须按照民主集中制的原则，集体行使监督权。上述原则是在认真总结司法监督相关经验基础上对权力机关司法监督的性质、程序、方式、效力的科学界定，应当严格遵循。

三是党的机关、权力机关对人民法院的个案监督不宜形成制度。理由如下：首先，个案监督违背审判独立原则，不利于维护人民法院的司法权威；其次，个案监督使监督机关应当遵循的民主集中制原则、“少数服从多数”的方法无法操作；再次，法院工作专业性很强，外部监督主体的工作人员或代表不具备司法专业能力，难以判断个案是非；再其次，个案监督若按“有告必理”的原则办理，人民法院难以承受负累，对法院的全体当事人而言也显失公

① 参见周叶中主编：《宪法》，高等教育出版社、北京大学出版社2000年版，第368页。

② 转引自沈德咏：《论强制执行若干关系》，载最高人民法院执行工作办公室编：《强制执行指导与参考》2002年第1辑，法律出版社2002年版，第344页。

平；最后，对人民法院审判和执行个案过程中发生的错误，可以通过法定的程序实施救济，无需设置法外程序。① 基于此，应当把个案的意见作为处理案件的参考性意见或建议，不宜作为个案监督进行对待。

四是应当建立监督回避制度。对于监督机关及其工作人员或代表为案件当事人或法定代表人、当事人的近亲属或委托代理人，或者与案件有利害关系的，不宜以该案监督主体的身份行使监督权，即应当回避。避免因当事人或利害关系人监督法院造成对司法执行工作的非法干预，或造成以监督名义发生消极腐败现象。

（三）健全以法官责任制为核心的内部监督机制

法官的独立是司法独立的重要内容。无数的事实证明，健康的权力分配及由此形成的良性监督机制有助于维护法官的独立，反之则会破坏法官的独立与公正。

在人民法院内部，就执行权的独立行使而言，执行员及合议庭是合法的主体。《民事诉讼法》第 205 条第 1 款规定，“执行工作由执行员进行”。充分说明强制执行权的行使主要是法官的个人行为与责任。“法官除了法律就没有别的上司。法官有义务把法律运用于个别事件时，根据他在认真考察后的理解来解释法律……独立的法官既不属于我，也不属于政府。”② 因此，不应在法官之上设立法官，从而使法官除了法律之外还有别的“上司”。必须承认，由于法官的工作能力、专业水平、实践经验和资历的差别，法官在级别上存在差异属正常现象。然而，不能据此认为法官在办理案件中也当然存在不平等的权力。恰恰相反，对于上下级法院以及同一法院的法官而言，在行使司法权和执行权方面都是平等的。一名法官不应受另一名法官的管理或领导，否则，被管理或受领导的法官之独立性便无法得到保障。

鉴于此，必须从制度上加以完善。首先，必须健全执行员或法

---

① 参见沈德咏主编：《强制执行法起草与论证》，中国法制出版社 2002 年版，第 15～16 页。

② 《马克思恩格斯全集》第 1 卷，人民出版社 1995 年版，第 180～181 页。

官独立办理案件的个人责任制度，即每一名执行员或法官在行使强制执行权过程中，有权独立于其他执行员或法官，其依法作出的执行行为或在合议庭中作出的意思表示，不受其他执行员或法官的干预。与此相对应的是，执行员或执行法官依法对自己在办理执行案件过程中的职务行为独立承担法律责任。在当事人等通过执行救济途径以外各类监督主体通过执行监督渠道对执行员或执行法官的违法行为或不当行为进行追究时，仅仅应当针对该执行员或法官进行，其他主体不应受到牵连。其次，应当取消对执行案件"层层把关"的行政管理方式。审判长（执行长）、庭长、局长、院长对执行案件进行层层把关和审批的权力，从本质上讲不过是通过司法解释或借助司法惯例而衍生的一种权力，其初衷本是为了防止执行员个人专权、确保执行案件质量。然而，事与愿违的是，把关者或者出于对案件事实的茫然，或者由于法律知识的缺失或司法经验的不足，或者出于某种利益驱动，把关的结果可能不仅不利于执行公正，反而增加了由把关者在所把握的每一道程序关卡中设置妨害执行公正的障碍的危险。案件层层把关制度还隐藏着另一危险，那就是本应由执行员分散行使的权力向案件的把关者集中，进而导致权力的滥用。

参 考 文 献

1. 谭秋桂．民事执行原理研究．中国法制出版社，2001.
2. 童兆洪．民事执行权研究．法律出版社，2004.
3. 严军兴，管晓峰．中外民事强制执行制度比较研究．人民出版社，2006.
4. 孙加瑞．中国强制执行制度概论．中国法制出版社，1999.
5. 最高人民法院执行工作办公室编．强制执行指导与参考，总 1 ~ 18 辑．法律出版社
6. 黄金龙．《关于人民法院执行工作若干问题的规定》实用解析．中国法制出版社，2000.
7. 霍力民．民事强制执行新视野．人民法院出版社，2002.
8. 沈德咏．强制执行法起草与论证．中国法制出版社，2002.
9. 张启楣．执行改革理论与实证．人民法院出版社，2002.
10. 童兆洪．民事执行前沿问题．人民法院出版社，2003.
11. 童兆洪．民事强制执行新论．人民法院出版社，2001.
12. 刘汉富．国际强制执行法律汇编．法律出版社，2000.
13. 戴建志．法院执行实务运作．法律出版社，1999.
14. 翁晓斌．民事执行救济制度．浙江大学出版社，2005.
15. 常怡．强制执行的理论与实务．重庆出版社，1990.
16. 唐德华．执行法律及司法解释疑难释解．人民法院出版社，2003.
17. 唐德华．执行法律及司法解释条文释义．人民法院出版社，2003.
18. 罗书平．法院执行工作指南．中国民主法制出版社，2002.
19. 高树敏．民事强制执行实用手册．人民法院出版社，2004.

20. 王国庆．最新人民法院执行工作指导手册．人民法院出版社，2006.
21. 法院执行工作手册．中国法制出版社，2002.
22. 马原．民事行政执行法律分解适用集成．人民法院出版社，2001.
23. 杨与龄编．强制执行法论．台湾三民书局，1997.
24. 陈荣宗．强制执行法．台湾三民书局，1998.
25. 陈世荣．强制执行法诠释．台湾国泰印书馆有限公司印行．
26. 金永熙．法院执行实务新论．人民法院出版社，2000.
27. 马克思恩格斯全集，第1卷．人民出版社，1995.
28. 邓小平文选，第3卷．人民出版社，1993.
29. 杨青山．社会主义和谐社会研究．大连出版社，2007.
30. 李林．依法治国与和谐社会建设．中国法制出版社，2007.
31. 王伟光．构建社会主义和谐社会的理论与实践．中共中央党校出版社，2006.
32. 中国辩证唯物主义研究会．论和谐社会．中共中央党校出版社，2006.
33. 陈云生．和谐宪政．中国法制出版社，2006.
34. 井涛．法律适用的和谐与归一——谈法官的自由裁量权．中国方正出版社，2001.
35. 王荣华，童世骏．多学科视野中的和谐社会．学林出版社，2006.
36. 何君陆．哲学维度下的和谐社会．中国经济出版社，2007.
37. 王元竹．建设健康和谐社会．中国经济出版社，2005.
38. 何兵．和谐社会与纠纷解决机制．北京大学出版社，2007.
39. 中国共产党第十七次全国代表大会文件汇编．人民出版社，2007.
40. 刘振华．党的执政能力建设．江苏人民出版社，2005.
41. 构建社会主义和谐社会学习问答编写组．构建社会主义和谐社会学习问答．新华出版社，2006.
42. 构建社会主义和谐社会学习问答编写组．构建社会主义和谐社会学习问答．中国言实出版社，2005.
43. 八荣八耻党员干部读本．红旗出版社，2006.
44. 江泽民论加强和改进执政党建设．中央文献出版社，研究出版社，2004.
45. 《中共中央关于加强党的执政能力建设的决定》辅导读本编写组．〈中共中央关于加强党的执政能力建设的决定〉辅导读本．人民出版社，2004.
46. 李龙．宪法基础理论．武汉大学出版社，1999.
47. 周叶中．宪法．高等教育出版社、北京大学出版社，2000.
48. 周叶中．宪政中国研究，上、下册．武汉大学出版社，2006.
49. 秦前红．宪法变迁论．武汉大学出版社，2002.
50. 李龙．依法治国——邓小平法制思想研究．江西人民出版社，1998.
51. 汪习根．司法权论．武汉大学出版社，2006.
52. 周佑勇．行政法基本原则研究．武汉大学出版社，2005.
53. 汪进元．良宪论．山东人民出版社，2005.
54. 周伟．宪法基本权利司法救济研究．中国人民公安大学出版社，2003.
55. 徐亚文．程序正义论．山东人民出版社，2004.
56. 王利明．司法改革研究．法律出版社，2001.
57. 张明杰．司法改革——中国司法改革的回顾与前瞻．社会科学文献出版社，2005.
58. 胡玉鸿．司法公正的理论根基．社会科学文献出版社，2006.
59. 王潇．走向司法公正的制度选择．中国法制出版社，2005.
60. 陈文兴．司法公正与制度选择．中国人民公安大学出版社，2006.
61. 马明亮．协商性司法．法律出版社，2007.
62. 吕伯涛．司法能力建设的新视角．人民法院出版社，2006.
63. 傅郁林．民事司法制度的功能与结构．北京大学出版社，2006.
64. 谭世贵．中国司法改革研究．法律出版社，2000.
65. 陈云生．宪法人类学．北京大学出版社，2005.

66. 谢维雁．从宪法到宪政．山东人民出版社，2004.
67. 吴越．经济宪法导论．法律出版社，2007.
68. 杨成铭．人权法学．中国方正出版社，2004.
69. 王家福．人身权与法治．社会科学文献出版社，2007.
70. 朱征夫．公民的权利．法律出版社，2006.
71. 罗玉中，万其刚，刘松山．人权与法制．北京大学出版社，2001.
72. 李云龙．人权问题概论．四川人民出版社，1999.
73. 刘翠霄．天大的事——中国农民社会保障制度研究．法律出版社，2006.
74. 肖扬．当代司法体制．中国政法大学出版社，1998.
75. 徐显明．法治与社会公平．山东人民出版社，2007.
76. 贺卫方．中国法律教育之路．中国政法大学出版社，1997.
77. 沈宗灵．法理学．北京大学出版社，2000.
78. 中共中央政法委员会．社会主义法治理念教育读本（简编本）．中国长安出版社，2006.
79. 信春鹰．依法治国与司法改革．中国法制出版社，1999.
80. 王海明．公正平等人道——社会治理的道德原则体系．北京大学出版社，2000.
81. 2007年国家司法考试辅导用书．法律出版社，2007.
82. 陈福寿．法治：自由与秩序的动态平衡．法律出版社，2006.
83. 谢晖．价值重建与规范选择．山东人民出版社，1998.
84. 陈瑞华．看得见的正义．中国法制出版社，2000.
85. 汤唯，孙季萍．法律监督论纲．北京大学出版社，2001.
86. 谢佑平．程序法定原则研究．中国检察出版社，2006.
87. 杨解君．秩序、权力与法律控制．四川大学出版社，1995.
88. 周道鸾．民事诉讼法教程．法律出版社，1992.
89. 柴邦发．民事诉讼法学新编．法律出版社，1992.
90. 常怡．民事诉讼法学．中国政法大学出版社，2002.
91. 梁书文，回沪明，杨荣新．民事诉讼法及配套规定新释新解，新编本，上、下册．人民法院出版社，2000.

92. 马原．民事诉讼法分解适用集成，上、下卷．人民法院出版社，2000.
93. 江伟．民事诉讼法学原理．中国人民大学出版社，1999.
94. 张卫平．民事诉讼法教程．法律出版社，1998.
95. 常怡．民事诉讼法学（修订本）．中国政法大学出版社，1999.
96. 王怀安．中国民事诉讼法教程（新编本）．人民法院出版社，1992.
97. 陈晓枫．中国法律文化研究．河南人民出版社，1993.
98. 宋俊，等．中国应用法学优秀成果要览．中国人民公安大学出版社，2001.
99. 李广鼐．中国改革开放的理论与实践，上、下册．中国大地出版社，2000.
100. 谭世贵．中国司法制度．法律出版社，2005.
101. 张文显．二十世纪西方法哲学思潮研究．法律出版社，1996.
102. 谭兵．外国民事诉讼制度研究．法律出版社，2003.
103. 王立民．中国法制史．上海人民出版社，2003.
104. 杨一凡．新编中国法制史．社会科学文献出版社，2005.
105. 朱勇．中国法制史．法律出版社，2006.
106. 武树臣．中国法律思想史．法律出版社，2004.
107. 何勤华．法律文化史谭．商务印书馆，2004.
108. 王立民．中国法制史参考资料．北京大学出版社，2006.
109. 胡留元，冯卓慧．夏商西周法制史．商务印书馆，2006.
110. 张伟仁辑，陈金全．先秦政法理论．人民出版社，2006.
111. 张伯元．出土法律文献研究．商务印书馆，2006.
112. 张岱年．儒家经典，上．团结出版社，1997.
113. 《世界著名法典汉译丛书》编委会．十二铜表法．法律出版社，2000.
114. 《世界著名法典汉译丛书》编委会．汉穆拉比法典．法律出版社，2000.
115. 《世界著名法典汉译丛书》编委会．摩奴法典．法律出版社，2000.

116. 谢瑞智．宪法辞典．台湾文笙书局，1979.
117. ［希腊］亚里士多德．政治学．吴寿彭，译．商务印书馆，1983.
118. ［法］孟德斯鸠．论法的精神．张雁深，译．商务印书馆，1982.
119. ［法］卢梭．社会契约论．何兆武，译．商务印书馆，1982.
120. ［美］汉密尔顿，等．联邦党人文集．程逢如，等译．商务印书馆，1980.
121. ［美］E. 博登海默．法理学、法律哲学与法律方法．邓正来，译．中国政法大学出版社，1999.
122. ［奥］凯尔森．法与国家的一般理论．沈宗灵，译．中国大百科全书出版社，1996.
123. ［美］本杰明·卡多佐．司法过程的性质．苏力，译．法律出版社，1998.
124. ［英］费里德里希·冯·哈耶克．法律、立法与自由．邓正来，等，译．中国大百科全书出版社，2000.
125. ［美］密尔顿·弗里德曼．弗里德曼文萃．胡雪峰等译，北京经济学院出版社，1991.
126. ［美］德沃金．法律帝国．李常青，译．中国大百科全书出版社，1996.
127. ［英］培根．培根论说文集．水天同译，商务印书馆，1983.
128. ［美］伯尔曼．法律与宗教．梁治平译，三联书店，1991.
129. ［美］诶尔曼．比较法律文化．贺卫方等译,三联书店,1990.
130. ［澳］布伦南，［美］布坎南．宪政经济学．冯克利，等，译．中国社会科学出版社，2004.
131. ［美］詹姆斯·博曼．公共协商：多元主义、复杂性与民主．黄相怀，译．中央编译出版社，2006.
132. ［南非］毛里西奥·帕瑟林·登特里维斯．作为公共协商的民主：新的视角．王英津，等译．中央编译出版社，2006.
133. ［澳］约翰·S. 德雷泽克．协商民主及其超越：自由与批判的视角．丁开杰，等译．中央编译出版社，2006.

后　记

这部专著是在我的博士论文基础上修改完成的。它虽然不能称得上完美，却实实在在凝聚了我的心血，并且得到了众多领导、师长和朋友的帮助。特别需要感谢武汉市中级人民法院党组书记、院长张河洁同志拨冗相助，欣然为本书作序，并给予热情勉励。

也要感谢我的导师陈晓枫教授。我有幸进入武汉大学、在导师陈老师门下攻读宪法与行政法学博士学位，实乃三生有幸。作为一名有深刻造诣的知名教授，陈老师从不放过每一个机会对弟子言传身教，教导弟子在做好学问的同时努力做一个对社会有贡献的人。不论遇到何种情况，老师总是那么渊博、从容、友善、淡泊名利，并且永远以谦谦君子待人。几年来，老师以他深厚的学术功力和高尚的人格魅力影响并感染着我，使我在求学的道路上丝毫不敢懈怠。此书尽管有我的苦劳与疲劳，更有老师的耳提面命，自身愚钝的我惟恐难以光大老师的学术思想之万一，书稿完成之时的喜悦像一阵轻风拂过，剩下的只有惶恐与忐忑…

多年来，我与武汉大学有很深的渊源。1990 年，我从复旦大学法律系毕业，分配在湖北医科大学做了一名法律教师。一次偶然的机会，我非常幸运地在数千名报名者中以考试第一名的成绩被现在的工作单位录用，如果没有这样一个“插曲”，我也依然会是光荣的武汉大学教师队伍的一员。带着这样的情结，出于对武汉大学的尊崇，加之对武汉大学美丽景色及人文传统的向往，我的硕士及博士学习都坚定选择了武汉大学作为我的母校，在珞珈度过了难以忘怀的六个春秋。在法学院这个大师云集、群英荟萃的学术殿堂里，我有幸聆听了众多老师的谆谆教诲，他们指引我在人生的道路上求索。不容遗忘的有：德高望重的李龙教授，众人仰止的周叶中教授，才华横溢的秦前红教授，还有备受尊敬的林莉红教授、周佑勇教授、汪进元教授、汪习根教授、徐亚文教授、江国华教授，以及前程远大的柳正权副教授，论文答辩之时得到了刘茂林教授、王广辉教授两位专家的热情鼓励，对于上述老师及朋友的无私指导与关怀，我在此表示深深的谢意。

求学生活也是收获友情的季节，众多学兄以热心快肠的帮助让我沐浴在友谊的春风里。同窗好友曾哲博士、师兄易顶强博士、学友李志明对我的资格论文写作鼎力相助，在此表示衷心感谢！还要感谢师姐付春扬、师兄邓永清、同学杨志民、袁兵喜、胡玲芝、张莉、董力、伍华军、蒋银华、张艳、李小萍、师弟秦涛以及我的好友、正在澳大利亚攻读英文博士学位的武汉大学外语学院黄忠副教授和好友王海懿，大家以不同形式给予过帮助与支持，使此书得以顺利出版。

不容忘记的还有我在武汉市中级人民法院的各位院领导和执行局、执行庭、刑一庭、政治部以及武汉市江夏区人民法院的领导和同事，正是他们不遗余力的支持与鼓励，才使我有机会做到工作学习两不误。同事熊奇帮助承担了大量工作任务，同事覃敏以极为迅捷、精准的打字速度及质量保证了这篇约30万字的书稿顺利录入，在此一并致谢。

该书得以付梓，我要特别感谢武汉大学出版社的郭园园、张琼二位编辑的无私帮助及支持，她们在编辑任务极度繁重的情况下，为使本书尽快出版加班加点。深感惶恐的是，由于我国法制建设的飞速发展，强制执行理论研究逐步深化，在书稿成文的近一年时间里新的法律规定大量出台，致使本书中的一些观点或显偏颇，甚至错谬，恳请专家学者及读者朋友批评指正。

最后，我要特别感谢我的家庭：父母虽为农民，却一直鼓励我上进和保持正直的秉性；我的爱人何丹一边在商界打拼一边辛勤持家，为我的学业及事业提供了坚强的物质保障和精神支持；我的女儿蕊棋特别的乖巧懂事，她一直非常努力。她们让我在满足寻常人家幸福生活的同时，给了我极大的动力，使我笔耕不辍而不敢擅言疲惫。

2009 年 5 月于武昌东亭花园